Nieves Castells Fernández
Mechtild Lohmann
Lidia Santiso Saco

Ein Spanischkurs für Anfänger
Lehr- und Arbeitsbuch

Hueber Verlag

Beratende Mitarbeit:
Ellinor Haase, Hauptamtliche Pädagogische Mitarbeiterin der Volkshochschule Bochum
Reinhard Beer, Fachbereichsleiter Sprachen an der Volkshochschule Erlangen

Wir danken allen Freunden und Kollegen für die Beratung, die sprachliche Durchsicht und die Erprobung im Unterricht.

Verlagsredaktion: Giovanna Rizzo, Raquel Muñoz

Das Werk und seine Teile sind urheberrechtlich geschützt.
Jede Verwertung in anderen als den gesetzlich zugelassenen
Fällen bedarf deshalb der vorherigen schriftlichen
Einwilligung des Verlags.

Hinweis zu § 52a UrhG: Weder das Werk noch seine Teile dürfen ohne
eine solche Einwilligung überspielt, gespeichert und in ein Netzwerk
eingespielt werden. Dies gilt auch für Intranets von Firmen und von Schulen
und sonstigen Bildungseinrichtungen.

5.	4.	3.		Die letzten Ziffern
2011	10 09	08 07		bezeichnen Zahl und Jahr des Druckes.

Alle Drucke dieser Auflage können, da unverändert,
nebeneinander benutzt werden.
1. Auflage
© 2005 Hueber Verlag, 85737 Ismaning, Deutschland
Umschlaggestaltung: Detlef Seidensticker, München
Zeichnungen: LYONN.com (außer S. 83 und 101)
Gestaltung und Realisation: Caroline Sieveking, München
Reproarbeiten: Langbein Wullenkord, München
Druck und Bindung: Graficas Estella, Estella
Printed in Spain
ISBN 978–3–19–004218–0

Inhalt

Lección 1

¡Mucho gusto!

S. 10 – 17

Redeabsichten:
jdn. begrüßen, sich und andere vorstellen, jdn. nach der Herkunft fragen, diese angeben, sich nach dem Befinden erkundigen, sich verabschieden, nach der Telefonnummer fragen und darauf antworten, sich bedanken, jdn. auffordern langsamer zu sprechen, Rückfragen stellen

Grammatik:
die Subjektpronomen; *ser, ser de, llamarse, tener*; die Verneinung *no*; Nationalitätenadjektive (Sing.); der bestimmte Artikel (Sing.); der Gebrauch des Artikels bei *señor, señora*; *a* + bestimmter Artikel; Fragepronomen: *cómo, de dónde, qué*; die Grundzahlen von 0 bis 9

Lección 2

¿Qué haces?

S. 18 – 23

Redeabsichten:
nach Beruf / Studienfach und Arbeitsort fragen und diese angeben, Sprachkenntnisse erfragen und nennen, persönliche Informationen (Familienstand, Alter) geben, bejahen, verneinen

Grammatik:
der unbestimmte Artikel; regelmäßige Verben auf *-ar* und *-ir* (presente); *estar* und *hacer*; Fragepronomen: *dónde, cuántos, que* + Verb; die Grundzahlen von 10 bis 100

Lección 3

¡Qué hambre!

S. 24 – 29

Redeabsichten:
einen Vorschlag machen, eine Absicht äußern, Speisen und Getränke in einer Bar auswählen, um etwas bitten, das auf dem Tisch fehlt, im Restaurant etwas bestellen, um die Rechnung bitten, Preise

Grammatik:
die Pluralbildung der Substantive; die bestimmten und unbestimmten Artikel (Plur.); regelmäßige Verben auf *-er* (presente); *ir a* + Infinitiv; *hay*; *querer* (e › i); *otro/otra*; die Grundzahlen von 100 bis 10.000

Lección 4
Ocio

S. 30 – 35

Redeabsichten:
über Freizeitbeschäftigungen sprechen, Gefallen und Nichtgefallen ausdrücken, Vorlieben äußern, einer Meinung zustimmen oder widersprechen, nach der Uhrzeit fragen, die Uhrzeit angeben

Grammatik:
gusta/n; die betonten und die unbetonten indirekten Objektpronomen; die Verneinung *no … nada*; *preferir* (e › ie); Fragepronomen: *cuándo, a qué hora*

Lección 5
¿Está cerca?

S. 36 – 41

Redeabsichten:
über die geografische Lage eines Ortes sprechen, einen Ort beschreiben, auf der Straße um Auskunft bitten und darauf reagieren, einen Weg beschreiben, Adressen

Grammatik:
estar (Ort / Lage); *ser* + Adjektiv; Adjektive (Veränderlichkeit); Stellung der Adjektive; *muy/mucho*; der Gebrauch von *estar* und *hay*; *tener que*; *de* + bestimmter Artikel; *seguir* (e › i); die Ordnungszahlen

Lección 6
De compras

S. 42 – 49

Redeabsichten:
im Geschäft nach Lebensmitteln verlangen, sagen, wie man etwas möchte, nach dem Preis fragen, Kleidung beschreiben und kaufen, über Einkaufsgewohnheiten sprechen

Grammatik:
die direkten Objektpronomen *lo, la, los, las*; *poner*; *poder* (o › ue); Mengenangaben: *un paquete de, una barra de, un kilo de* usw.; die Demonstrativpronomen: *este/-a* und *ese/-a*; Fragepronomen: *quién, cuánto/-a/-os/-as*

Lección 7
¿A qué hora …?

S. 50 – 55

Redeabsichten:
über Öffnungs- und Arbeitszeiten sprechen, über Tagesablauf und Gewohnheiten sprechen, angeben, wie oft man etwas macht, die Wochentage und Monate, das Datum erfragen und angeben

Grammatik:
Verben mit Stammveränderung: e > ie (*empezar*), o > ue (*volver*), u > ue (*jugar*); reflexive Verben (*levantarse, acostarse*); Zeitangaben mit *todo/todos*

Lección 8

¿Cómo quedamos?

S. 56 – 61

Redeabsichten:
über Pläne sprechen, Absichten äußern, Vorschläge machen/zustimmen/ablehnen, einen Gegenvorschlag machen, etwas begründen, Zeitangaben in der Zukunft machen, sich verabreden, über Jahreszeiten sprechen

Grammatik:
pensar + Inf.; *querer* + Inf.; Zeitangaben mit Zukunftsbezug (*mañana, pasado mañana* usw.); *quedar – quedarse; es que ...*; Objektpronomen + Präpositionen: *conmigo/contigo*; Fragepronomen: *por qué*

Lección 9

Ayer

S. 62 – 67

Redeabsichten:
über vergangene Ereignisse berichten, Zeitangaben in der Vergangenheit machen, über das Wetter sprechen

Grammatik:
regelmäßige Formen des **indefinido**; unregelmäßige Formen *ser/ir, estar, hacer, tener*; der Gebrauch des **indefinido**; Zeitangaben beim **indefinido**; Ausrufe mit *que*

Lección 10

Vamos en tren

S. 68 – 73

Redeabsichten:
über Verkehrsmittel sprechen, sich nach etwas erkundigen, Auskünfte erteilen, vergleichen, Erlebnisse erzählen

Grammatik:
der Vergleich: *tan ... como/más ... que/el ... más ...*; *conocer* (c › zc); das direkte Objekt mit und ohne Präposition *a*

Lección 11

Se alquila

S. 74 – 79

Redeabsichten:
über die Einrichtung eines Zimmers/einer Wohnung sprechen, eine Wohnung beschreiben, nach dem Vorhandensein von Gegenständen fragen, eine Ferienwohnung mieten, Ratschläge geben, sagen, was man in bestimmten Situationen tun würde, ein Hotelzimmer mieten, sich beschweren

Grammatik:
die regelmäßigen und unregelmäßigen Formen des **condicional**; der Gebrauch des **condicional**; Vergleich und Steigerung von *mucho*; *se* + 3. Person zur Wiedergabe von «man»; Fragepronomen: *cuál, cuales*

Lección 12

La familia

S. 80 – 85

Redeabsichten:
über Verwandtschaftsbeziehungen sprechen, ein Foto/Bild beschreiben, erzählen, was gerade geschieht, Vermutungen äußern, jdm. gratulieren, über Gebräuche sprechen

Grammatik:
die Possessivpronomen *mi, tu, su ...; estar* + Gerundium

Lección 13

¿Es guapo?

S. 86 – 91

Redeabsichten:
das Äußere einer Person beschreiben, Personen vergleichen, über den Charakter einer Person sprechen, über veränderliche Eigenschaften und den Zustand einer Person sprechen, Vermutungen äußern

Grammatik:
der Vergleich mit *mayor/menor; me parece/me cae*; der Gebrauch von *ser* und *estar* + Adjektiv

Lección 14

Antes era diferente

S. 92 – 97

Redeabsichten:
über Kindheitserinnerungen sprechen, vergleichen, wie es war und wie es ist, über besondere Ereignisse in der Vergangenheit sprechen

Grammatik:
die Formen und der Gebrauch des **imperfecto**; Zeitangaben beim **imperfecto**; der Gebrauch von **imperfecto** und **indefinido**; Komparativ von *bueno/malo*

Lección 15

¡Tome estas pastillas!

S. 98 – 103

Redeabsichten:
über Krankheiten sprechen, Symptome beschreiben, Ratschläge/Anweisungen geben, über Umweltprobleme sprechen

Grammatik:
regelmäßige + unregelmäßige Formen des **Imperativs** (*tú* + *usted*)

Lección 16

Trotamundos

S. 104 – 109

Redeabsichten:
über verschiedene Urlaubsarten sprechen, Vorlieben und Abneigungen begründen, sagen, was man bereits gemacht hat/noch nicht gemacht hat, einen Verlust/Diebstahl anzeigen, verlorene Gegenstände beschreiben, Gegenstände vergleichen

Grammatik:
die Formen und der Gebrauch des **perfecto**; unregelmäßige Partizipien; die betonten Possessivpronomen

Lección 17

Cuéntame tu vida

S. 110 – 115

Redeabsichten:
biografische Angaben machen, über vergangene Ereignisse sprechen, Lebensverhältnisse in der Vergangenheit beschreiben, über Veränderungen sprechen, sich bewerben, der Lebenslauf

Grammatik:
der Gebrauch des **indefinido** für biografische Angaben, der Gebrauch von **presente, perfecto, imperfecto** und **indefinido**; der Gebrauch von *hace, desde, desde hace*

Lección 18

¿Qué será, será ...?

S. 116 – 119

Redeabsichten:
über die Zukunft sprechen, Vermutungen und Meinungen in Bezug auf die Zukunft äußern

Grammatik:
die Formen und der Gebrauch des **futuro**

Anhang	S. 120 – 121
Arbeitsbuchteil	S. 122 – 195
Grammatik	S. 196 – 229
Liste der unregelmäßigen Verben	S. 230 – 232
Grammatikausdrücke	S. 233
Liste von Ländern und Nationalitäten	S. 234
Lektionswortschatz	S. 235 – 255
Alphabetisches Wörterverzeichnis	S. 256 – 262
Schlüssel zum Arbeitsbuchteil	S. 263 – 272
Quellenverzeichnis	S. 272

Vorwort

Mirada ist ein Spanischkurs für Anfänger, der Sie vorbereitet, mit den Menschen in einem spanischsprachigen Land zu kommunizieren und sich in den wichtigsten Alltagssituationen zu verständigen.
Verstehen und Sprechen der neuen Sprache, Lesen und Schreiben werden in abwechslungsreichen Dialogen, Übungen, Hör- und Lesetexten vermittelt. Dabei erhalten Sie auch einen Einblick in die spanische und lateinamerikanische Welt.
Mirada führt Sie zum Sprachniveau A2, wie es im Gemeinsamen Europäischen Referenzrahmen definiert ist.

Mirada enthält 18 Lektionen, die jeweils einem Thema gewidmet sind.
Die Texte und Übungen bauen aufeinander auf und können in der vorgeschlagenen Reihenfolge bearbeitet werden. In jeder Lektion gibt es immer wiederkehrende Lektionsteile.

- **Para empezar** (*wörtlich*: zum Anfangen) führt in das Thema ein. Hier lernen Sie die ersten Wörter, Sätze und Strukturen, die dann in den folgenden **Dialogen** und **Texten** erweitert werden.

- Mit **Para practicar** erhalten Sie Gelegenheit, den neuen Stoff zu üben und ihn sich in kleinen Schritten anzueignen.

- **¿Y tú?** bedeutet, dass Sie jetzt den Lernstoff aus Ihrer Perspektive, mit Ihren Erfahrungen und Ihren Äußerungsbedürfnissen anwenden und üben können. Nicht nur, dass Sie so besser lernen und behalten können. Wir möchten Ihnen damit die Möglichkeit schaffen, bereits im Spanischkurs „echte" Kommunikationssituationen zu erleben.
  Bitte seien Sie nicht irritiert, dass wir Sie im Spanischen duzen! Auch das ist Landeskunde. In den spanischsprachigen Ländern wird das Du sehr viel häufiger gebraucht als bei uns. So ist es durchaus möglich und auch üblich, Fremde, denen man zum ersten Mal begegnet, zu duzen. Erst Recht, wenn man zusammen einen Kurs besucht. Wenn wir Sie auf Deutsch ansprechen, bleiben wir natürlich beim Sie. (Das bedeutet, dass die deutschen Übersetzungen der Übungsanweisungen keine wörtlichen Übersetzungen sind.)
  Apropos Übungsanweisungen: In den ersten Lektionen werden die Übungsanweisungen auf Spanisch und Deutsch gegeben; das Deutsche wird aber immer weiter zurückgenommen und ab Lektion 10 sind alle Anweisungen spanisch.

- **Para escuchar** zeigt an, dass Sie jetzt einen Dialog/Text von der CD/Kassette hören und die im Buch abgedruckten Aufgaben dazu lösen sollen. Sie werden sicher nicht immer jedes Wort verstehen, aber darauf kommt es auch nicht an. Durch die Hörtexte sollen Sie trainieren, wie man wesentliche Informationen versteht, denn Sie werden immer wieder in Situationen kommen, in denen Ihr Gesprächspartner Worte benutzt, die Sie (noch) nicht kennen. Durch ein gezieltes Hörtraining werden Sie aber fit, sich auch in solchen Fällen verständigen zu können.

- **Para leer** bietet Ihnen Lesetexte. Beim Lesen gilt das Gleiche wie beim Hören: man versteht sehr viel, auch wenn man nicht jedes Wort kennt. Die den Lesetexten zugeordneten Aufgaben helfen Ihnen, die wesentlichen Informationen aus den Texten zu erschließen.

- **Y además** ist eine „Zugabe" zum Thema der Lektion. Darin wird ein weiterer Aspekt dargestellt, oder das Thema wird ergänzt durch andere Themen, die für den Alltag wichtig sind.

Die abwechslungsreichen und spielerischen Übungen in **Mirada** sind so gestaltet, dass Sie häufig in der Gruppe oder zu zweit sprechen, sich gegenseitig fragen und antworten. Sie sollen Spanisch von Anfang an anwenden und im Dialog mit anderen üben.

Im Anschluss an die Lektionen finden Sie einen **Arbeitsbuchteil**, der Ihnen zu Hause, aber auch im Kurs Gelegenheit gibt, individuell und systematisch den Lektionsstoff zu vertiefen. Auf den Wiederholungsseiten **Repaso** finden Sie weitere Übungen, die den Lernstoff der vorhergehenden Lektionen noch einmal zusammenfassen. Auf den Seiten **Autoevaluación** („Selbstkontrolle") können Sie dann feststellen, ob Sie die vermittelten Redemittel beherrschen. Nach Lektion 10 und 18 finden Sie Testaufgaben für die Niveaustufen A1 und A2 des Europäischen Referenzrahmens, wie sie in entsprechenden Prüfungen vorkommen.
Die abschließenden Seiten **Autoevaluación A1** bzw. **A2** ermöglichen Ihnen eine Selbstkontrolle Ihres Lernerfolges getrennt nach den Fertigkeiten Hören, Lesen, Sprechen und Schreiben.

Außerdem enthält **Mirada** eine den Lektionen zugeordnete Darstellung der **Grammatik**, eine Übersicht über die **Aussprachregeln** und das spanische **Alphabet**, einen **Vokabelteil**, ebenfalls nach Lektionen geordnet und eine alphabetisch geordnete **Wortliste**, mit der Angabe, in welcher Lektion das Wort zum ersten Mal vorkommt.

Und nun wünschen wir Ihnen viel Erfolg und Freude bei der Arbeit mit **Mirada**.

Autorinnen und Verlag

¡Mucho gusto!

1 Para empezar

¿Qué dicen?
Was sagen die Leute? Setzen Sie ein.

¡Hola!, ¡Buenos días!, ¡Buenas tardes!, ¡Buenas noches!

2 ¿Cómo te llamas?

▼ ¡Hola!, ¿qué tal?
◆ ¡Hola!, ¿cómo te llamas?
▼ Juan, ¿y tú?
◆ Celia.
▼ ¿De dónde eres?
◆ Soy peruana, de Lima, ¿y tú?
▼ Yo soy español, de Málaga.

3 ¿Cómo se llama usted?

■ Hola, buenos días.
● Hola, me llamo Paloma Mateo, y usted, ¿cómo se llama?
■ Diego González.
● ¿De dónde es?
■ Soy venezolano, de Maracay. Y usted, ¿es española?
● Sí, soy de Valencia.

España	español	española
Venezuela	venezolano	venezolana
Perú	peruano	peruana
Alemania	alemán	alemana
Austria	austríaco	austríaca
Suiza	suizo	suiza
Inglaterra	inglés	inglesa

* auf S. 234 finden Sie eine Liste mit Ländernamen

4 ¿Y tú?

Stellen Sie sich gegenseitig vor. Entscheiden Sie selbst, ob Sie dabei die Du- oder die Sie-Form benutzen möchten.

■ *Hola, me llamo ... ¿y tú?*
◆ *(Yo) me llamo ...*
■ *¿De dónde eres?*
◆ *Soy (de) ... ¿y tú?*

■ *Hola, me llamo ... ¿y usted?*
◆ *(Yo) me llamo ...*
■ *¿De dónde es?*
◆ *Soy (de) ... ¿y usted?*

	ser	llamarse
(yo)	soy	me llamo
(tú)	eres	te llamas
(él/ella/usted)	es	se llama
(nosotros/-as)	somos	nos llamamos
(vosotros/-as)	sois	os llamáis
(ellos/ellas/ ustedes)	son	se llaman

5 Para practicar

Im Spanischen gibt es einen speziellen Buchstaben, den das Deutsche nicht hat sowie Buchstabenkombinationen, die anders als im Deutschen ausgesprochen werden. Hören Sie die folgenden Länder- und Städtenamen und unterstreichen Sie die Unterschiede.

| Argentina | Barcelona | Chile | España | Gerona | Gijón | Huelva |
| Oviedo | Quito | Rioja | Sevilla | Valencia | Zaragoza |

Escucha otra vez y repite.
Hören Sie noch einmal zu und sprechen Sie nach.

6 Para escuchar

Escucha y escribe las palabras que faltan.
Hören Sie und ergänzen Sie die fehlenden Wörter.

ñ	ch	h	ll
señor	noche	hotel	Sevilla

ge/gi/j	ca/co/qu	ce/ci/z
Gijón	Colombia	
		gracias
Jaén		Zaragoza
	qué	

r/rr	b/v	y
Almería	Bolivia	Yucatán
Torremolinos	Valencia	Maracay

Escucha otra vez y lee en voz alta.
Hören Sie noch einmal zu und lesen Sie laut vor.

7 ¡Mucho gusto!

▼ el señor Moreno   ◆ la señora García   ● el señor Suárez

▼ Buenos días, señora García, ¿cómo está?
◆ Buenos días, ¿qué tal, señor Moreno?
▼ Bien, gracias. Le presento al señor Suárez.
◆ Mucho gusto.
● Encantado.

el señor Moreno/la señora García
mit Artikel, außer in der direkten Ansprache

Le presento al (= a + el) señor Suárez.
Le presento a la señora García.

8 ¿Y usted?

Spielen Sie zu dritt eine solche «formelle» Vorstellung; benutzen Sie entweder Ihren eigenen Familiennamen oder geben Sie sich spanische Nachnamen.

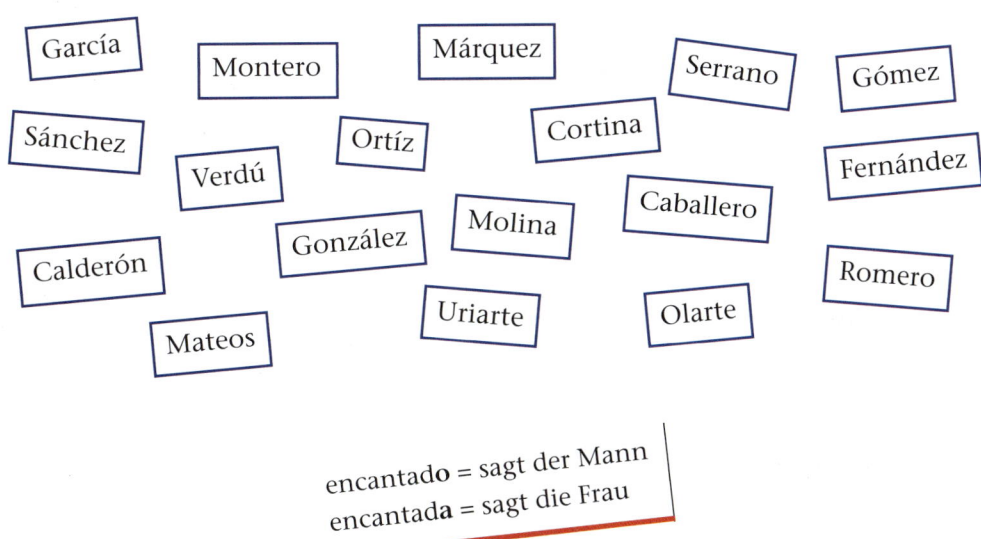

encantado = sagt der Mann
encantada = sagt die Frau

9 Ésta es mi madre

▼ Hola, Felipe, ¿cómo estás?
◆ Bien, gracias. ¿Y tú?
▼ Muy bien. Mira, ésta es mi madre. Mamá, éste es Felipe.
■ Mucho gusto, Felipe.
◆ Hola, ¿cómo está usted?

| Éste es mi amigo. |
| Ésta es mi madre. |

10 Para practicar

Presenta a las personas. Tú decides qué relación hay entre ellas.
Stellen Sie die Personen vor. Sie bestimmen selbst, in welcher Beziehung sie zueinander stehen.

▼ *Éste es Felipe. Es el marido de María.*
◆ *Ésta es María. Es la mujer de Felipe.*

el marido	la mujer
el esposo*	la esposa*
el amigo	la amiga
el padre	la madre

principalmente en Latinoamérica

Felipe

María

Ana

Celia

Roberto

José

 **11 Para escuchar**

Escucha y decide si hablan de tú o de usted.
Hören Sie die Gespräche und kreuzen Sie an, ob die Personen sich duzen oder siezen.

	tú	usted
1	☒	☐
2	☐	☒
3	☒	☐
4	☐	☒

12 ¿Y tú?

Sie geben eine Party. Nicht alle Gäste kennen sich. Stellen Sie sie vor und unterhalten Sie sich zu dritt.

 **13 Despedirse**

Al final de la clase despídete de los demás.
Am Ende der Kursstunde verabschieden Sie sich von den anderen.

* principalmente en Latinoamérica

¡Adiós!   ¡Chao!*   ¡Hasta la próxima!   ¡Hasta luego!

Y además
Números

cero   uno   dos   tres   cuatro   cinco   seis   siete   ocho   nueve

 **1 Números**

 Escucha y repite.

2 Para practicar

¿Qué número de teléfono tiene?
Lesen Sie eine der Telefonnummern vor. Die anderen sagen, von wem Sie sprechen.

● *Tiene el número ... .*
▼ *Es ... /el señor ... /la señora ... .*

	tener
(yo)	ten**go**
(tú)	**tie**nes
(él/ella/usted)	**tie**ne
(nosotros/-as)	tenemos
(vosotros/-as)	tenéis
(ellos/ellas/ustedes)	**tie**nen

José Martínez
telf. 739054

María Sánchez
telf. 884231

Joaquín Moro
telf. 7655396

Ana Bravo
telf. 850686

Luis Cortina
telf. 430971

Paloma Serrano
telf. 4682054

3 ¿Qué número?

▼ ¿Qué número de teléfono tienes?
◆ Tengo el 2540987.
▼ Uff,... más despacio, por favor.
◆ El 2 5 4 0 9 8 7.
▼ Gracias.
◆ De nada.

● ¿Tiene usted teléfono?
■ Sí, mi número es el 287355.
● ¿Cómo?
■ El 2 8 7 3 5 5.

no tengo = ich habe nicht

4 ¿Y tú?

¿Qué número de teléfono tienen tus compañeros? Haz una lista.
Welche Telefonnummer haben die anderen im Kurs? Machen Sie eine Liste.

▼ ..., ¿qué número de teléfono tienes?
◆ Tengo el ... .

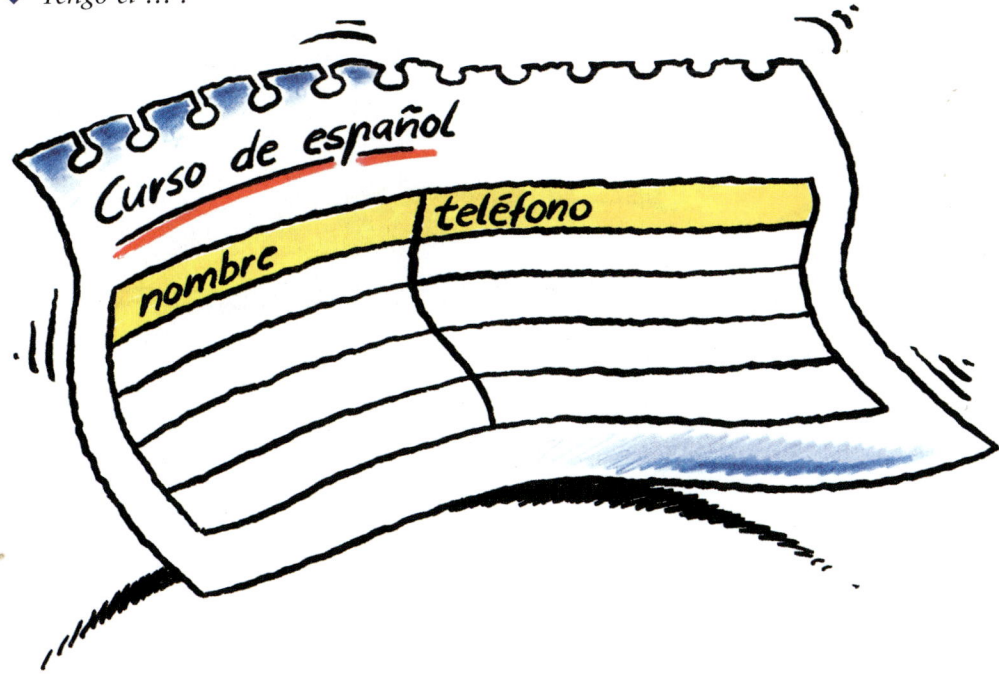

¿Qué haces?

1 Para empezar

2

¿Puedes encontrar a estas personas? ¿Cuáles no aparecen en el dibujo?
Können Sie diese Personen finden? Welche sind nicht auf der Zeichnung?

- ① un médico
- ⑥ un camarero
- ② un profesor
- ④ un programador
- ◯ una enfermera
- ◯ una arquitecta
- ③ una secretaria
- ⑤ un ama de casa

El número 1 es ...
El número 2 es ...

2 En una fiesta

▼ Sofía, éste es Ramón, mi amigo de Argentina.
◆ Hola, mucho gusto.
■ Encantado.
▼ Ramón es fotógrafo y trabaja en una agencia de publicidad.
◆ ¡Qué bien!
■ Y tú, ¿qué haces?
◆ Soy estudiante.
■ ¿Qué estudias?
◆ Estudio arte y, además, trabajo de guía de turismo.
■ ¿Y hablas idiomas?
◆ Por supuesto. Hablo inglés, francés y un poco de alemán.

el/un programador	la/una programadora
el/un médico	la/una médica
el/un ingeniero	la/una ingeniera
aber:	
el/un guía	la/una guía
el/un estudiante	la/una estudiante

3 Para practicar

¿Qué palabras faltan?
Setzen Sie die fehlenden Wörter ein.

Ramón es de _____ . Es _____ y trabaja en _____ .

Sofía es _____ . Estudia _____ . Trabaja de _____ . Habla _____ ,

_____ y un poco de _____ .

4 Para practicar

¿Dónde trabajan las personas de la página 18? Relaciona las personas con los lugares de trabajo.
Wo arbeiten die Personen, die auf S.18 abgebildet sind? Ordnen Sie die Personen den verschiedenen Arbeitsorten zu.

en una oficina   en una escuela   en un hospital
en un bar   en un banco   en casa

El profesor trabaja ...
La enfermera trabaja ...

---

trabajar

trabajo   trabajamos
trabajas trabajáis
trabaja   trabajan

trabajar de + Beruf
trabajar en + Ort
ser + Beruf

hacer	
ha**go**	hacemos
haces	hacéis
hace	hacen

5 ¿Y tú?

¿Qué haces?
Fragen Sie sich gegenseitig, was Sie beruflich machen.

▼ *¿Qué haces?* ▼ *¿Qué hace Vd.?*
◆ *Trabajo en ... / Soy ... ¿Y tú?* ◆ *Trabajo en ... / Soy ... ¿Y Vd.?*
▼ *(Yo) ...* ▼ *(Yo) ...*

6 Para escuchar

¿Qué hacen y dónde trabajan?
Kreuzen Sie an.

La mujer es	médica ☐	trabaja en	una consulta ☐
	enfermera ☐		un hospital ☐
	camarera ☐		una escuela ☐

El hombre es	arquitecto ☐	trabaja en	SEAT ☐
	mecánico ☐		Opel ☐
	ingeniero ☐		Citroen ☐

7 ¿Y tú?

Suchen Sie sich aus der Liste drei Sprachen aus. Ihr Partner muß versuchen, mit vier Fragen herauszufinden, welche Sprachen Sie «sprechen».

▼ *... , ¿hablas inglés?* ▼ *¿Habla Vd. inglés?*
◆ *Sí, hablo inglés./* ◆ *Sí, hablo inglés./*
   No, no hablo inglés.   *No, no hablo inglés.*
▼ *Hablas ... .* ▼ *Habla ... .*

inglés
francés
italiano
ruso
holandés
español
alemán

8 Para leer

Rita Becker sucht eine Arbeitsstelle in Pamplona, weil ihr Mann seit einiger Zeit ebenfalls dort arbeitet. Lesen Sie ihren Bewerbungsbrief und beantworten Sie anschließend die Fragen.

```
Rita Becker
Hauptstr. 23
D-56077 Koblenz                    Coblenza, 23-11-2004

Robles S.A.
C/Sarasate, 8
E-31001 Pamplona

Señoras, señores:

Soy secretaria y trabajo en una empresa de
exportación desde hace seis años. Hablo muy
bien español e inglés y tengo conocimientos
de francés.
Vivo en Coblenza, estoy casada y tengo una
hija. Busco un trabajo de media jornada en
Pamplona porque mi marido trabaja allí desde
hace tres meses.
Espero su respuesta.

Atentamente,

Rita Becker
```

estar	vivir
estoy	vivo
estás	vives
está	vive
estamos	vivimos
estáis	vivís
están	viven

estar casado/a = verheiratet sein

¿Dónde vive?   _____
¿Qué hace?   _____
¿Qué idiomas habla? _____
¿Está casada?   _____
¿Tiene hijos?   _____

Hablo español **y a**lemán.
aber:
Hablo español **e i**nglés.

9 ¿Y tú?

Entrevista a un/a compañero/-a y escribe un texto sobre él/ella.
Interviewen Sie eine andere Person im Kurs und schreiben Sie einen Text über sie.

Y además
Números 10 - 100

1 **Los números del diez al cien**

Escucha y repite.

10 diez	20 veinte	30 treinta	100 cien
11 once	21 veintiuno/a	31 treinta y uno/a	
12 doce	22 veintidós	32 treinta y dos	
13 trece	23 veintitrés	33 treinta y tres	
14 catorce	24 veinticuatro	40 cuarenta	
15 quince	25 veinticinco	50 cincuenta	
16 dieciséis	26 veintiséis	60 sesenta	
17 diecisiete	27 veintisiete	70 setenta	
18 dieciocho	28 veintiocho	80 ochenta	
19 diecinueve	29 veintinueve	90 noventa	

2 **Para escuchar**

Marca los números que oyes.
Kreuzen Sie die Zahlen an, die Sie hören.

10		82	
	24	77	94
33	50		65
15		47	5

3 **Para practicar**

Lee y completa.
Wie geht es weiter? Welche Zahl kommt als nächste?

11	22	33	_____
5	15	25	_____
20	18	16	_____
100	90	80	_____
99	77	55	_____

22

4 ¿Cuántos años tienen?

▼ *¿Cuántos años tiene Pablo?*
◆ *Tiene ... años.*

> Tiene 18 años. = Er/Sie ist 18 Jahre alt.
> Tengo 25 años. = Ich bin 25 Jahre alt.

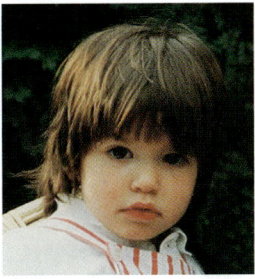
Pablo

Sra. Aranda

José Luis

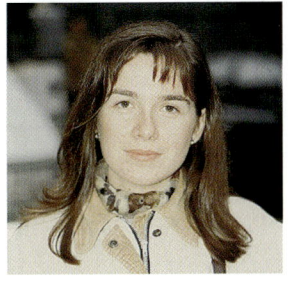
Patricia

Sra. Rosales

5 ¿Y tú?

Suchen Sie sich irgendeine Zahl zwischen 1 und 100 aus: das ist Ihr Alter. Fragen Sie sich nun gegenseitig und lassen Sie die andere Person Ihr Alter erraten. Ist die genannte Zahl zu niedrig, sagen Sie «más», ist sie zu hoch «menos».

▼ *¿Cuántos años tienes?*
◆ *¡Adivina!*
▼ *¿45?*
◆ *Más. / Menos.*
▼ *¿... ?*
◆ *...*

¡Qué hambre!

1 Para empezar

una cerveza · una botella de vino tinto · un bocadillo de jamón · una tortilla ·
un vaso de vino blanco · un coñac · un café con leche · un té

¿Conoces estas comidas y estas bebidas? Escribe los nombres junto al dibujo.
Kennen Sie die Speisen und Getränke? Schreiben Sie die Namen zu den Bildern.

2 ¿Y tú?

¿Conoces otras bebidas o comidas españolas?
Welche spanischen Getränke oder Speisen kennen Sie noch?

Bebidas	Comidas
_____	_____
_____	_____
_____	_____
_____	_____
_____	_____

Cafetería Simón

CAFETERIA	€
Café solo	1,10
Café con leche	1,10
Descafeinado	1,20
Té con leche o limón	1
Manzanilla o Tila (infusión)	1
Carajillo	2
CERVEZAS	
Caña	1,20
Doble	2
Cerveza sin alcohol	1,50

VINOS	€
Blanco y Tinto (copa)	2
Blanco y Tinto (botella)	7
APERITIVOS	
Fino	1,50
Bitter Kas	1,50
Vermouth	1,50
AGUAS MINERALES	
Botella de 1/2	1
Botella de litro	1,70
Casera	1,90
REFRESCOS Y ZUMOS	
Cola, Trinaranjus, Fanta	2
Agua Tónica	2
Zumo de naranja natural	2,90
Zumo de piña	2

TAPAS Y RACIONES	€
Aceitunas o Patatas fritas	1,10
Empanadilla	1,90
Ensaladilla rusa	1,90
Pincho de tortilla	1,50
Pincho de chorizo	1,50
Gambas cocidas	10,80
Calamares	5,50
Boquerones en vinagre	3,90
Bocadillo de queso y tomate	2,60
Bocadillo de jamón	3,50
Bocadillo de tortilla	2,60
Bocadillo de atún	2,60

3 ¿Vamos a tomar algo?

▼ Oye, ¡qué hambre tengo!, ¿vamos a tomar algo?
◆ ¿Aquí en el bar Bosch?
▼ Vale.
◆ ¿Qué vas a beber?
▼ Yo, un agua mineral.
◆ Pues yo, una cerveza. A ver qué hay para comer.
▼ Mira, aquí tienen bocadillos y raciones.
◆ Ah, pues voy a comer un bocadillo de tortilla.
▼ Yo también, y además … una ración de calamares.

¿Qué van a tomar?
Was werden die beiden essen, was trinken?

¿Qué van a comer? _____
¿Qué van a beber? _____

el bocadillo	los bocadillos
un bocadillo	unos bocadillos
la botella	las botellas
una botella	unas botellas
el bar	los bares
un bar	unos bares
la ración	las raciones
una ración	unas raciones

4 ¿Y tú?

¿Qué vas a tomar?
Unterhalten Sie sich darüber, was Sie verzehren wollen.

▼ ¿Qué vas a tomar?
◆ Yo voy a beber una cerveza, ¿y tú?
▼ Pues yo, … ¿Y qué vas a comer?
◆ …

ir a (tomar)	comer
voy a (tomar)	como
vas a (tomar)	comes
va a (tomar)	come
vamos a (tomar)	comemos
vais a (tomar)	coméis
van a (tomar)	comen

5 A ver qué hay en la mesa …

Mira el dibujo durante 30 segundos y después cierra el libro. ¿Qué hay en la mesa? ¿Te acuerdas de los nombres de los objetos?
Schauen Sie sich das Bild 30 Sekunden lang an. Dann schließen Sie das Buch. Was ist auf dem Tisch? Erinnern Sie sich an die spanischen Namen der Gegenstände?

hay = es gibt

▼ *En la mesa hay …*

6 ¡Perdón, falta un vaso!

▼ Señor   ◆ Camarero

▼ ¡Perdón, falta un vaso!
◆ Enseguida.
▼ Y, ¿podría traer más pan, por favor?
◆ Sí, claro.

7 Para practicar

¿Qué falta en la mesa? ¿Qué más quieres pedir?
Was fehlt auf dem Tisch? Was möchten Sie noch bestellen?

> falta un vaso   faltan (dos) vasos
> más pan = (etwas) mehr Brot
> otro vino = noch einen Wein

▼ *Perdón, falta …*
  ¿Podría traer …, por favor?

8 En el restaurante «Casa Puebla»

▼ camarero   ◆ Celia   ■ Ramón

▼ ¿Qué van a cenar?
■ ¿Qué tienen?
▼ Hoy tenemos asado de cordero y la especialidad de la casa son las almejas a la marinera.
◆ Yo quiero almejas.
■ Para mí, de primero, una sopa de ajo y, de segundo, el asado de cordero con patatas.
◆ Y una ensalada para dos.
▼ Y, ¿para beber?
◆ Yo un vino blanco, por favor.
■ Y yo uno tinto y agua mineral sin gas.

Casa Puebla RESTAURANTE

Entradas
Entremeses variados
Ensalada mixta
Espárragos con mahonesa
Judías verdes con jamón
Tortilla española
Tortilla de gambas
Patatas bravas

Sopas
Sopa de pescado
Sopa de ajo
Crema de ave
Gazpacho andaluz

Postres
Tarta helada
Flan con nata
Sorbete de frambuesa
Helado de vainilla o chocolate

Carnes
Cordero asado
Escalope de ternera
Ternera asada
Solomillo con champiñones
Pollo asado
Pollo al ajillo

Pescado
Merluza al horno
Lenguado a la plancha
Gambas al ajillo
Calamares a la plancha
Calamares a la romana
Chipirones en su tinta
Almejas a la marinera

9 Para practicar

El camarero ha tomado nota. ¿Qué es verdadero y qué es falso?
So hat der Kellner die Bestellung aufgeschrieben. Was ist richtig und was ist falsch?

1 almejas
1 sopa de ajo
2 ensaladas
2 cordero + pat.
2 tintos
agua sin gas

10 ¡La cuenta, por favor!

▼ camarero ◆ Celia ■ Ramón

querer	
quiero	queremos
quieres	queréis
quiere	quieren

▼ ¿Qué van a tomar de postre?
◆ Yo no quiero postre, pero voy a tomar un café solo.
■ Yo, un flan.
…
▼ ¿Quieren algo más?
■ No, gracias; la cuenta, por favor.

11 Para practicar

¿Qué quieren y qué no quieren?

Celia no _____ postre, _____ un café solo.

Ramón no _____ café, _____ un flan.

Celia y Ramón no _____ nada más, _____ la cuenta.

12 Para escuchar

El novio y la novia discuten sobre el menú de la boda. ¿Qué platos eligen?
Die Brautleute suchen das Hochzeitsmenue aus. Welche Speisen wählen sie?

Primer plato
- sopa de pescado ☐
- crema de ave ☐
- cigalas ☐
- cocktail de gambas ☐

Segundo plato
- salmón a la plancha ☐
- lenguado al horno ☐
- soufflé de langosta ☐

Tercer plato
- cordero asado ☐
- solomillo al jerez ☐
- codornices rellenas ☐

Postre
- tarta nupcial ☐
- sorbete de champán ☐
- mousse de chocolate ☐

13 ¿Y tú?

Spielen Sie mit jeweils drei oder vier Personen einen Restaurantbesuch. «Die Gäste» bestellen Essen und Getränke, «der Kellner» nimmt die Bestellung auf, fragt nach usw. Benutzen Sie die Speisekarte von Seite 27.

Los números a partir de 100   *Y además*

1 Los números a partir de 100

Escucha y repite.

100 cien	101 ciento uno	102 ciento dos
200 doscientos/-as	201 doscientos uno	243 doscientos cuarenta y tres
300 trescientos/-as	400 cuatrocientos/-as	500 quinientos/-as
600 seiscientos/-as	700 setecientos/-as	800 ochocientos/-as
900 novecientos/-as	1.000 mil	1.178 mil ciento setenta y ocho
2.000 dos mil	3.000 tres mil	10.000 diez mil
1.000.000 un millón	2.000.000 dos millones	11.800.000 once millones ochocientos mil

2 Para practicar

Lee los números.
Lesen Sie die Zahlen; die erste Person fängt mit der kleinsten Zahl an, die nächste liest die nächsthöhere usw.

| 387 | 985 | 601 | 3.564 | 215 | 7.500 | 10.000 |
| 576 | 2.995 | 125 | 1.950 | 735 | 457.925 | 54.015 |

> 230 mujeres = doscient<u>as</u> treinta mujeres
> 230 hombres = doscient<u>os</u> treinta hombres

3 Para practicar

Notieren Sie auf einem Zettel ca. 8 Zahlen zwischen 100 und 10.000. Dann diktieren Sie diese Zahlen Ihrem Partner/Ihrer Partnerin. Anschließend liest Ihr/e Partner/-in Ihnen diese Zahlen vor und Sie notieren sie auf einem anderen Zettel. Dann vergleichen Sie diese Liste mit der ersten. Sind alle Zahlen „richtig" zurückgekommen?

Ocio

1 Para empezar

25

¿Qué hacen? Escucha los sonidos y escribe el número en la casilla correspondiente.
Was wird gemacht? Hören Sie die Geräusche und schreiben Sie die passende Nummer in die Kästchen.

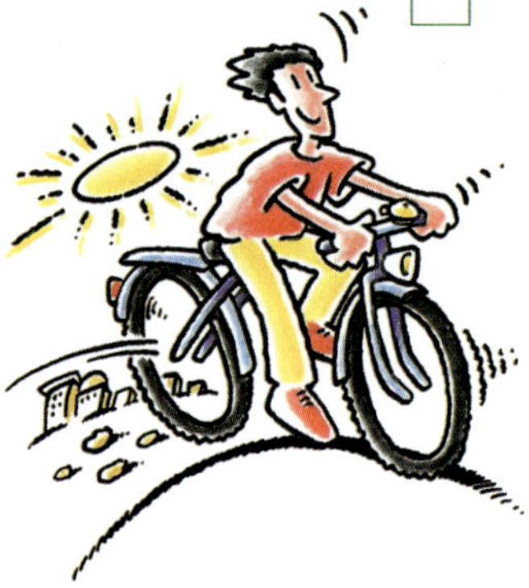

montar en bicicleta

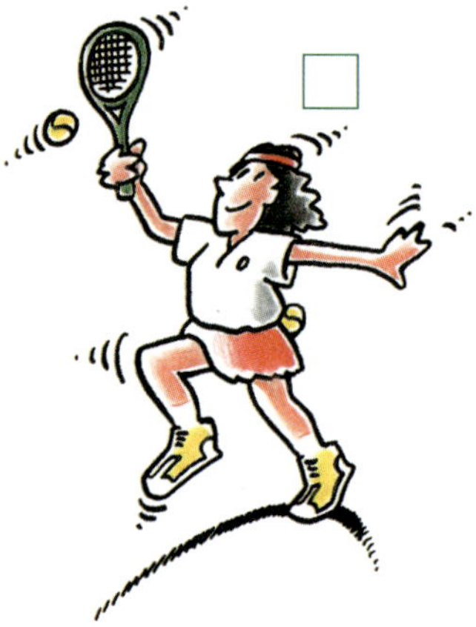

jugar al tenis

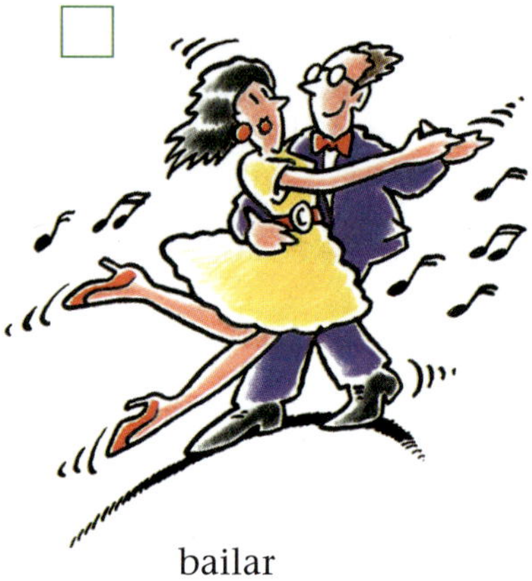

bailar

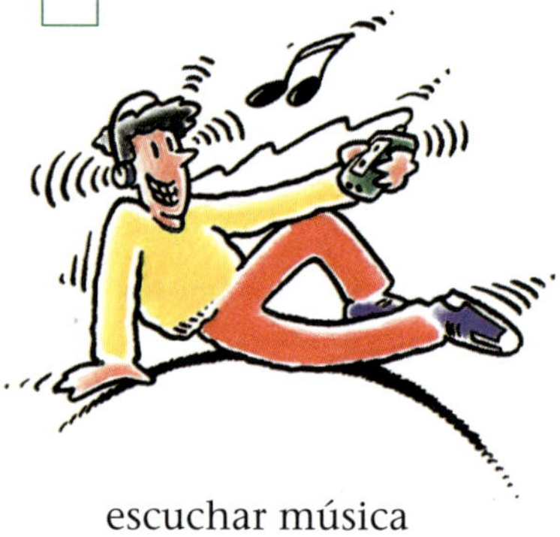

escuchar música

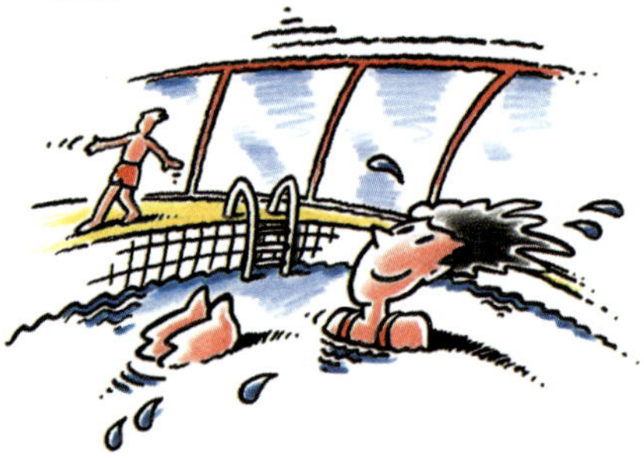

nadar

Julian nada.

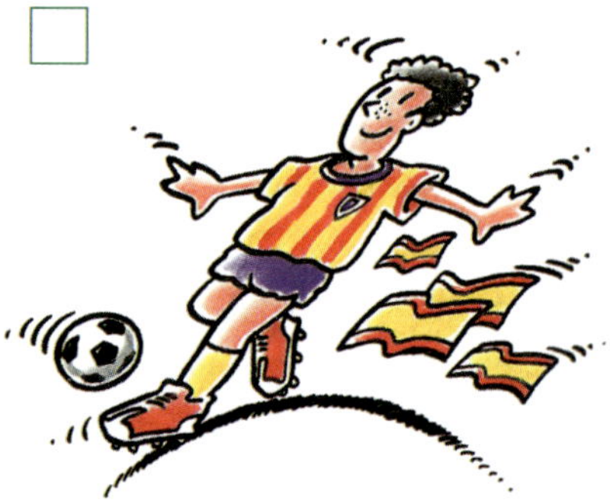

jugar al fútbol

2 ¿Te gusta?

26

- ▼ ¿Qué te gusta hacer en tu tiempo libre?
- ◆ A mí me gusta jugar al tenis, ¿y a ti?
- ▼ A mí me gusta montar en bicicleta, también trabajar en el jardín.

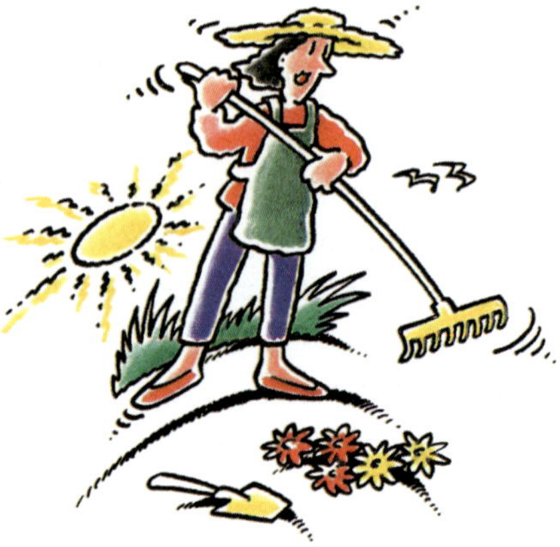

3 ¿Y tú?

¿Qué te gusta hacer en tu tiempo libre? Pregunta a tus compañeros/-as.
Was machen Sie gern in Ihrer Freizeit? Fragen Sie sich gegenseitig.

▼ A mí me gusta … , ¿y a ti?
◆ …

a mí	me gusta (nadar)	a nosotros	nos gusta (nadar)
a ti	te gusta (nadar)	a vosotros	os gusta (nadar)
a él		a ellos	
a ella	le gusta (nadar)	a ellas	les gusta (nadar)
a usted		a ustedes	

Gehört immer dazu; gleich als Konstrukt lernen

leer

ver la televisión — *Paula ve la tele.*

ir al cine

hacer deporte — *Paul hace deporte. Yo hago deporte.*

caminar

cocinar

dormir — *Yo duermo. Paula duerme.*

ir de compras — *Pablo va de compras.*

```
ir            = gehen
ir a (bailar) = (tanzen) gehen
ir (a + el) al cine = ins Kino gehen
ir a + Ort    = gehen/fahren
                nach, zu, in
```

4 Una entrevista

▼ Señora Garrido, ¿qué hace usted en su tiempo libre? ¿Qué le gusta hacer?
◆ A mí me gusta mucho el teatro y, normalmente, voy con mi esposo. También nos gusta ir a bailar.
▼ Y, ¿qué no le gusta hacer?
◆ No me gusta ir al cine. Prefiero ver las películas en la tele.

A la Sra. Garrido

le gusta	no le gusta
el teatro	ir al cine
ir a bailar	
ver las películas	
ver la tele	

5 Para practicar

Habla sobre estas personas.
Reden Sie über diese Personen.

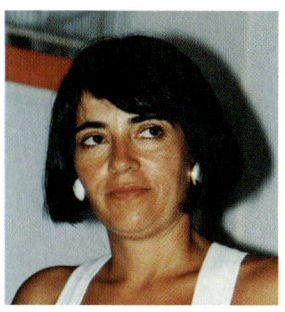   

la Sra. Mateos	el Sr. Martínez	la Sra. Olarte	el Sr. González
+ leer	+ ir al cine	+ leer	+ jugar al fútbol
+ escuchar música	+ ver la televisión	+ hablar con amigos	+ cocinar
− ir al restaurante	− caminar	− ver la televisión	− leer
+ comer en casa	+ montar en bicicleta	+ escuchar la radio	+ ir al cine

▼ A la Sra. Mateos le gusta … y … . A ella no le gusta … , prefiere … .
◆ Al Sr. Martínez ……………, a él no ………………
■ …

preferir
prefiero   preferimos
prefieres preferís
prefiere   prefieren

6 ¿Y tú?

Pregunta a dos o tres personas de tu clase, anota los nombres y las respuestas y cuéntaselo al grupo.
Fragen Sie zwei oder drei andere Personen, notieren Sie die Namen und die Antworten und berichten Sie dann der Gruppe.

▼ …, ¿qué no te gusta hacer en tu tiempo libre? ¿Qué prefieres?
◆ A mí no me gusta …, prefiero …
▼ A … no le gusta …, prefiere …

me gusta mucho = mir gefällt sehr
no me gusta nada = mir gefällt überhaupt nicht

7 Para leer

Sobre este artículo se ha derramado café. ¿Puedes leerlo? ¿Qué palabras faltan?
Über diesen Artikel ist Kaffee verschüttet worden. Können Sie ihn trotzdem lesen? Welche Wörter fehlen?

Tres preguntas a ...
Hoy: Pepe García «El Pedales», ciclista

por Miguel Valencia

M.V. Muchas personas tienen como hobby _____ en bicicleta, y tu profesión es la bicicleta. ¿Qué haces en tu tiempo _____?

P.G. Bueno, mi hobby también es la _____, pero para ganar carreras hay que entrenar muchas horas. En mi _____ libre quiero hacer algo diferente. Me _____ ir al teatro con amigos y, en casa, toco el piano.

M.V. ¿Un campeón pianista?

P.G. Y, ¿por qué no? Pero de momento, ni pianista ni campeón.

M.V. Y, ¿qué planes _____ para el futuro?

P.G. Ser campeón.

M.V. Pues, suerte.

8 ¿Y tú?

Habla sobre tus gustos.
Sagen Sie, was Ihnen davon gefällt und fragen Sie die anderen im Kurs nach ihrer Meinung. Sie können ein Spiel daraus machen. Ihr Partner muß Ihnen immer widersprechen oder immer zustimmen.

▼ A mí (no) me gusta(n) .... ¿ Y a ti?
◆ ....

☺ A mí me gustan las películas americanas, ¿y a ti?
☺ A mí también.
☹ A mí no.

☹ A mí no me gusta el arte moderno, ¿y a ti?
☹ A mí tampoco.
☺ A mí sí.

el rock · las películas americanas · los libros de ciencia ficción · las novelas policíacas · los cómics · las películas de acción · las telenovelas · los musicales · la música clásica

9 Para escuchar

¿Conoces a tu media naranja?

¿Conoce Amalia a su marido?
Sie hören einen Ausschnitt aus einer Radioquizsendung. Notieren Sie zuerst die Antworten der Frau und danach die des Ehemanns. Wie gut kennt Amalia ihren Ehemann?

	mujer sí no	marido sí no
Le gusta el trabajo.	☐ ☐	☐ ☐
Le gusta ir al fútbol.	☐ ☐	☐ ☐
Le gusta la cocina de su mujer.	☐ ☐	☐ ☐
Le gusta leer.	☐ ☐	☐ ☐

4

Y además
¿Qué hora es?

 **1** ¿Qué hora es?

Es la una.

Son las tres.

Son las tres y cuarto.

Son las tres y veinticinco.

Son las tres y media.

Son las cuatro menos cuarto.

Son las cuatro menos cinco.

Son las ocho de la mañana.

Son las ocho de la tarde.

Son las tres de la noche.

Son las cinco de la madrugada.

2 Para practicar

Relaciona los relojes con los textos.
Welche Uhr paßt zu welchem Text?

- ③ - ¿A qué hora abre el bar?
  - Dentro de veinte minutos, a las siete y media.
- ① - Perdón, ¿qué hora es?
  - Son las cuatro menos cinco.
  - Muchas gracias.
- ② - ¿Cuándo es el partido de fútbol?
  - A las ocho y media. ¡Sólo faltan diez minutos!
- ④ - Son las veintidós horas y quince minutos.

> ¿Qué hora es? Wieviel Uhr ist es?
> ¿A qué hora ... ? Um wieviel Uhr?
> ¿Cuándo ... ? Wann ... ?

3 Para leer

¿A qué hora son las noticias?

ANTENA 3

06.00 Noticias de la mañana.
07.00 Megatrix (infantil): Tutenstein; Código KND; Bob esponja; Cosas de gemelas; Lizzi McGuire
11.00 Cada día (magazine. Presenta: Teresa Campos)
14.00 Los Simpsons
15.00 Noticias-1. (con Lourdes Maldonado)

15.45 La sopa boba (serie)
17.30 A la carta (magazine. Presenta: Augustín Bravo)
18.30 Rex, un policía diferente (serie)
19.30 El diario de Patricia (debate)
20.15 Pasapalabra (concurso. Presenta: Silvia Jato)
21.00 Noticias-2 (con Lourdes Maldonado)

21.45 TV Los enchufados
22.15 Casi perfectos (telecomedia)
00.00 El club de la comedia
01.45 Sexo en Nueva York
02.15 Noticias-3
02.30 Televenta (compras por TV)
05.00 Sueños
05.15 Repetición de programas

4 Para escuchar

¿Qué hora es?
Dibuja las agujas en los relojes.
Zeichnen Sie die Zeiger in die Uhren ein.

  1   2   3   4

¿Está cerca?

1 Para empezar

¿Conoces los países de Latinoamérica?
Kennen Sie die Länder Lateinamerikas?

> _____ está en el norte de Sudamérica.
>
> _____ está en el sudeste de Sudamérica.
>
> _____ está en el noroeste de Sudamérica.
>
> _____ está en el sur de Centroamérica.
>
> _____ está entre Perú y Paraguay.
>
> _____ está en el sudoeste de Sudamérica.
>
> _____ está en el centro de Sudamérica.
>
> _____ es una isla. Está en el mar Caribe.

 Escucha y comprueba.

¿Y dónde están los otros países de Latinoamérica?
Beschreiben Sie die Lage eines der übrigen Länder; die anderen raten, welches Land Sie meinen.

> Einzahl in spanisch, Mehrzahl in deutsch

2 Soy de Mérida

▼ Y tú, ¿eres de Venezuela?
◆ Sí, soy de Mérida.
▼ ¡Ah, de Mérida! … una ciudad bastante provinciana, ¿no?
◆ No, ¡qué va! Mérida es una ciudad grande y moderna con avenidas anchas y muchos parques. Tiene más de 130.000 habitantes. Además es una ciudad universitaria. La Universidad de los Andes es muy famosa.
▼ Entonces seguro que hay mucha gente joven, ¿no?
◆ Sí, claro. Hay muchos estudiantes de Venezuela y de otros países latinoamericanos y el ambiente es alegre y juvenil. No, Mérida no es provinciana.

¿Cómo es Mérida?

▼ Es una ciudad …

estar	ser
Está en el norte.	No es provinciana.

3 Para practicar

Relaciona las fotos con las frases.
Welcher Satz gehört zu welchem Foto?

 1 g

 3 b

 5 e

 6 d

 2 a

 4 f

 7 c

a. Es una casa vieja.
b. Es un pueblo pequeño.
c. Es una plaza bonita.
d. Es una iglesia antigua.
e. Son edificios modernos.
f. Es una zona industrial.
g. Es una calle tranquila.

Singular	Plural
moderno/-a	modernos/-as
grande	grandes
industrial	industriales

La foto numero 3 es
En la foto numero 1 ay

37

4 ¿Y tú?

¿Cómo es tu ciudad? ¿Y tu pueblo?
Welche Eigenschaften würden über Ihren Wohnort in einem Werbeprospekt stehen?

... es una ciudad/un pueblo ... .

5 ¿Hay un mercado por aquí?

▼ Oiga, por favor, ¿hay un mercado por aquí? *Gibt es einen Markt hier in der Nähe?*
♦ Lo siento, no soy de aquí.
▼ Disculpe, ¿sabe si hay un mercado por aquí? → *Wissen Sie ob es hier in der Nähe einen Markt gibt*
■ Sí, cerca de Antón Martín, en la calle Santa Isabel.
▼ ¿Está lejos?
■ No, no está lejos. A unos diez minutos. Mire, usted toma la calle Duque de Alba, cruza la plaza de Tirso de Molina y sigue por la calle Magdalena. Al final llega a la plaza de Antón Martín, allí tiene que girar a la derecha, y ya está en la calle Santa Isabel. Sigue unos 50 metros y a la izquierda está el mercado.
▼ A ver, entonces, primero todo recto, pasar por la plaza, otra vez todo recto hasta la plaza, luego allí a la derecha. Muchas gracias.
■ De nada.

Dibuja en el plano el itinerario del diálogo.
Zeichnen Sie den beschriebenen Weg in den Stadtplan ein.

© www.cartomedia-karlsruhe.de

seguir
sigo   seguimos
sigues   seguís
sigue   siguen

6 ¿Y tú?

¿Dónde estás?
Zusammen mit Ihrem/-r Partner/in bestimmen Sie einen Ausgangspunkt auf dem Stadtplan. Eine/r von Ihnen sucht sich noch einen weiteren Punkt aus, sagt aber nicht welchen. Dann beschreibt er/sie den Weg zu sich. «Finden» Sie Ihre/n Partner/in?

▼ ¿Cómo voy?
◆ Tienes que ...

tener que = müssen

girar a la derecha/izquierda
seguir todo recto/derecho/hasta ...
cruzar la plaza
tomar la primera/segunda/tercera calle

7 Para practicar

¿Dónde está el coche?

- 2 detrás del hotel
- 3 enfrente de la farmacia
- 5 en la esquina, junto al semáforo
- 4 al lado del cine
- 1 delante del banco
- 6 en la primera calle a la derecha, cerca de la parada de autobús

de + el = del
de + la = de la

8 ¿Y tú?

¿Qué hay delante, detrás, ... de la casa donde vives?
Habla con un/a compañero/-a.

9 Para practicar

A mira esta página.   B mira la página 120.

A: Estás delante de la estación. Pregunta a tu compañero/-a por

hay
¿Hay **un** mercado por aquí?

está
El mercado no está lejos.

| la oficina de correos | un hotel |
| un supermercado | el teatro |

▼ Oiga, por favor, ¿hay un/una … cerca de aquí?
  Por favor, ¿dónde está el/la … ?

◆ Sí, está… .
  Usted sigue …, gira … , cruza … .
◆ Está …

10 Para escuchar

35

Escucha la conversación al teléfono.
Welcher der Stadtpläne zeigt den beschriebenen Weg?

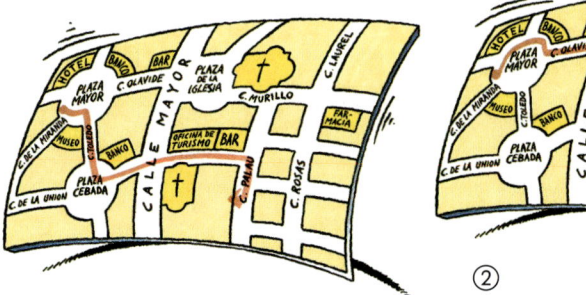

① ②

Y además
Direcciones

1 Direcciones

Busca las abreviaturas para estas palabras.
Suchen Sie die Abkürzungen für folgende Wörter.

calle
avenida
plaza
escalera
sin número
derecha
izquierda
apartamento

FEDERICO CIFUENTES
C/ MOISÉS BERTONI, 29 -74
CON C/DR. BERNADINO CABALLERO
CIUDAD DEL ESTE
PARAGUAY

I.B. El Greco
Seminario de Alemán
Avda. de San Antón, s/n
45003 Toledo

Rosalía García Moreno
Pza. Santa Ana, 10 3º izq.
33333 VALLADOLID

Jacinto Gutiérrez Villanueva
c/ Almagro, 57
Esc. 1 - 2º dcha. Apto. 7
28010 Madrid

2 Para leer

Pequeñas sorpresas ...

Si viajas por ciudades de Latinoamérica y no quieres sorpresas, tienes que informarte sobre la orientación local. Por ejemplo, si buscas el hotel «Casa Fiedler» en Managua, tienes que determinar primero los puntos cardinales. La dirección es: cerca del CST (edificio del sindicato), dos cuadras al sur y una cuadra y media hacia abajo (abajo = oeste). Otro ejemplo, en La Paz (Bolivia) algunos nombres de calles se repiten dos o tres veces y los números, muchas veces, no tienen un orden. En la mayoría de las ciudades grandes uno se orienta por cuadras.

Relaciona las definiciones con las palabras del texto.
Verbinden Sie die Definitionen mit den entsprechenden Wörtern aus dem Text.

Una cosa que no esperas es ....
El norte, el sur, el oeste y el este son ...
La ciudad, la calle y el número de la casa donde vives es ....
Un bloque de edificios y casas es ....

una sorpresa
la dirección
una cuadra
los puntos cardinales

De compras

1 Para empezar

¿Qué hay? Ordena los alimentos en la lista.
Ordnen Sie die Lebensmittel in die Liste ein.

frutas	verduras	embutidos	otros alimentos

2 ¿Y tú?

¿Qué hay en tu nevera?
Was haben Sie im Kühlschrank?

▼ Hay/tengo …

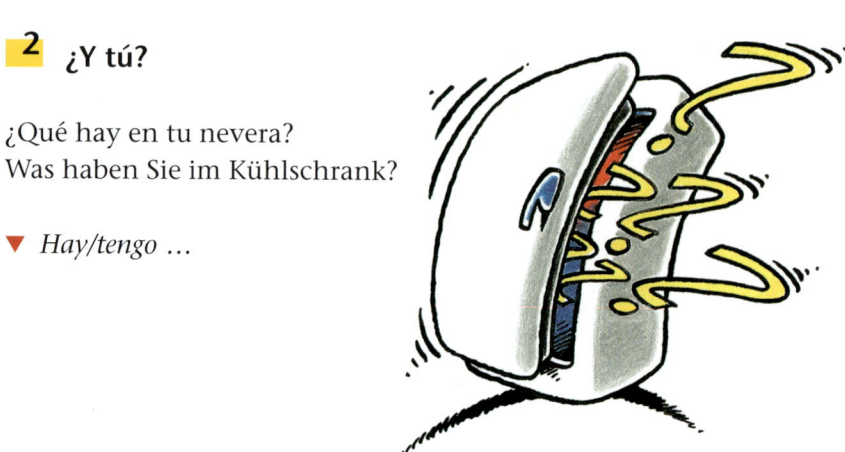

3 ¿A quién le toca?

▼ ¿A quién le toca?
◆ Me toca a mí, ¿no?
▼ ¿Qué le pongo?
◆ Medio kilo de tomates.
▼ ¿Cómo los quiere?
◆ Bastante maduros.
▼ ¿Desea algo más?
◆ Sí, 200 gramos de jamón serrano. ¿Me lo corta en lonchas finas?
▼ Muy bien, ¿es todo?
◆ Sí, … ¡ah! y dos barras de pan. ¿Me las mete en una bolsa, por favor?
▼ Aquí tiene. Son siete euros con ochenta céntimos.

¿Qué falta? Completa.

Desea medio kilo de _____. ____ quiere bastante maduros.

Desea 200 gramos de _____. ____ quiere en lonchas finas.

Desea dos _____ de pan. ____ quiere en una bolsa.

El queso, ¿cómo **lo** quiere?
La mortadela, ¿cómo **la** quiere?
Los tomates, ¿cómo **los** quiere?
Las manzanas, ¿cómo **las** quiere?

4 Para practicar

¿Qué vas a comprar? ¿Qué tienes?
Suchen Sie sich fünf Produkte aus; das ist Ihr Vorrat. Den Rest kaufen Sie.
Fragen Sie sich nun gegenseitig, was Sie kaufen und was Sie bereits haben.

▼ *¿Vas a comprar café?*
◆ *Sí, lo voy a comprar.*
 No, lo tengo.

5 Para escuchar

¿Qué compra la señora?
Kreuzen Sie die Produkte an, die die Frau kauft.

poner	
pon**go**	ponemos
pones	ponéis
pone	ponen

```
1 kg    = un kilo           1 l    = un litro
1/2 kg  = medio kilo        1/2 l  = medio litro
1/4 kg  = un cuarto de      1,5 l  = un litro y medio
          kilo
100 g   = cien gramos       2 l    = dos litros
```

6 ¿Y tú?

Haz la compra para el fin de semana.
Schreiben Sie zu zweit einen Einkaufszettel für den Wochenendeinkauf.
A verlangt dann die angegebenen Produkte, **B** übernimmt die Rolle des/der Verkäufers/Verkäuferin.

7 ¿Quién es quién?

¿Quién es quién? Escribe el nombre correspondiente.
Wer ist wer? Schreiben Sie die Namen unter die Personen.

Hoy Pedro lleva una chaqueta verde y vaqueros azules.
A Manuel le gustan los pantalones marrones y las camisas blancas.
Mónica lleva una minifalda negra y una blusa roja.
A Celia le gusta llevar vestidos de lunares con zapatos blancos.
Ana lleva un jersey amarillo y un pantalón de cuero.
José trabaja en un banco. Lleva un traje gris oscuro y una corbata azul.
A Isabel le encantan los bañadores a rayas.

8 Para practicar

Habla sobre tus gustos.

¿Qué color te gusta más?
¿Qué ropa tienes en tu color favorito?

▼ *Mi color favorito es el … . / Me encanta el … .
Tengo … .*

+	me gusta
++	me gusta mucho
++++	me encanta

9 ¿Y tú?

¿Qué llevas hoy?
Schreiben Sie auf einen Zettel, was Sie anhaben.
Alle Zettel werden eingesammelt, gemischt und wieder ausgeteilt. Lesen Sie den Zettel vor, den Sie erhalten haben, die anderen sagen, um wen es sich handelt.

10 Para leer

Relaciona los anuncios y los dibujos.
Welche Anzeige und welche Zeichnung gehören zusammen?

1 **Vestido**, modelo clásico, azul, talla 40/42, 59 €, Telf. 981 80 90 51. De 10 a 14 h.

2 **Abrigo de piel largo,** (leopardo), como nuevo, 499 € Telf. 981 56 93 21.

3 **Chaqueta a cuadros,** nueva. Telf. 981 32 50 05.

4 **Chaqueta de cuero,** color negro, comprada en El Corte Inglés, talla grande. Telf. 981 23 89 73. Tardes.

5 **Vestido de baile**, último modelo, rojo, con pedrería, talla 38, 150 € Telf. 981 22 26 64.

6 **Comunión.** Traje de niño, pantalón color beige, camisa a rayas. Telf. 981 22 38 76.

11 Busco una falda.

▼ Buenas tardes, ¿qué desea?
◆ Busco una falda.
▼ ¿Qué talla tiene?
◆ Tengo la 38.
▼ ¿Y cómo la quiere? ¿De qué color?
◆ Ésa verde me gusta. ¿Me la puedo probar?
▼ Sí, claro. Los probadores están al fondo.
...
▼ ¿Y cómo le queda?
◆ Me queda muy bien. ¿Cuánto cuesta?
▼ No es muy cara, es una oferta, sólo 25 euros.
◆ Pues sí, es bastante barata. Me la llevo.
▼ Muy bien, pase por caja, por favor.

éste/-a/-os/-as = nahe beim Sprecher
ése/-a/-os/-as = weiter entfernt
ohne Akzent, wenn ein Substantiv folgt
mit Akzent, wenn kein Substantiv folgt

12 Para practicar

¿Quién lo dice? ¿Cliente o dependiente?
Wer sagt das? Der Kunde oder der Verkäufer?

el pantalón = los pantalones

	cliente	dependiente
Busco unos pantalones.	☐	☐
¿Me lo puedo probar?	☐	☐
¿Qué talla tiene?	☐	☐
¿Tienen jerseys de lana?	☐	☐
Y, ¿cómo la quiere?	☐	☐
Allí están los probadores.	☐	☐
Aquí tiene dos de tonos diferentes.	☐	☐
¿Puedo pagar con tarjeta?	☐	☐
No me queda bien.	☐	☐
¿Cuánto cuestan los zapatos?	☐	☐
Cuestan 51 euros.	☐	☐
Son demasiado caros, pero me gustan mucho.	☐	☐

13 Para practicar

¿Qué tal les queda la ropa a estas personas?

● El pantalón le queda (muy) … .

14 Para escuchar

¿Cuánto cuesta el jersey? ¿Y el pantalón? ¿Cómo paga?

El jersey rojo cuesta _____ euros.

El pantalón cuesta _____ euros.

Paga en efectivo. ☐
      con tarjeta. ☐

15 ¿Y tú?

Estás en esta tienda. Mira las ofertas y practica el diálogo 11 con tu compañero/-a.
A es el/la cliente, B el/la dependiente.

Y además
Tiendas

1 Tiendas

¿Dónde puedes comprar estas cosas?

- calamares
- aspirinas
- plátanos
- mayonesa
- zapatos
- patatas fritas
- pimientos
- sellos
- solomillo de ternera

▼ *En … puedes comprar … .*

2 Para leer

¿Dónde compran los españoles?

(15) % = (15) por ciento
100 % = cien por cien

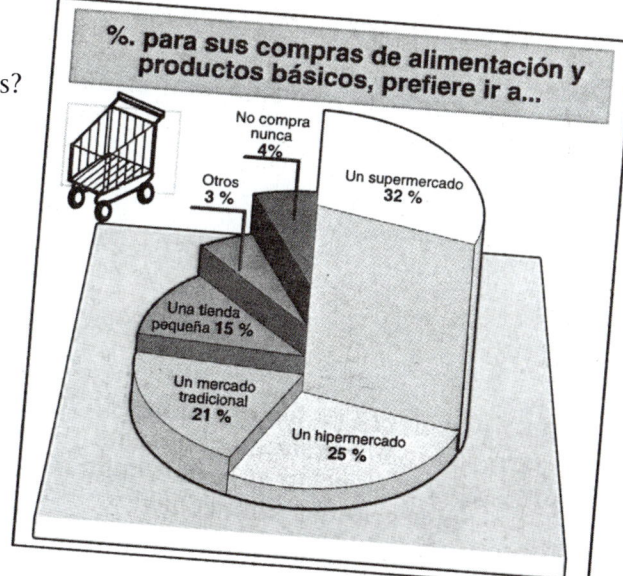

poder
puedo   podemos
puedes podéis
puede   pueden

3 ¿Y tú?

▼ *¿Dónde prefieres comprar?*
◆ *A mí me gusta comprar en … , ¿y a ti?*

¿A qué hora ...?

1 Para empezar

¿Es posible?

	sí	no
Quieres ir al banco por la tarde	☐	☐
Quieres ir al cine por la mañana.	☐	☐
Quieres comprar aspirinas por la noche.	☐	☐
Quieres información sobre la ciudad antes de las 10.	☐	☐

2 Para practicar

Elige un horario. Tu compañero/-a tiene que descubrir cuál es.
Sagen Sie die Öffnungszeiten eines der Geschäfte.
Ihr Partner muss herausfinden, von welchem Sie reden.

▼ Abre a las ... . ¿Qué es?
◆ Cierra a las ... .
▼ Está abierto/-a ... .
◆ Está cerrado/-a ... .

desde las 8 hasta las 3
de 8 a 3
hasta las 3
entre las 8 y las 3

cerrar	
cierro	cerramos
cierras	cerráis
cierra	cierran

3 Trabajo en una empresa suiza.

▼ Y tú, ¿qué haces?
◆ Trabajo en una empresa suiza. Soy programadora.
▼ ¿Y te gusta el trabajo?
◆ Sí, es muy interesante y, además, el horario de trabajo es muy bueno. Empiezo a las 8 y termino a las 5.
▼ ¡Ah, claro!, el horario de las empresas grandes. ¿Y cuándo comes?
◆ Tenemos una hora para comer, entre la una y las dos. Normalmente como con algunos compañeros en una cafetería.
▼ ¡Qué poco tiempo para comer! Yo siempre como en casa y necesito dos o tres horas.
◆ ¿Dos o tres horas? ¿Hasta qué hora trabajas por la tarde?
▼ Vuelvo a casa sobre las ocho.

¿Qué palabras faltan?

La chica trabaja en una _____ suiza. _____ el trabajo a las ocho.
Tiene _____ hora para comer. _____ el trabajo a las _____ .
El chico siempre come en _____ . Necesita _____ o _____ horas. _____
a casa _____ las ocho.

4 ¿Y tú?

Habla con un/a compañero/-a de tu jornada de trabajo.

	tú	tu compañero/-a
¿Cuándo empiezas el trabajo?	_____	_____
¿Cuánto tiempo tienes para comer?	_____	_____
¿Dónde comes?	_____	_____
¿Cuándo vuelves a casa?	_____	_____

empezar	volver
empiezo	vuelvo
empiezas	vuelves
empieza	vuelve
empezamos	volvemos
empezáis	volvéis
empiezan	vuelven

5 Un día normal

Numera los dibujos por orden cronológico.
Nummerieren Sie die Bilder in der Reihenfolge des Tagesablaufs.

1. Se levanta temprano, a las 7.
2. Empieza a trabajar a las 8.30.
3. Trabaja hasta las 6 de la tarde.
4. Duerme una pequeña siesta entre las 6.30 y las 7.
5. Lee el periódico antes de cenar.
6. Cena a las 9.
7. Sale con unos amigos después de la cena.
8. Se acuesta muy tarde.

6 Para practicar

¿Cuándo se levantan los panaderos?

el panadero

el empleado de gasolinera

el taxista

Describe un día de estas personas.
Beschreiben Sie den Tagesablauf dieser Personen.

▼ *Los panaderos se levantan a las …, empiezan a trabajar a las …*

levantarse	acostarse	jugar	dormir	salir
me levanto	me acuesto	juego	duermo	salgo
te levantas	te acuestas	juegas	duermes	sales
se levanta	se acuesta	juega	duerme	sale
nos levantamos	nos acostamos	jugamos	dormimos	salimos
os levantáis	os acostáis	jugáis	dormís	salís
se levantan	se acuestan	juegan	duermen	salen

7 ¿Y tú?

¿Con qué frecuencia haces estas actividades? Primero contesta y después pregunta a tu compañero/-a. ¿Tenéis las mismas costumbres?

	todos los días	2 ó 3 veces por semana	a veces	nunca
leer el periódico	☐ ☐	☐ ☐	☐ ☐	☐ ☐
ver la tele	☐ ☐	☐ ☐	☐ ☐	☐ ☐
ir al cine	☐ ☐	☐ ☐	☐ ☐	☐ ☐
dormir una siesta	☐ ☐	☐ ☐	☐ ☐	☐ ☐
hacer deporte	☐ ☐	☐ ☐	☐ ☐	☐ ☐
jugar al tenis	☐ ☐	☐ ☐	☐ ☐	☐ ☐
cocinar	☐ ☐	☐ ☐	☐ ☐	☐ ☐
ir a un restaurante	☐ ☐	☐ ☐	☐ ☐	☐ ☐
salir con amigos	☐ ☐	☐ ☐	☐ ☐	☐ ☐

▼ ¿Con qué frecuencia lees el periódico?
◆ Todos los días.

8 Para escuchar

¡Qué día!

todos los días = jeden Tag
todo el día = den ganzen Tag

Escucha cuándo hace Mónica estas cosas.

por la mañana _____

a mediodía _____

por la tarde_____

por la noche_____

① comer con su madre
② ir de compras
③ curso de informática
④ reunión de padres
⑤ trabajar

9 Para leer

Un correo electrónico desde Londres

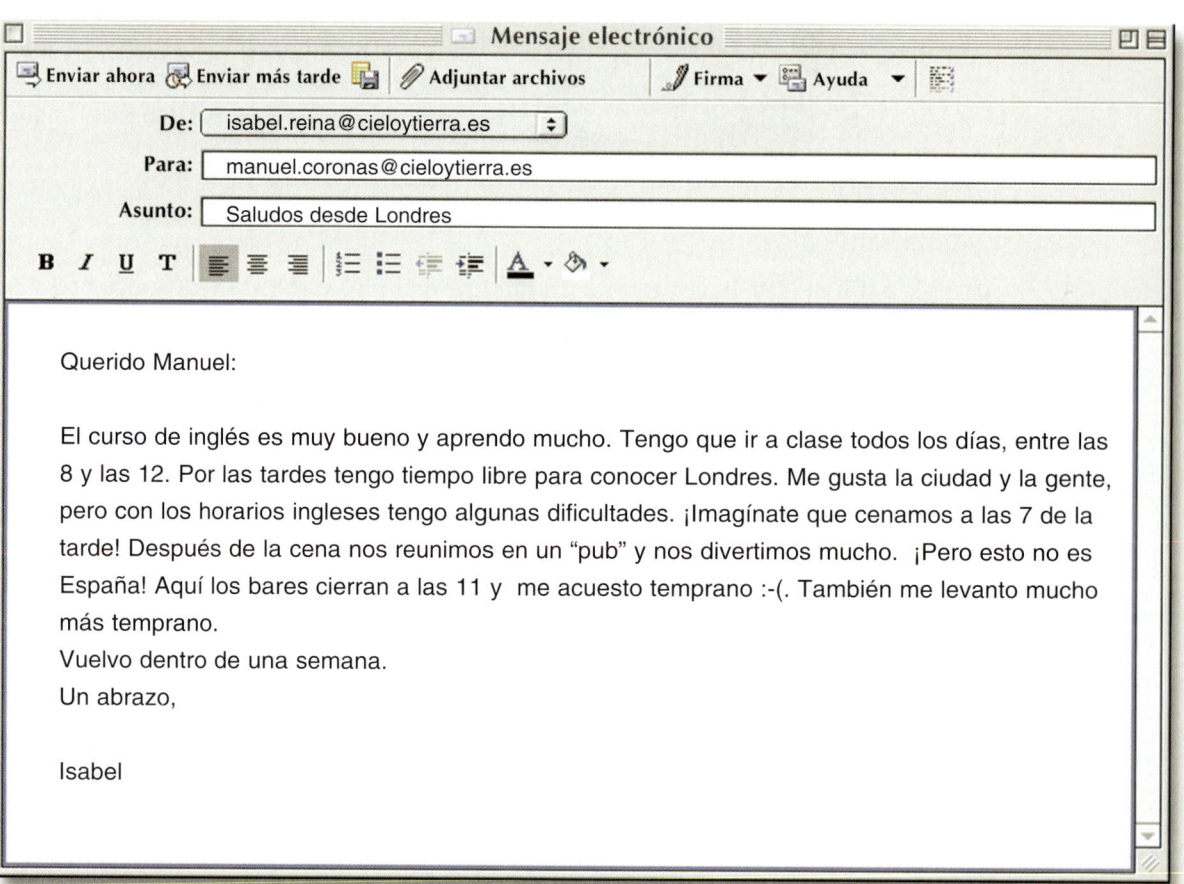

¿Verdadero o falso?   v   f
A Isabel le gusta el curso.   ☐   ☐
Tiene que ir a clase por la tarde.   ☐   ☐
A Isabel le gusta cenar a las 7.   ☐   ☐
En Londres los bares cierran a las 11.   ☐   ☐

10 ¿Y tú?

¿Qué sabes de los horarios de España o Latinoamérica?
Was wissen Sie über den Tagesablauf in Spanien oder Lateinamerika? Möchten Sie mehr wissen? Bereiten Sie zu zweit einige Fragen vor und fragen Sie Ihre/n Kursleiter/in.

Y además
El calendario

1 El calendario

Mira las hojas del calendario. ¿De qué mes son?
Schauen Sie sich die Kalenderblätter an. Aus welchem Monat stammen sie?

2 La fecha

1-6-1997 = el primero/uno de junio de mil novecientos noventa y siete
2-3-1996 = el dos de marzo de mil novecientos noventa y seis

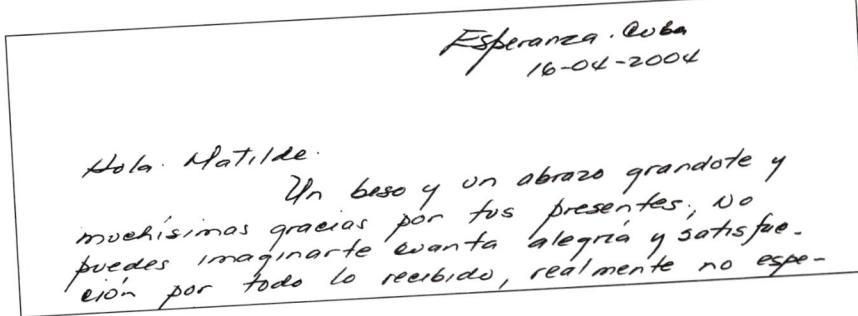

▼ ¿De qué fecha es la carta?
◆ Es del …

▼ ¿Qué día es hoy?
■ Hoy es miércoles, veintiuno de febrero.

▼ ¿Cuándo vas a Santa Clara?
■ El doce de abril.

¿Cómo quedamos?

1 Para empezar

¿Qué vamos a hacer el fin de semana?
Relaciona las ilustraciones con las frases y escribe el número en la casilla correspondiente.

1 «Lo siento, pero los museos están cerrados los domingos por la tarde.»
2 «Si hace buen tiempo mucha gente da un paseo por el parque.»
3 «Quiero ver el partido de fútbol del Real Madrid y el Deportivo.»
4 «Vamos a comer en el restaurante 'El Lago'.»
5 «Tengo entradas para un concierto.»
6 «A los niños les gusta el zoo.»

2 ¿Vais a ir a la playa?

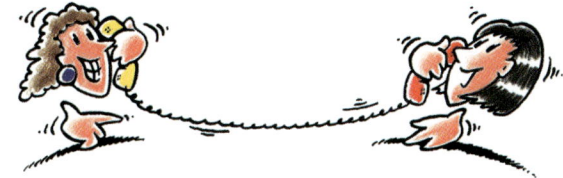

▼ ¿Diga?
◆ Hola Teresa, soy Marta. Llamo para saber qué planes tenéis para mañana. ¿Vais a ir a la playa?
▼ Pues no, ... los domingos hay mucha gente en la playa. Si hace buen tiempo queremos hacer una barbacoa en el jardín porque viene Pepe con los niños y ya sabes que les gusta mucho. ¿Por qué no vienes?
◆ Bueno, es una buena idea. Y ¿si hace mal tiempo?
▼ Entonces Pepe y Carlos piensan ir con todos los niños al circo y nosotras ... nos podemos quedar en casa.
◆ Qué bien, ¡todo organizado!. Pues, entonces hasta mañana.
▼ Chao, hasta mañana.

venir	
ven**go**	venimos
vienes	venís
viene	vienen

Completa las frases.

Los domingos hay mucha gente en _____.

Si hace buen tiempo van a _____.

Si hace mal tiempo van a _____.

Las mujeres se van a_____.

3 Para practicar

Habla de los planes de Pedro para el domingo.

▼ El domingo Pedro
va a ...
quiere ...
piensa ...

pensar	
p**ie**nso	pensamos
p**ie**nsas	pensáis
p**ie**nsa	p**ie**nsan

8

4 ¿Y tú?

saber	
sé	sabemos
sabes	sabéis
sabe	saben

Schreiben Sie auf einen Zettel, was Sie in der nächsten Zeit vorhaben.
Geben Sie dann die Liste Ihrem/-er Partner/in und beantworten Sie seine/ihre Fragen.

▼ ¿Cuándo vas a … ?
◆ Mañana./Todavía no lo sé.

mañana
pasado mañana
el próximo lunes
el próximo año
la próxima semana
el lunes que viene
la semana que viene
el año que viene
en enero/julio

5 ¿Quedamos para el sábado?

▼ Oye, ¿quedamos para el sábado?
◆ Mmmh … el sábado no puedo; es que tengo que trabajar…pero el domingo sí.
▼ Vale, pues el domingo. Yo tengo ganas de ir al cine, y a ti, ¿qué te apetece hacer?
◆ Sí, podemos ir al cine y después a cenar. ¿Qué te parece?
▼ Buena idea, ¿y a qué hora?
◆ No sé, ¿qué tal sobre las ocho?
▼ Vale, ¿vienes a buscarme?
◆ Sí, claro. ¡Hasta el domingo!

¿Para que día quedan?
¿Qué van a hacer?

6 Para practicar

¿Quién habla con quién?

con mi = conmigo
con ti = contigo

Andrés: ¿Quedamos para el sábado para ir al cine?

María

Esta noche no. Es que no me apetece salir. ¿Por qué no vienes a mi casa?

Ana: ¡Es una buena idea! Así me pongo un poco morena.

Maite

Lo siento, pero el sábado no puedo, ¿por qué no vamos el domingo?

Enrique: Quiero ir a la playa mañana. ¿Qué te parece?, ¿vienes conmigo?

¿Vamos a cenar esta noche?

Luis

7 ¿Y tú?

Schreiben Sie in einen Wochenkalender vier Termine an verschiedenen Tagen. Versuchen Sie dann, sich mit Ihrem/-er Partner/in zu verabreden, also einen Tag zu finden, an dem Sie beide noch nichts vorhaben. Danach suchen Sie noch andere Personen in der Gruppe, die am gleichen Tag Zeit haben.

▼ *Oye, ¿quedamos para el … para ir de copas?*
◆ *El … no puedo./ El … sí.*
▼ *…*

8 Para escuchar

47

Juana quiere encontrarse con sus compañeros de trabajo. Primero habla con Paco y después con Sofía.
¿Cuándo va a ser la reunión?

Arbeiten Sie zu dritt. Jede/r notiert die Angaben einer der Personen; danach tauschen Sie die Informationen aus.

	Lunes	Martes	Miércoles	Jueves	Viernes
Juana					
Sofía					
Paco					

Y además
Las estaciones

1 Las estaciones

En Europa
- la primavera es de marzo a junio.
- el verano es de junio a …
- el otoño es de … a …
- el invierno es de … a …

¿Y en Latinoamérica? ¿Sabes cuándo son las estaciones en Chile?

La primavera es de … a …
El verano es de … a …
El otoño es de … a …
El invierno es de … a …

2 ¿Y tú?

¿Qué estación prefieres para…
viajar? · descansar? · trabajar? · montar en bicicleta? · ir al teatro? · …?

▼ *Para viajar prefiero la/el …*
◆ *Para …*

 **3 Para leer**

Una postal de Bolivia

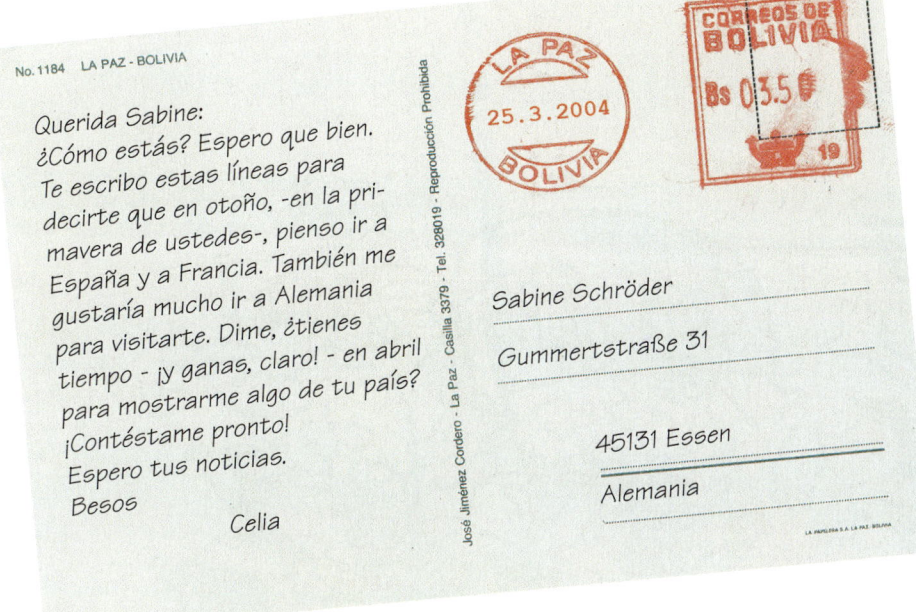

¿Verdadero o falso?   v   f
1. Va a ir a Europa en octubre.
2. Celia va a visitar Francia.
3. A Celia le gustaría ir a Alemania.
4. Celia tiene tiempo en abril.

4 ¿Y tú?

Escribe una respuesta a Celia.
Machen Sie ihr Vorschläge, was Sie ihr zeigen und was sie machen können.

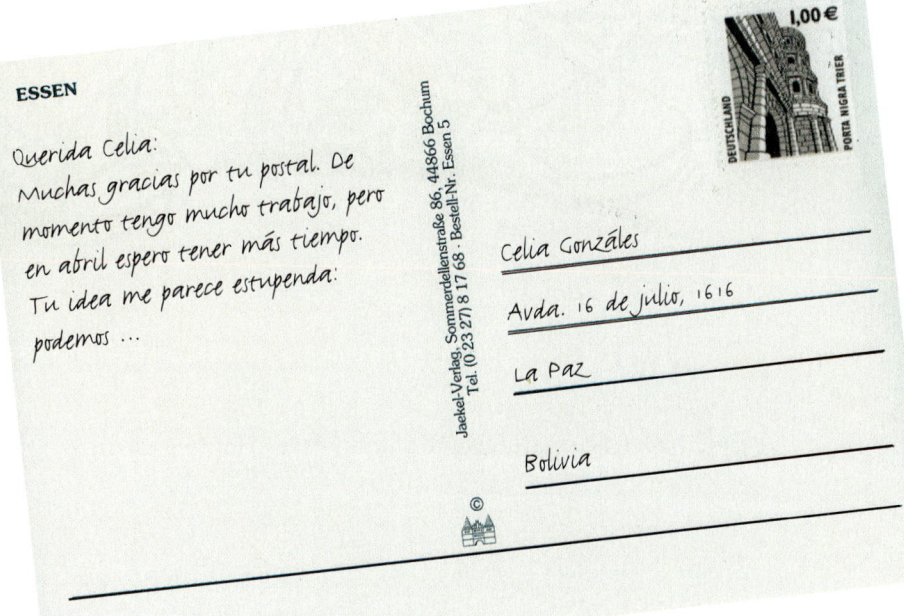

Ayer

1 Para empezar

En una fiesta
¿Qué hacen estas personas?

2 ¿Y tú?

¿Qué haces normalmente en una fiesta? Habla con un/a compañero/-a.

3 El sábado estuve en una fiesta

▼ ¿Qué tal el fin de semana?
■ Muy bien. El sábado estuve en una fiesta en casa de Julia. Fue muy divertido y me gustó mucho.
▼ Anda, ¡cuenta!
■ Pues, mira, conocí a los amigos argentinos de Julia y bailamos, cantamos, charlamos … ¡hasta tardísimo!
▼ Total, que el domingo te quedaste en cama, ¿no?
■ ¡No! ¡Qué va! Por la tarde fui a casa de Julia para ayudar a recoger. ¿Y tú?, ¿qué hiciste?
▼ Nada especial. Me quedé en casa.

Indefinido	
Verbos en -ar	Verbos en -er/-ir
bailar	conocer
bail**é**	conoc**í**
bail**aste**	conoc**iste**
bail**ó**	conoc**ió**
bail**amos**	conoc**imos**
bail**asteis**	conoc**isteis**
bail**aron**	conoc**ieron**

4 Para practicar

¿Qué palabras faltan?

Rosa habla:

«El sábado _____ en la fiesta de Julia. _____ muy divertido. _____ a unos amigos de Julia. _____ , _____ y _____ . El domingo por la tarde _____ a su casa otra vez para ayudar a recoger. ¡Qué fin de semana!»

5 Para practicar

¿Qué hizo Alberto el fin de semana?

estar en Toledo
comer en un restaurante
ir a ver la catedral
hacer fotos
visitar las sinagogas
encontrarse con amigos
comprar una postal

Alberto estuvo en Toledo, primero … luego … después …

estar	ser/ir	hacer
estuve	fui	hice
estuviste	fuiste	hiciste
estuvo	fue	hizo
estuvimos	fuimos	hicimos
estuvisteis	fuisteis	hicisteis
estuvieron	fueron	hicieron

6 ¿Y tú?

Pregunta a dos o tres compañeros/-as y anota los nombres y las respuestas.

▼ *Y tú, ¿dónde estuviste el fin de semana? ¿Y cómo fue?*
◆ *Estuve … . Fue (muy/bastante) … . ¿Y tú?*

Después cuéntaselo al grupo.

▼ *… estuvo … . Fue … .*

divertido
aburrido
interesante
monótono

7 Para escuchar

El lunes por la mañana en la oficina. ¿Qué crees que hicieron el fin de semana?

ir al teatro · quedarse en casa · hacer camping · dar un paseo · trabajar · ir al campo · estar con la familia · ver la tele · salir con amigos

Ahora escucha. ¿Qué hicieron en realidad?

la 1ª mujer	_____
la 2ª mujer	_____
el hombre	_____

dar	*ver*
di	vi
diste	viste
dio	vio
dimos	vimos
disteis	visteis
dieron	vieron

8 ¿Y tú?

ayer	ir a una fiesta
anteayer	bailar
el lunes pasado	cantar
la semana pasada	ir al cine
el año pasado	levantarse a las 4 de la madrugada
en 19…	comer en un restaurante
en enero	salir con amigos
el otro día	hacer deporte
	ir de copas

¿Cuándo hiciste estas actividades por última vez? Habla con tu compañero/-a.

▼ *¿Cuándo fuiste a una fiesta por última vez?*
◆ *En marzo. Y tú, ¿cuándo … ?*

9 Para leer

Combina los titulares y los artículos.

a "El Rastrillo", a buen ritmo

b Mucho público en la presentación del nuevo disco de Manolo Medina

c 2.000 personas en la fiesta benéfica

d Fin de Feria luminoso

e «Luisa Fernanda» agradó al público en el Pemán

1 El Bodegón Cultural registró en la noche del miércoles una multitudinaria asistencia de público, en un acto organizado por Cadena Dial Bahía con la colaboración del Ayuntamiento, en el que invitaron gratuitamente a los chipioneros y visitantes a la presentación musical de Manolo Medina.

2 Entre 600 y 700 personas asistieron en la noche del viernes a la zarzuela "Luisa Fernanda", que puso en escena la Compañía de Zarzuela de Madrid.

3 Algo más de seis mil personas pasaron la noche del jueves festivo por el patio del colegio San Felipe Neri

Si la primera noche de Rastrillo contó con la asistencia de 5.200 personas, la segunda jornada sobrepasó las seis mil, alcanzándose una recaudación en la entrada de 7.500 euros.

4 Unos dos mil niños y mayores asistieron el miércoles por la tarde-noche a la Fiesta Infantil en beneficio de las Hermanas de la Cruz. El acontecimiento tuvo lugar en la bodega de Barbadillo situada en la calle Santiago, del Barrio Alto. Numerosos jóvenes y adultos colaboraron en la organización del festejo que resultó todo un éxito.

5 El tradicional *lunes de resaca* se convirtió ayer en el décimo día de feria, aunque a un ritmo mucho más moderado que los anteriores.

Y además

¿Qué tiempo hace?

1 ¿Qué tiempo hace?

Inf.:	llover	nevar
Pres.:	llueve	nieva
Indef.:	llovió	nevó

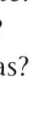

2 Para practicar

¿Qué tiempo hizo ayer en España?
¿En el norte?
¿En el sur?
¿En las Islas?
...

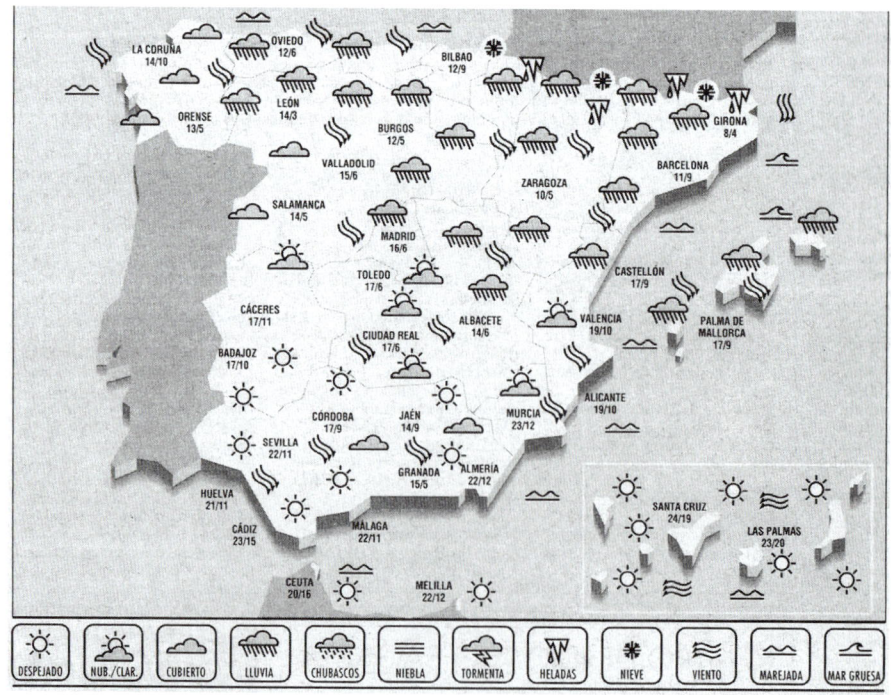

3 Hizo un tiempo maravilloso

▼ ¡Qué suerte tuvimos con el puente!, ¿no? Hizo un tiempo maravilloso.
◆ ¿Un tiempo maravilloso? Quizás aquí en Madrid. Nosotros fuimos a Galicia, a la costa: hizo frío, llovió sin parar e hizo un viento horrible …
▼ Pues, ¡qué mala suerte! Aquí hizo mucho calor, casi 30 grados y el sábado fuimos a la piscina.

tener	
tuve	tuvimos
tuviste	tuvisteis
tuvo	tuvieron

¿Qué tiempo hizo el fin de semana
… en Madrid?
… en Galicia?

4 Para practicar

¿Qué dicen?

¡Qué _____!   ¡Qué _____!   ¡Qué tiempo tan _____!   ¡Qué tiempo tan _____!

Vamos en tren

1 Para empezar

¿Conoces La Gomera? La Gomera es una de las Islas Canarias.
¿Cómo puedes viajar a La Gomera desde Francfort?

*Puedes ir … hasta …,
luego … hasta … .*

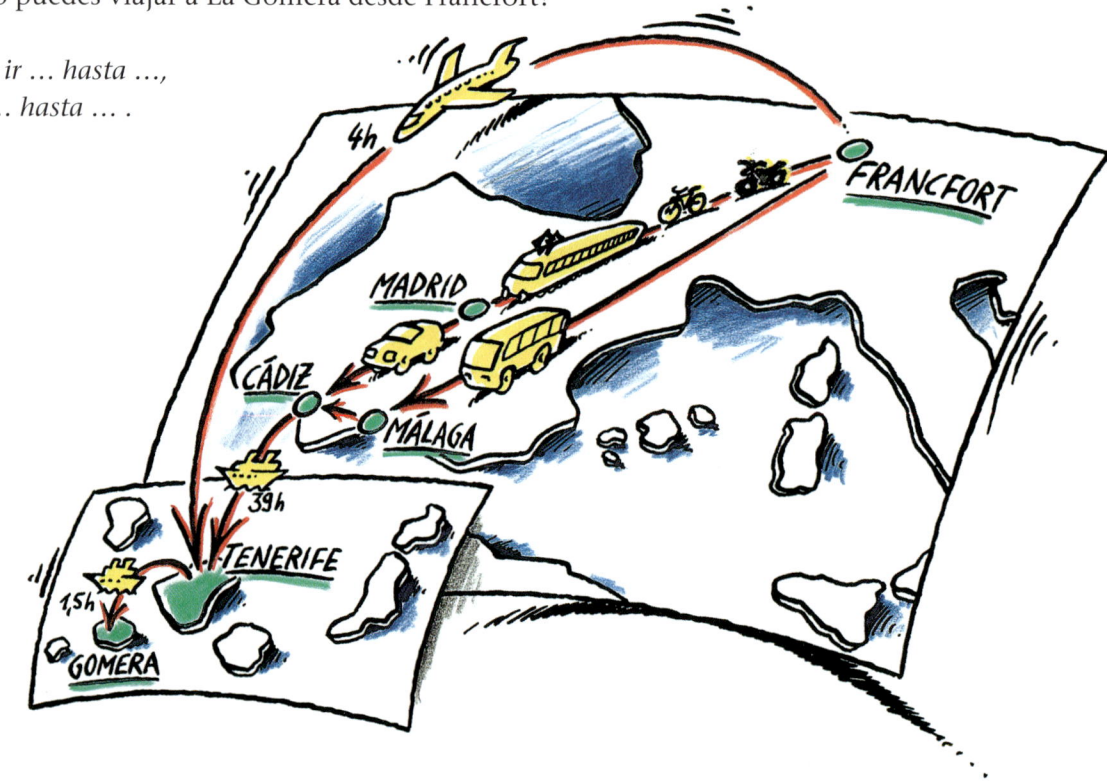

en avión · en tren · en coche · en autobús · en barco · en moto

2 ¿Y tú?

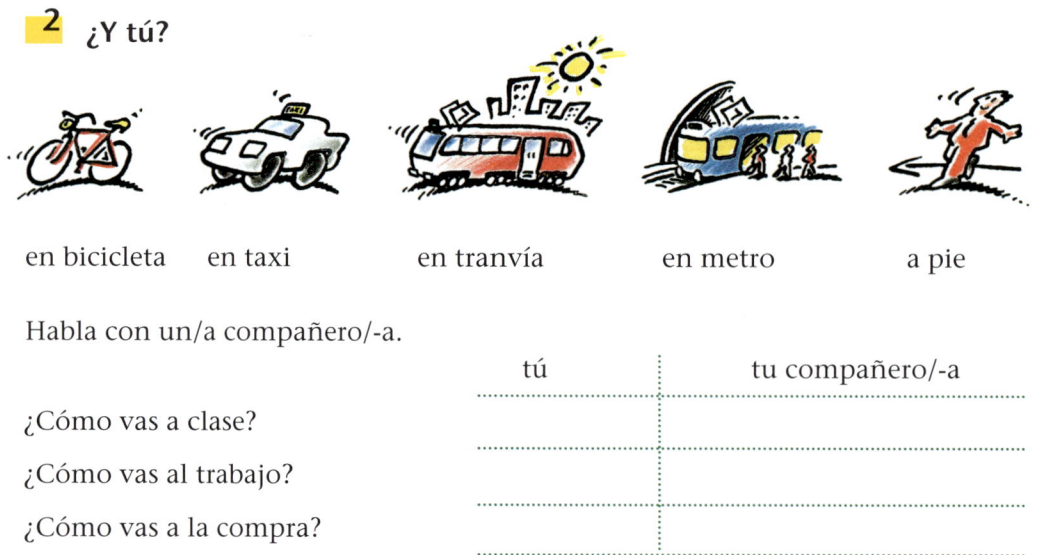

en bicicleta   en taxi   en tranvía   en metro   a pie

Habla con un/a compañero/-a.

	tú	tu compañero/-a
¿Cómo vas a clase?		
¿Cómo vas al trabajo?		
¿Cómo vas a la compra?		

¡NOVEDADES!
- Más frecuencias
- Nuevo tren desde Sevilla a las 10:00 de la mañana

MADRID Puerta de Atocha • CIUDAD REAL • PUERTOLLANO • CORDOBA • SEVILLA Santa Justa

	VALLE	LLANO	PUNTA	LLANO	LLANO	LLANO	PUNTA	LLANO	LLANO	LLANO	LLANO	PUNTA	LLANO	LLANO	LLANO
NUMERO DE TREN	9614	9664	9616	9618	9622	9624	9628	9630	9632	9634	9636	9638	9640	9642	9644
OBSERVACIONES		(1) (*)	(*)		(1) (*)			(1) (*)		(1) •D		(1) •D		(1) •D	(2)
DIAS DE CIRCULACION	LMXJVSD	LMXJV••	LMXJVS•	LMXJVSD	LMXJVSD	LMXJV••	LMXJVSD	LMXJV••	LMXJVSD	LMXJV•D	LMXJVSD	LMXJV•D	LMXJVSD	LMXJV•D	••••VS•
MADRID Puerta de Atocha	07:00	07:30	08:00	09:00	11:00	12:00	14:00	15:00	16:00	17:00	18:00	19:00	20:00	21:00	22:00
CIUDAD REAL	07:51	08:19	-	09:49	-	-	-	-	16:49	-	-	-	20:49	-	-
PUERTOLLANO	08:08	08:35	-	10:05	-	-	-	-	-	17:05	-	-	21:05	-	-
CORDOBA	08:57	09:22	-	10:52	12:44	13:41	15:41	16:41	17:52	18:44	19:44	20:44	21:52	22:44	23:41
SEVILLA Santa Justa	09:40	10:05	10:15	11:35	13:30	14:25	16:25	17:25	18:35	19:30	20:30	21:30	22:35	23:30	00:25

3 Para ir a la feria de Sevilla

▼ Buenas tardes, para ir a la feria de Sevilla, ¿qué posibilidades tengo?
◆ Depende. Si quiere un viaje rápido y cómodo puede ir en avión o en el AVE, pero claro, también es más caro. El autobús es bastante más barato, naturalmente, pero tarda mucho más. Y también hay otros trenes más lentos que el AVE, más baratos.
▼ En avión no, porque me da miedo. ¿Cuánto cuesta ir en tren, en el AVE?
◆ Pues, entre 51 y 107 euros, depende de la clase, del tren y de la hora del día.
▼ ¿Ida y vuelta?
◆ No, no. Sólo ida.
▼ Uff, ¡qué caro! Voy a pensármelo. Muchas gracias por la información.

4 Para practicar

Busca en el diálogo las ventajas y las desventajas de los diferentes medios de transporte.

	avión	AVE	otros trenes	autobús
ventajas				
desventajas				

5 Para practicar

Compara las ofertas.
Bilden Sie zwei Teams: welches Team bildet in einer Minute die meisten Vergleiche?

El tren es tan cómodo como el avión.
... es más ... que ... .
... es el transporte más... .

rápido	lento
cómodo	incómodo
caro	barato

> El tren es tan rápido como el coche.
> El avión es más rápido que el tren.
> El avión es el transporte más rápido.

6 ¿Y tú?

Habla con un/a compañero/-a.
¿En qué te gusta viajar y por qué?

divertido	aburrido
seguro	peligroso
ecológico	...

▼ (No) me gusta ir en ... porque es ... ¿Y a ti?
◆ Yo prefiero .../ A mí me gusta.../A mí también (tampoco) ...

7 Para leer

10

In Leserbriefen an Tageszeitungen erzählen viele Menschen von Alltagserlebnissen, über die sie sich gewundert oder geärgert haben und die sie auf diese Weise veröffentlicht wissen möchten. Hier ist solch ein Brief.

Lee la carta y contesta las preguntas:
¿Por qué viaja el señor Arencibia en avión?
¿Por qué está en la lista de espera?

CARTAS AL DIRECTOR

¿A Canarias en bicicleta?

Vuelo desde Londres, donde resido, a Tenerife, vía Madrid, el mismo día 24 diciembre, para estar con mi madre en Nochebuena. Al llegar a Madrid me acerco a la mesa de facturación.
"Lo siento, señor, pero no tiene usted asiento. Está en la lista de espera", me dice la señorita de facturación, casi sin mirarme a los ojos. ¿Cómo? respondo, seguro, que es una equivocación. "Pues, no, no tiene usted asiento. Es el *overbooking*, ¿sabe? Vaya a hablar con la oficina de atención al cliente.
Y allí expongo lo que me ocurre a uno de los encargados de ese servicio. Que no voy a Alicante, le explico. Que a Canarias sólo se puede ir en avión. Y por eso compré el billete, este que tengo en la mano, en noviembre, por eso de ser precavido y hacer las cosas bien, con tiempo. "Pues lo siento mucho, señor, está usted en la lista de espera", me contesta.
¿No le parece a usted de muy mal gusto permitir el *overbooking*, el día de Nochebuena, en sus vuelos a Canarias?, le dije. "El *overbooking* es legal, señor. Además, lo hacen todas las líneas aéreas". Pero hombre, que no tengo otra forma de ir a Canarias. Asombrosamente, una señora no llegó a tiempo de embarcar. Y digo asombrosamente porque en Navidad todos embarcamos a tiempo. Yo era el primero en la lista de espera y, por tanto, el único que embarcó ese día. Otros nuevos pasajeros, casi todos canarios, se quedaron en tierra.
Y no, señores, a Canarias no se puede ir en bicicleta.
Alejandro Arencibia,
Londres (Reino Unido)

8 Para practicar

Con un/a compañero/-a haz una lista con preguntas que necesitas cuando viajas, por ejemplo en la estación de tren, en el aeropuerto, en un taxi ...
Después practica los diálogos con un compañero/-a.

- ¿Cuánto cuesta un billete a ...?
- ¿A qué hora sale ...?
- ¿Cuándo tarda ...?
- ¿...?

9 ¿Y tú?

¿Te acuerdas de cuándo fuiste en tren por última vez?

¿Cuándo fue?
¿Cómo fuiste a la estación?
¿Cuándo salió el tren?
¿Cuándo llegó?
¿Llegó con puntualidad?
¿Adónde fuiste?
¿Cómo fue el viaje?

Fue ... Fui a la estación ..., el tren ...

10 Para escuchar

Lee estas afirmaciones, después escucha y comprueba si son verdaderas o falsas.

	v	f
1. Van a ir en coche a Segovia.	☐	☐
2. Todavía no tienen el horario de trenes.	☐	☐
3. Van a salir temprano, por la mañana.	☐	☐
4. Hay trenes directos y con transbordo.	☐	☐
5. Van a ir en tren directo.	☐	☐
6. Los trenes de cercanías siempre llevan retraso.	☐	☐

Y además
Una avería del coche

 **1 Una avería del coche**

Escucha lo que le pasó a José el otro día y numera los dibujos.

«El otro día tuve mala suerte con mi coche. Salí de viaje. Primero fui a una gasolinera y eché gasolina. A los 30 kilómetros se pinchó una rueda. Saqué la rueda de repuesto y cambié la rueda. Seguí el viaje y, poco después, el motor empezó a hacer ruidos extraños. En un taller le pregunté al mecánico. Él me dijo: «Uff, esto es una avería del motor y va a ser caro». ¡Adiós viaje! Ese mismo día decidí vender el coche.»

2 Para practicar

¿Verdadero o falso?
Escribe tres frases verdaderas o falsas sobre José. Tu compañero/-a tiene que decir si son verdaderas o falsas y corregir las falsas.

3 Por aquí se rompe el coche

Éstas son las causas de averías más frecuentes.

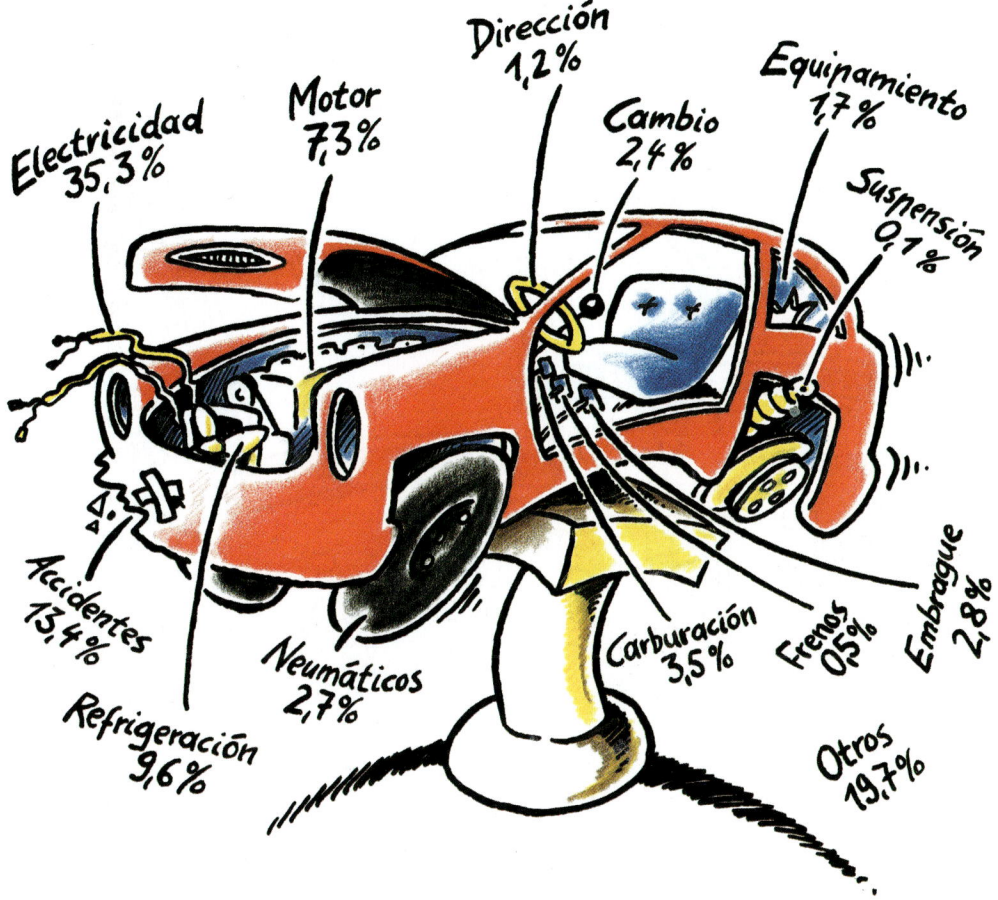

4 ¿Y tú?

¿Tienes coche?
¿Cuándo tuviste la última avería?
¿Qué se rompió?
¿Dónde fue?
¿Cuándo llevaste la última vez el coche a un mecánico?

Se alquila

1 Para empezar

Aquí hay un piso vacío. ¿Para qué habitación son los muebles?

El armario es para …

2 ¿Y tú?

¿Qué tres muebles son los más importantes para ti? Habla con tu compañero/-a.

▼ *Para mí …, …, y … son los más importantes. ¿Y para ti?*
◆ *Para mí …*

3 Llamo por el anuncio

▼ Llamo por el anuncio. Busco una casa para agosto. Ustedes alquilan una, ¿no? ¿Todavía está libre?
◆ Hasta ahora, sí.
▼ ¿Podría darme algunas informaciones? ¿Dónde está exactamente?
◆ Está junto al hotel «Las Pirámides», muy cerca de la playa.
▼ ¿Hay sitio para seis personas?
◆ Sí, claro. La casa tiene dos dormitorios y en el salón hay un sofá-cama para dos personas.
▼ ¿Y el precio?
◆ El mes de agosto completo cuesta 1.100 euros.
▼ Vale, me parece bien. ¿Sería posible hacer una reserva?
◆ Sí, por escrito y con un adelanto de 300 euros.

① •**ESTEPONA.** Centro. Cerca del mar, casa de 280 m², 3 dorm., baño, salón, cocina, comedor, trastero, 2 patios, lavadora y TV, equipada, por semanas, quincenas, meses, precio razonable. Telf. 952 802 491

② •**ESTEPONA, CENTRO.** Centro. Cerca del mar, casa grande, 2 dorm, baño, salón, cocina, comedor, 2 grandes azoteas, equipada, muy soleada y tranquila, por semanas, quincenas, meses, precio razonable. Telf. 952 798 592.

③ •**FUENGIROLA.** Paseo Marítimo. Apartamento, 1ª línea playa, 2 dorm. 2 baños, 2 terrazas, salón, cocina, sólo por temporada, de Junio a Septiembre. Telf. 952 476 898.

¿Cuál es el anuncio del diálogo?
Es el número ...

4 Para practicar

Tú también estás interesado/-a en un piso o en una casa de los anuncios.
Quieres saber
– dónde está exactamente,
– el precio,
– cómo está equipado/-a,
– si puedes hacer una reserva.
Haz las preguntas y usa las fórmulas de cortesía.

■ *¿Sería posible ... ?*
■ *¿Podría decirme ... ?*
■ *Querría saber ...*

5 ¿Y tú?

Habla con un/a compañero/-a.
¿Cómo debería ser un apartamento, un piso o una casa de vacaciones?

▼ *A mí me gustaría pasar las vacaciones en un piso con … ¿Y a ti?*
◆ …

6 Para escuchar

Escucha y contesta las preguntas.

¿Con qué frecuencia se limpia el apartamento?
___

¿Con qué frecuencia se cambian las sábanas y las toallas?
___

¿Hay un tendedero para secar la ropa?
___

¿Hay una bombona de gas de repuesto?
___

¿Dónde está la barbacoa?
___

¿Dónde está el contenedor de basura?
___

7 Para practicar

¿Qué harías en estas situaciones?

En el apartamento de vacaciones no hay sábanas.
La cocina no funciona.
Estás en la costa y llueve todo el día.
No encuentras las llaves de tu apartamento.
Hay una fiesta en la casa de tu vecino y no puedes dormir.

Condicional		*irregulares:*	
	-ía	hacer	haría
	-ías	poder	podría
Infinitiv +	-ía	poner	pondría
	-íamos	querer	querría
	-íais	tener	tendría
	-ían	decir	diría
		salir	saldría
		venir	vendría

llamar al mécanico
ir a un restaurante
reclamar en la recepción
cambiar la bombona de gas
salir
quedarse en casa
…

76

8 Para leer

Un correo electrónico

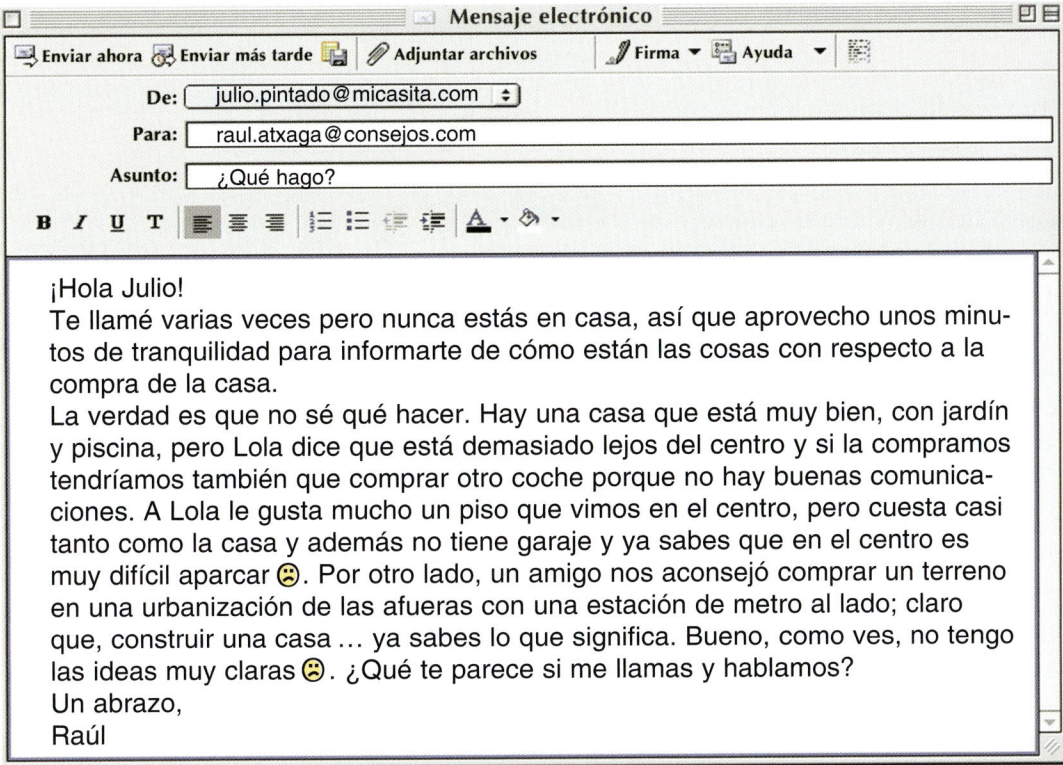

| La casa cuesta **mucho**. = |
| ... viel |
| El piso cuesta **tanto como** la casa. = |
| genauso viel wie ... |

Aconseja a Raúl. ¿Qué harías en su lugar?

Yo en su lugar ...

9 ¿Alquilar o comprar casa?

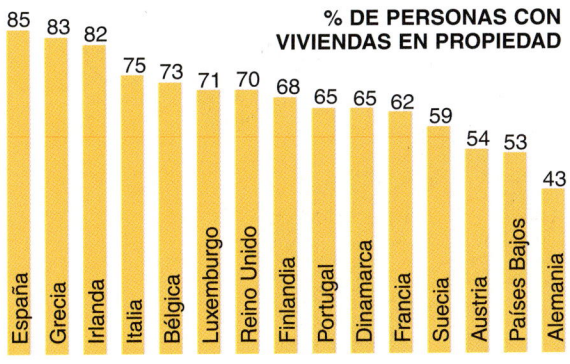

(Fuente: INE, Instituto Nacional de Estadística)

En España la queremos en propiedad

Sólo el 15% de los españoles opta por alquilar una casa si no puede comprarla en propiedad, mientras que en Alemania casi el 57% vive en pisos de alquiler. Los más reacios frente al resto de los europeos, junto a los españoles, son los griegos y los irlandeses: únicamente un 17 y un 18%, respectivamente, prefieren no comprar casa.

Escribe las ventajas y las desventajas de alquilar un piso/una casa o de comprar un piso/una casa. Después compara con tu compañero/-a.

Y además
En el hotel

1 En el hotel

▼ ¿Tienen habitaciones?
◆ ¿Doble o individual?
▼ Doble.
◆ ¿Cuánto tiempo van a quedarse?
▼ Hasta el lunes. Tres días.
◆ Tenemos una habitación con ducha y dos camas y otra con baño y cama de matrimonio. ¿Quieren verlas?
▼ ¿Qué precio tienen?
◆ 70 euros por noche.
▼ ¿El desayuno está incluido?
◆ No, el desayuno es aparte.
▼ Está bien. Nos gustaría verlas.
   …
▼ Vale. Vamos a subir el equipaje.
◆ Aquí tienen la llave. Por favor, ¿me dan un carnet o un pasaporte?

¿Qué habitaciones les ofrecen?

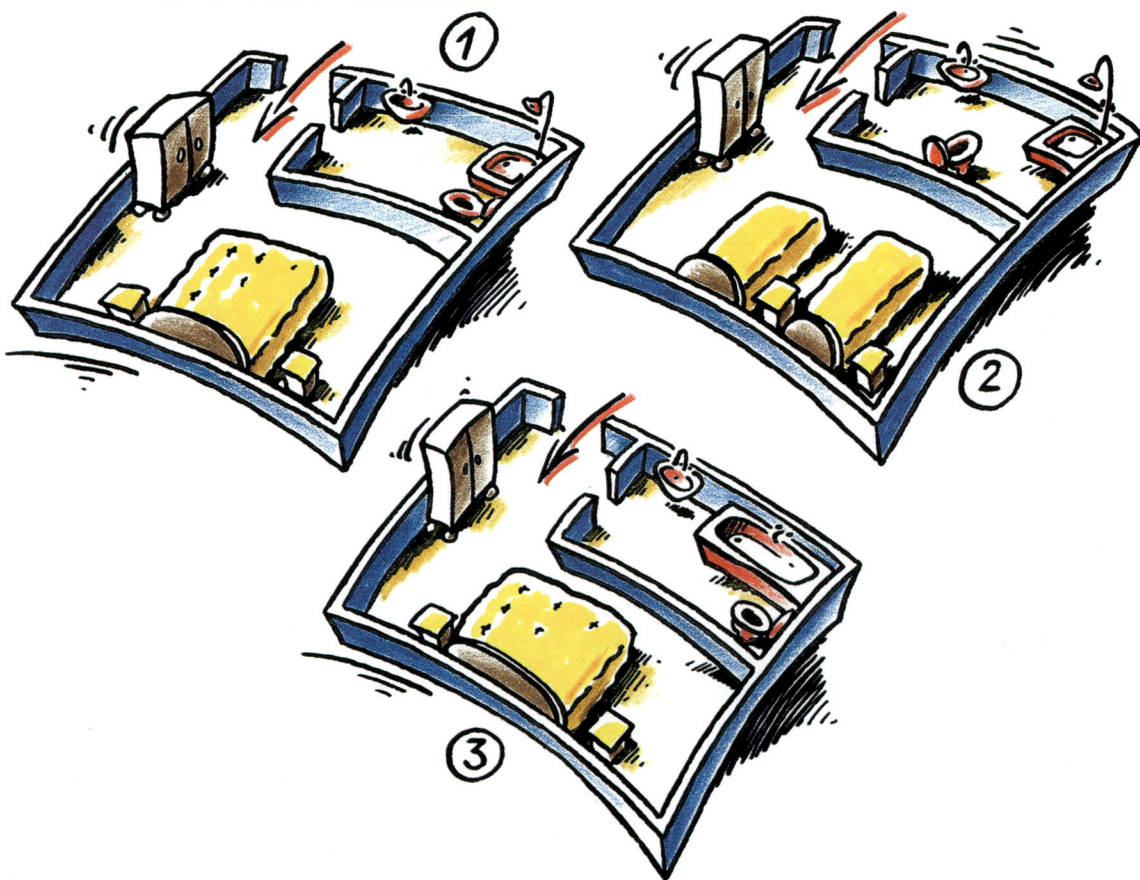

2 ¿Y tú?

A mira esta página. **B** mira la pagina 121.

A: Buscas una habitación para dos personas para tres noches a partir del 3 de agosto. Pregunta a B todo lo que quieres saber y reserva una.

3 Reclamaciones

Haz las reclamaciones.

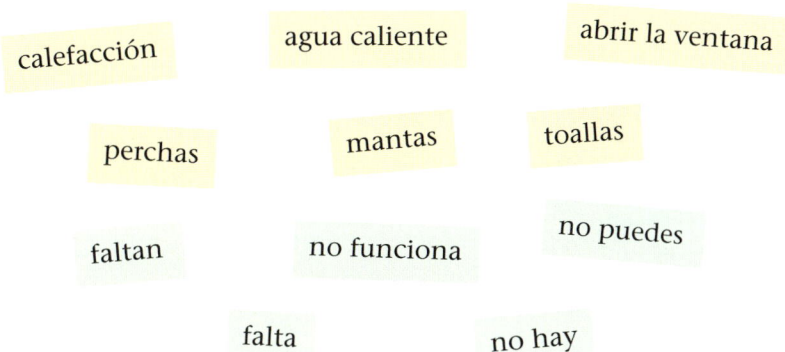

79

La familia

1 Para empezar

¿Quién es quién en la familia? ¿Quién habla? Completa.

_____ Soy la mujer de Federico y la abuela de Pedro, Julio y Celia.

_____ Mi marido se llama Santiago y mis hijos, Julio y Celia.

_____ Tengo un hijo de ocho años.

_____ y _____ Nuestro tío es Federico y nuestra tía se llama Ana.

_____ Soy la nieta de Federico y Celia y la hermana de Julio.

_____ Pedro, Julio y Celia son mis sobrinos.

_____ Soy el padre de Julio y Celia.

_____ Julio y Celia son mis primos.

2 Para practicar

Completa la lista.

los abuelos	el abuelo	_____
los padres	_____	la madre
_____	el hijo	la hija
los hermanos	el hermano	_____

los nietos	_____	la nieta
los tíos	_____	_____
los sobrinos	el sobrino	la sobrina
_____	el primo	la prima

Yaiza

3 Está toda mi familia

13

- ▼ ¡Mira esta foto! Es de hace diez años, está toda mi familia.
- ◆ Oye, Yaiza, ¿y tú?, ¿cuál eres?
- ▼ ¿No me reconoces? Aquí, delante, a la izquierda, con las flores.
- ◆ Pues sí, ahora que lo dices, sí. A ver esta señora un poco mayor seguro que es tu abuela, ¿no? Y el señor de las gafas, tu abuelo.
- ▼ No, éste es el hermano de mi abuelo y mi abuelo está al lado de mi abuela.
- ◆ ¿Y tu madre?
- ▼ Es la que está a mi lado con mi hermana pequeña.
- ◆ Y los otros, ¿quiénes son?, ¿tus tíos?
- ▼ Sí, mis tíos por parte de mi madre.
- ◆ ¿Y este rubio?
- ▼ Es mi tío de Alemania, está casado con mi tía Beatriz.
- ◆ ¿Y el niño?
- ▼ Es un primo, el hijo de mi tía Fabiola.

Mira la foto y escribe quién es quién en la foto.

4 ¿Y tú?

Entrevista a un/a compañero/-a. Pregunta:
- si está casado/-a,
- si tiene hermanos,
- si tiene hijos,
- los nombres de sus familiares.

Dibuja su árbol genealógico y comprueba.
- ▼ ¿Estás casado/-a? ¿Cómo se llama tu marido/mujer?

mi tío/tía	mis tíos/tías
tu tío/tía	tus tíos/tías
su tío/tía	sus tíos/tías
nuestro tío	nuestros tíos
nuestra tía	nuestras tías
vuestro tío	vuestros tíos
vuestra tía	vuestras tías
su tío/tía	sus tíos/tías

5 ¿Estás cocinando?

▼ Hola, Gloria, ¿qué tal?
◆ Muy bien. Y vosotros, ¿qué tal?, ¿estás cocinando?
▼ No, hoy cocina Alfredo.
◆ ¡Qué suerte! Y papá y mamá, ¿qué hacen?
▼ Mamá está viendo la tele y papá creo que está escribiendo una carta.
◆ ¿Y los niños?
▼ Están bien. El pequeño está jugando en su habitación con un amiguito. Marta se está duchando y Fernando está tocando la trompeta. ¿Quieres hablar con mamá?
◆ Sí, bueno, y nosotras nos vemos mañana, ¿no?
▼ Sí, hasta mañana, Gloria.

¿Qué están haciendo los miembros de la familia?

6 Para practicar

estar + gerundio = gerade (tun)
estoy
estás   cocin**ando**
está   hac**iendo**
estamos   escrib**iendo**
estáis
están
irregulares:
leer   l**ey**endo
dormir   d**u**rmiendo

¿Qué hacen los vecinos?

- La abuela está _____
- El padre está _____
- La madre _____

- La hija pequeña _____
- El hijo _____
- La hija _____

7 ¿Y tú?

¿Qué crees que están haciendo tus amigos? ¿Y otros miembros de la familia?

Creo que mi/mis… está/n ….

8 Para escuchar

Escucha y después completa con los nombres.

_____ y su hermana están tomando café.

_____, _____ y _____ están jugando a las cartas.

_____ está tocando la guitarra.

9 Para leer

¿Qué pareja vive junta sin estar casada?
¿Cuál de las parejas se casó por lo civil?
¿Cuál de las parejas se casó por la iglesia?

Variaciones, combinaciones y permutaciones

COMO DIOS MANDA

Juana Torres e Isidro Estébanez se casaron por la iglesia hace cinco años. Viven en Madrid y tienen dos niños: Pablo de tres años, y Patricia de uno. Juana (32) es secretaria, e Isidro (34) es economista. Ambos se declaran católicos practicantes. Ellos mismos admiten que son el prototipo de familia tradicional …

MUNDOS UNIDOS

«Hace tres años que nos conocemos. A la semana, nos fuimos a vivir juntos. Un año después nos casamos.» Fue una boda por lo civil, porque Luisa Bravo (31), española, no es creyente. Wafar Chej Eddin (32), sudanés, es musulmán. Ambos pertenecen al mundo de la farándula: músico él, actriz ella …

MECANO

Jaime (39 años), Ana (30) y Sara (5) viven en Pamplona. Ana es la madre de Sara, pero Jaime no es el padre. Comparten profesión (ambos son historiadores), aficiones (les gusta la montaña), casa, alegrías y obligaciones …

Y además
¡Feliz cumpleaños!

 **1** ¡Feliz cumpleaños!

Relaciona los dibujos y los diálogos.

A ▼ ¡Oye, mamá, me voy a casar!
● Uy, Susanita, ¡qué alegría! Muchas felicidades.

B ▼ ¡Feliz cumpleaños!
◆ Muchas gracias.
▼ ¿Cuántos cumples?
◆ Dieciséis.

C ▼ Hola, Ricardo, creo que ya eres jefe de departamento, ¿no? Pues, enhorabuena.
■ Muchas gracias. Estoy contento, pero tengo mucho trabajo.

2 Para practicar

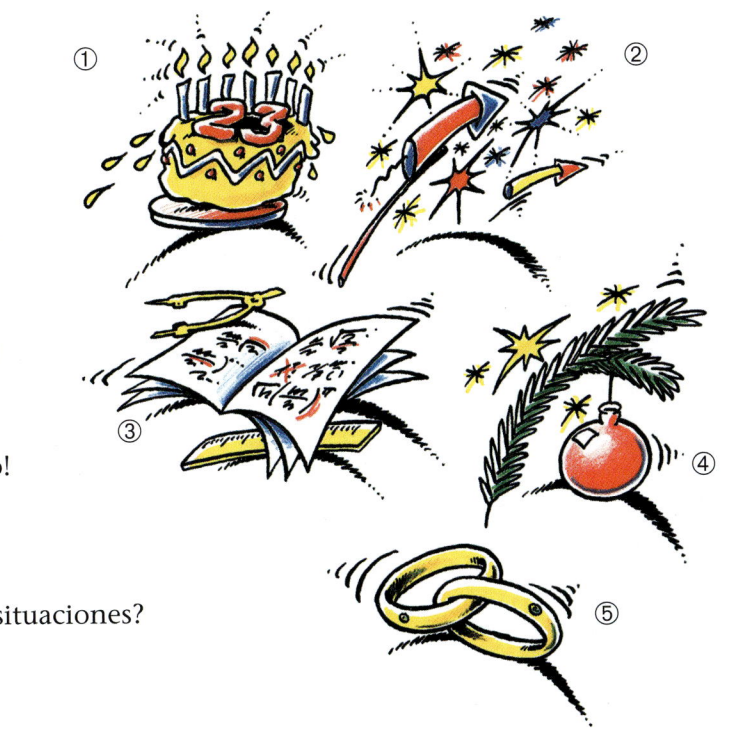

¡Felicidades!
¡Muchas felicidades!
¡Enhorabuena!
¡Feliz cumpleaños!
¡Feliz día de tu santo!
¡Felices Navidades!
¡Feliz Año Nuevo!

¿Qué dices en estas situaciones?

3 ¿Y tú?

¿Cuándo es tu cumpleaños? ¿Y el cumpleaños de tu madre, de … ?

Mi cumpleaños es el …

4 Para leer

REGALOS

El día de nuestro cumpleaños recibimos regalos y también regalamos algo cuando nuestros amigos y parientes cumplen años. Aunque cada vez menos, muchos celebran también el día del santo u onomástica: en este caso, normalmente le deseamos felicidades y le regalamos un detalle.
Hay otras fechas importantes en las que es normal hacer regalos: en la primera comunión de los niños, en las bodas, en aniversarios.
Aparte de los regalos de Navidad, que se reparten el día de Nochebuena, la mayoría de los niños reciben regalos también el día 6 de enero, día de los Reyes Magos.
¿Qué se regala? Depende: juguetes, libros, discos, perfumes, joyas, obras de arte …, si es una boda, normalmente, objetos para la casa.
Cuando nos invitan a comer a casa de amigos, solemos llevar un ramo de flores o una botella de vino, una caja de bombones, pasteles …

¿Se hace lo mismo en tu país? ¿Cuándo recibes regalos? ¿Cuándo regalas?

¿Es guapo?

1 Para empezar

¿Quién es?

María Luisa   Jacobo   Ricardo   Paloma

a Es alto, rubio, tiene los ojos azules, el pelo largo y lleva barba. Le gusta llevar pantalones vaqueros.

b Es joven, delgada, bastante alta y morena. Le gusta el color azul y, normalmente, lleva falda.

c Es una persona mayor. Está jubilado. Es bajo, un poco gordo y lleva gafas. Tiene el pelo blanco y está un poco calvo.

d No es ni gorda ni delgada. Tiene el pelo corto y los ojos castaños. Le gusta llevar pantalones y gafas de sol.

ni … ni = weder … noch

2 ¿Y tú?

Describe a una persona del grupo. Los otros dicen quién es.

▼ Es ..., tiene ... y lleva ...
◆ Es ...

3 Para practicar

¿Qué diferencias hay entre los dibujos? Compara las personas. Habla con tu compañero/-a.

▼ *Pedro lleva el pelo bastante más largo que Julio.*
◆ *Julio es mayor que Pedro.*
▼ ...

Julio es **mayor** que Pedro. (älter)
Pedro es **menor** que Julio. (jünger)

4 ¿Y qué tal es?

▼ Ayer estuve en una fiesta y conocí al nuevo novio de Manuela.
◆ Ah, ¿sí? ¿Y qué tal es?, ¿es guapo?
▼ No está mal. Es delgado, moreno, con el pelo largo y muy moderno. Parece simpático y divertido, más que el otro.
◆ Mujer, a mí, Santiago me cae muy bien. Es muy abierto y siempre cuenta cosas interesantes. Y, además, es muy guapo.
▼ Sí, de acuerdo, guapo sí, pero es un poco aburrido y, no sé, demasiado serio.

¿Cómo es el nuevo novio de Manuela?
¿Cómo es Santiago?

5 Para practicar

¿Cómo son las personas?
Habla con tu compañero/-a.

sincero   tímido   antipático
moderno   aburrido   inteligente
alegre   simpático   divertido
serio   tradicional abierto

■ *La persona en la foto número 1 es …/parece …*
● *De acuerdo, pero también es …*

①

②

③

④

⑤

6 ¿Y tú?

Quieres hacer un viaje por Latinoamérica. No quieres viajar solo/-a.
¿Cómo debería ser tu acompañante?
¿Cómo no debería ser?

7 Para leer

¿A cuál de estas personas te gustaría contestar? ¿Por qué?

AMISTAD • Ofertas

Soy soltero, 44 años, alto, atractivo, ojos verdes, pelo castaño, deseo hacer amistad con una chica de 35 a 40 años. Ref. 339

Secretaria, atractiva, elegante, 32, pelo largo, busca un amigo para hablar y salir. Ref. 333

Chico alemán, joven, rubio, pelo largo, con trabajo fijo, hobbys: culturismo, con moto grande y coche. Busca chicas de 20 a 28 años. Ref 0815

Hola, soy chico joven de 22 años, simpático, romántico, atractivo, formal, deseo encontrar el amor de mi vida. Si eres chica y tienes entre 19 y 23 años, escríbeme. Ref. 485

Chica busca chico de 34 a 40 años, atractivo, alto, universitario, viajero, inteligente, para amistad y posible relación. Ref. 456

Hombre de 65 años, busca compañera. José, en caso de ausencia deja tu número de teléfono.
☎ 952 222681

Inglés, soltero, 29, divertido, educado, deportista, le gusta viajar, desea correspondencia con española soltera guapa. Ref. 815

Chica, 29, desearía conocer chico honrado, cariñoso y simpático, hasta 35 años. Ref. 969

Si eres sincera, simpática, inteligente y tienes una edad aproximada a la mía, 24 años, podríamos quizás tener una buena amistad. Si te animas escríbeme. Ref. 2345

8 Estoy muy nervioso

▼ Hola, Raúl, ¿qué tal?
◆ Pues, regular. Mañana es el examen final y estoy muy nervioso.
▼ ¡Pero si tú eres muy tranquilo! Y, además, seguro que lo sabes todo.
◆ Sí, pero este examen es muy importante. Además estoy muy cansado. La semana pasada estuve enfermo y ahora no me puedo concentrar bien.
▼ ¡Qué mala pata! Bueno, pues … mucha suerte en el examen.

ser + Adjektiv = bleibende Eigenschaft	estar + Adjektiv = veränderliche Eigenschaft
Ana es una chica muy guapa. Podría trabajar de modelo.	(Hoy) Ana está muy guapa con la nueva falda.
Raúl es un hombre tranquilo.	Hoy Raúl está muy nervioso porque tiene un examen.

9 Para practicar

¿Cómo están y por qué? Habla de las personas.

El número uno está cansado porque … .

ser aburrido = langweilig sein

estar aburrido = gelangweilt sein

① cansado　② enferma　③ triste　④ enfadado　⑤ aburrida　⑥ contento

pasar el examen con éxito

terminar las vacaciones

dormir mal

comer demasiado

tener que trabajar el sábado

tener que esperar

10 Para escuchar

¿Cómo están las personas de los diálogos?
Escucha y escribe el número correspondiente en las casillas.

cansada ☐　alegre ☐
enfermo ☐　enfadado ☐
nervioso ☐　aburridos ☐
triste ☐

11 ¿Y tú?

Pregunta a tu compañero/-a. Anota las respuestas y después cuéntaselas al grupo.

¿Cuándo estás nervioso/-a?
¿Cuándo estás enfadado/-a?
¿Cuándo estás cansado/-a?

Y además
Estoy harta de hacer dietas

PLATOS MUY FRESCOS PARA ADELGAZAR

100 trucos, ideas y consejos
GUAPA Y DELGADA TODO EL VERANO

El secreto de la juventud

Gazpacho ligero

Ingredientes para 4 personas:
- 1 kg de tomates maduros •un pepino •un diente de ajo
- una rodaja de pan tostado •2 cucharadas de aceite de oliva
- una cucharadita de vinagre •medio pimiento verde •sal
- 1 l y medio de agua •perejil para decorar

Elaboración:
Escaldar los tomates y retirar la piel. Ponerlos en el vaso de la batidora eléctrica con el diente de ajo, el pimiento, el pepino pelado, el aceite, la sal, el vinagre y el pan tostado. Triturar bien, añadir el agua, batir y guardar en la nevera. Decorar con perejil picado y servir bien frío.

21

1 Estoy harta de hacer dietas

▼ Marisol   ■ Luisa

▼ Todas las revistas hablan de estar guapa y delgada … Yo no pretendo ser como esas modelos, pero unos kilitos menos … Ya estoy harta de hacer dietas para adelgazar, porque cuando hago una dieta estoy siempre cansada y deprimida y, cuando no la hago, engordo. Tú estas muy bien, ¿qué haces para mantenerte así?

■ En realidad, nada especial. Hago algo de deporte y como de todo. Trato de preparar comidas ligeras, sin mucha grasa.

¿Qué hace Marisol para adelgazar?
¿Qué hace Luisa para mantenerse?

2 ¿Y tú?

¿Qué haces para mantenerte en forma?
¿Qué piensas sobre las dietas?

Antes era diferente

1 Para empezar

¡Qué extraña ciudad!

¿Qué encuentras normalmente en la ciudad?, ¿y qué en el campo?

ciudad	campo
_____	_____
_____	_____
_____	_____
_____	_____

2 Vivía en un pueblo

▼ Teresa ◆ Olga

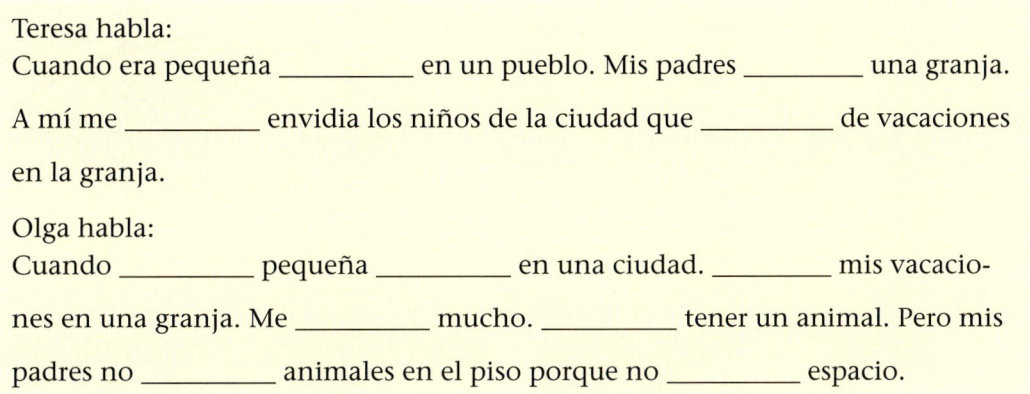

▼ Cuando yo era pequeña vivía en un pueblo. Mis padres tenían una granja.
◆ ¿Una granja? ¡Qué suerte! Yo de niña pasaba mis vacaciones en una granja y me gustaba mucho. ¿Teníais animales?
▼ Sí, claro: gallinas, cerdos, vacas, gatos y un perro.
◆ ¡Qué envidia! Cuando vivía con mis padres quería tener un gato o un perro, pero mis padres no querían tener animales en nuestro piso porque no había espacio.
▼ Y a mí me daban envidia los niños de la ciudad. Ellos siempre estaban de vacaciones y nosotros teníamos que trabajar en el campo, con los animales.

Teresa habla:
Cuando era pequeña _____ en un pueblo. Mis padres _____ una granja.

A mí me _____ envidia los niños de la ciudad que _____ de vacaciones en la granja.

Olga habla:
Cuando _____ pequeña _____ en una ciudad. _____ mis vacaciones en una granja. Me _____ mucho. _____ tener un animal. Pero mis padres no _____ animales en el piso porque no _____ espacio.

3 ¿Y tú?

hay = había

Habla con un/a compañero/-a.

	tú	tu compañero/-a
Cuando eras niño/-a, …		
¿dónde vivías?	....	....
¿dónde pasabas las vacaciones?	....	....
¿tenías animales?	....	....
¿había algo que te daba envidia?	....	....

Imperfecto		
pasar	*tener*	*vivir*
pas**aba**	ten**ía**	viv**ía**
pas**abas**	ten**ías**	viv**ías**
pas**aba**	ten**ía**	viv**ía**
pas**ábamos**	ten**íamos**	viv**íamos**
pas**abais**	ten**íais**	viv**íais**
pas**aban**	ten**ían**	viv**ían**

4 Para practicar

¿Cómo era antes y cómo es hoy?

tener una máquina de escribir / un ordenador
Antes tenía una máquina de escribir, hoy tiene un ordenador.

vivir en una granja / una ciudad
ser pobre / ganar mucho dinero
viajar en autoestop / en avión
llevar vaqueros / un traje
comer carne / ser vegetariano
ir a pie / en coche
salir con amigos / quedarse en casa
dormir hasta tarde / levantarse temprano
ver las películas en el cine / en la tele

Tres verbos irregulares:

ser	ir	ver
era	iba	veía
eras	ibas	veías
era	iba	veía
éramos	íbamos	veíamos
erais	ibais	veíais
eran	iban	veían

5 Para practicar

¿Cómo era su vida antes ...

de ganar 600.000 euros en la lotería?

de tener hijos?

¿Qué piensas?
¿Y cómo es hoy?

■ *Pienso que antes ... Hoy ...*

6 Para escuchar

Escucha y decide si las frases son verdaderas o falsas.

Antes mi vida era mejor …

	v	f
Antes tenía dinero para viajar.	☐	☐
Antes cocinaba en casa.	☐	☐
Hoy compra vaqueros.	☐	☐
Antes tenía tiempo para escuchar discos.	☐	☐
Antes leía libros de la biblioteca.	☐	☐

7 ¿Y tú?

¿Qué piensas? ¿Es verdad que antes la vida era mejor?
Habla con un/a compañero/-a.

8 Todas las excursiones eran iguales

▼ Cuando yo iba a la escuela todas las excursiones eran iguales. Venía a buscarnos un autobús a la escuela, íbamos a un albergue y teníamos un programa con visitas de museos, iglesias … lo más divertido eran las noches.
◆ En mi escuela también era igual, pero cuando estaba en octavo llegó un nuevo profesor y él organizó un viaje a París. Fuimos en tren, nos alojamos en un hotel, practicamos francés y lo pasamos muy bien.

¿Cómo eran las excursiones normalmente? ¿Qué hacían?
¿Cómo fue la excursión con el nuevo profesor? ¿Qué hicieron?

normalmente	con el nuevo profesor
_____	_____
_____	_____
_____	_____

9 ¿Y tú?

Habla con un/a compañero/-a.

¿Qué rutinas recuerdas de tu infancia?
¿Qué hechos excepcionales recuerdas?

> aquel día = an jenem Tag
> aquel año = in jenem Jahr

▼ Yo siempre/normalmente/nunca … Una vez/ un día/ en 19…/ aquel año … ¿Y tú?
◆ Cuando yo era pequeño/-a …

14

10 Para leer

Lee el texto y después contesta las preguntas.

EL PRIMER AMOR

Abuelita – preguntó Natalia – cuando tenías mi edad, ¿te gustaba algún niño?... Cuando yo tenía 11 años, como tú, tuve mi primer amor. Se llamaba Ramiro. Era un niño tímido, moreno y de ojos claros. Parecía estar siempre soñando. Vivía enfrente de mi casa. Lo veía todos los días al ir y al venir del colegio. Pero sólo una vez hablé con él, aunque no fue en realidad una conversación. Estábamos jugando, las niñas en la calle, los niños en un descampado un poco más allá. Siempre jugábamos separados. De repente sentí un pelotazo no muy fuerte en la espalda. Me di la vuelta rápidamente y cogí la pelota. Vi entonces a Ramiro que …

¿Cuántos años tiene Natalia?
¿Cuántos años tenía la abuela cuando tuvo su primer amor?
¿Cómo era Ramiro?
¿Dónde vivía Ramiro?
¿Cuántas veces habló la abuela con él?
¿Qué estaban haciendo?

11 ¿Y tú?

¿Qué recuerdas de tu primer amor?
¿Cuántos años tenías?
¿Cómo se llamaba?
¿Dónde os encontrasteis la primera vez?

Y además

Los idiomas en España

1 Los idiomas en España

El artículo 3 de la Constitución Española (1978):
1. El castellano es la lengua española oficial del Estado. Todos los españoles tienen el deber de conocerla y el derecho a usarla.
2. Las demás lenguas españolas son también oficiales en las respectivas Comunidades Autónomas de acuerdo con sus estatutos.

En el Estado Español se hablan el castellano, el gallego y el catalán, de origen románico, y el vasco, de origen desconocido hasta ahora.

2 Yo hablo gallego

▼ Yo hablo gallego, y en mi casa se habla gallego, pero sólo mis hijos leen y escriben en gallego.
◆ ¿Y cómo es eso?
▼ Pues, mira, simplemente porque en España entonces oficialmente sólo se hablaba el castellano.
◆ Pero había libros en gallego, ¿no?
▼ Sí, claro, pero en la escuela todos los libros eran en castellano y el gallego no se aprendía, aunque la mayoría lo hablaba en casa.
◆ ¿Y tus hijos ahora tienen clase en gallego?
▼ Sí, es obligatorio, y en muchos colegios también se dan otras asignaturas, como biología o historia, en gallego. Ahora no es como antes; en Galicia el gallego se usa igual que el castellano: en la televisión, la radio, la prensa …

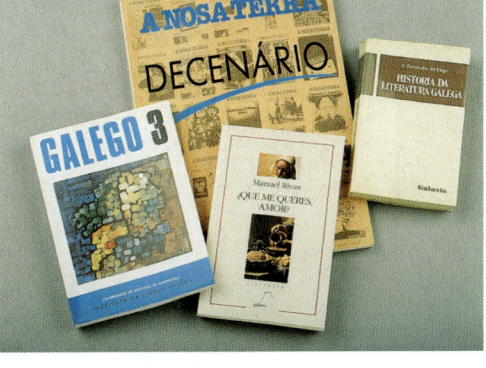

Compara cómo era antes y cómo es ahora.

3 ¿Y tú?

¿Qué idiomas se hablan en tu país?
¿Qué dice la Constitución de tu país sobre los idiomas?

¡Tome estas pastillas!

1 Para empezar

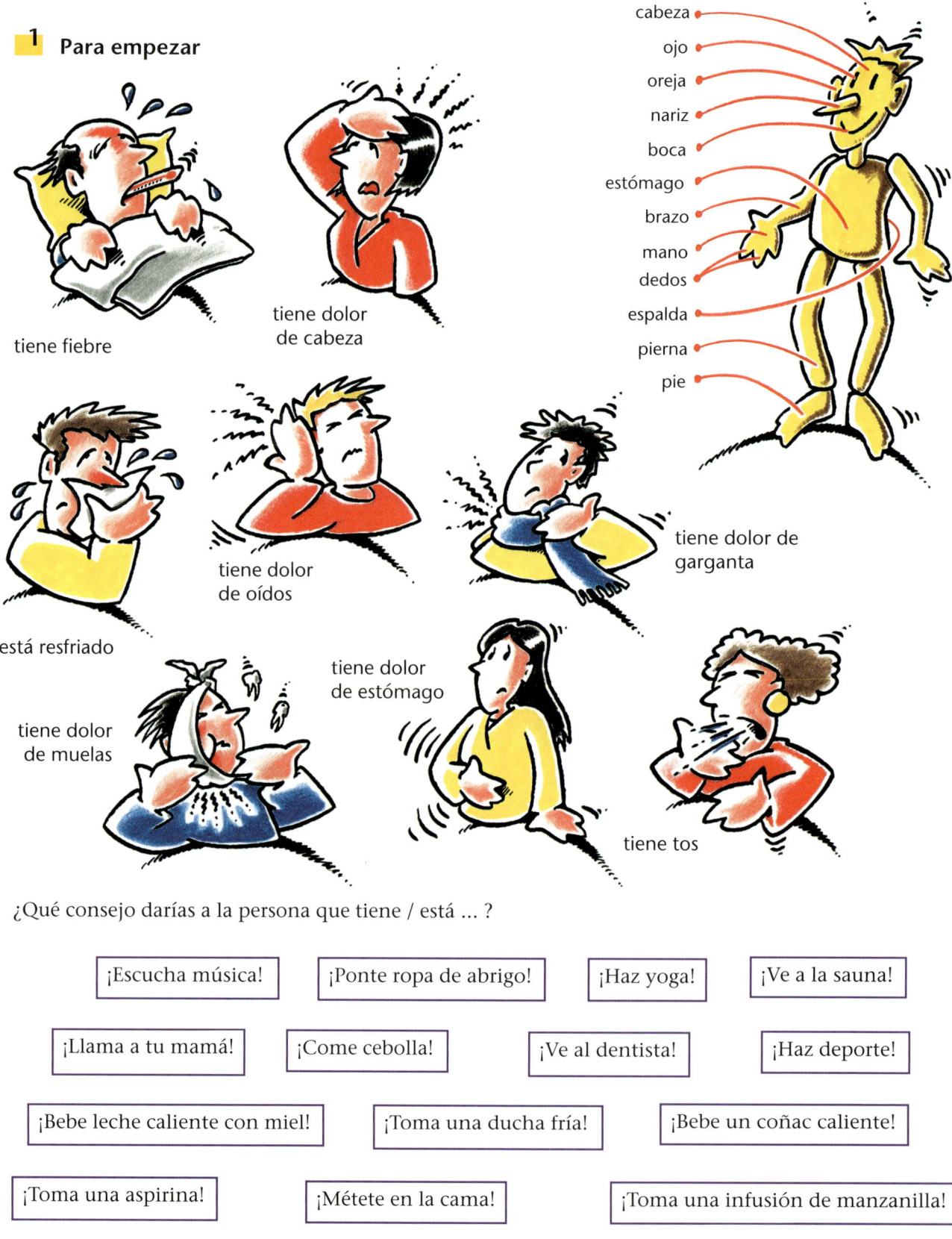

tiene fiebre

tiene dolor de cabeza

cabeza
ojo
oreja
nariz
boca
estómago
brazo
mano
dedos
espalda
pierna
pie

está resfriado

tiene dolor de oídos

tiene dolor de garganta

tiene dolor de muelas

tiene dolor de estómago

tiene tos

¿Qué consejo darías a la persona que tiene / está ... ?

| ¡Escucha música! | ¡Ponte ropa de abrigo! | ¡Haz yoga! | ¡Ve a la sauna! |

| ¡Llama a tu mamá! | ¡Come cebolla! | ¡Ve al dentista! | ¡Haz deporte! |

| ¡Bebe leche caliente con miel! | ¡Toma una ducha fría! | ¡Bebe un coñac caliente! |

| ¡Toma una aspirina! | ¡Métete en la cama! | ¡Toma una infusión de manzanilla! |

2 ¿Y tú?

¿Qué haces si estás enfermo/-a?
Habla con un/a compañero/-a.

▼ *Si tengo dolor de cabeza, tomo una aspirina. ¿Y tú?*
◆ *Yo no, yo me meto en la cama. Si tengo ....*
▼ *Yo también.*

3 ¿Qué le pasa?

▼ ¿Qué le pasa?
■ Pues, mire, tengo dolor de estómago y estoy un poco mareada.
▼ ¿También tiene diarrea?
■ No, sólo náuseas.
▼ ¿Dónde le duele?
■ Aquí …
▼ Bueno, seguro que es por el cambio de comidas. Coma verduras, arroz blanco, sopa … y beba mucho. No tome café.
■ ¿Puedo fumar?
▼ Si tiene náuseas, mejor no. Y tampoco tome alcohol. Le voy a dar unas pastillas para calmar el dolor. Tome una antes de cada comida.

¿Qué le pasa?

Tiene _____ , está _____ .

¿Qué aconseja el médico?

Coma _____ , beba _____ . No _____ café, no _____ alcohol, no _____ , _____ pastillas.

4 Para practicar

El señor Gómez se encuentra mal. Le duele todo. Tiene dolor de cabeza, de garganta, tiene fiebre y está resfriado. Aconséjale utilizando los verbos de la lista.

Imperativo	tú		usted	
tomar	¡toma!	¡no tomes!	¡tome!	¡no tome!
beber	¡bebe!	¡no bebas!	¡beba!	¡no beba!
dormir	¡duerme!	¡no duermas!	¡duerma!	¡no duerma!
quedarse	¡quédate!	¡no te quedes!	¡quédese!	¡no se quede!

- dormir mucho
- quedarse en casa
- no fumar
- descansar
- meterse en la cama
- tomar aspirinas
- no trabajar
- beber leche caliente

irregulares	tú		usted
ir	¡ve!	¡no vayas!	¡(no) vaya!
hacer	¡haz!	¡no hagas!	¡(no) haga!
poner	¡pon!	¡no pongas!	¡(no) ponga!
tener	¡ten!	¡no tengas!	¡(no) tenga!
salir	¡sal!	¡no salgas!	¡(no) salga!
venir	¡ven!	¡no vengas!	¡(no) venga!
decir	¡di!	¡no digas!	¡(no) diga!

5 Para practicar

Un amigo tiene un examen. Está muy nervioso, pero no estudia lo suficiente. Aconséjale qué debe o qué no debe hacer.

¡bebe mucho!
¡no bebas tanto!

concentrarse · ir de copas · salir · estudiar · beber mucho vino · descansar · hacer deporte · fumar mucho · levantarse tarde · ir a la biblioteca · levantarse temprano · jugar al fútbol · ver la tele

6 Para escuchar

¿Qué le pasa a Manolo?
¿Qué le recomienda Juan?

7 ¿Y tú?

En grupo de tres o cuatro. Uno de vosotros da un consejo. ¿Quién le contradice más rápido?

8 Para leer

Este verano, salud.
Aquí hay parte de un cartel. En este cartel la Junta de Andalucía da consejos de cómo tenemos que comportarnos en la playa. Lee los consejos y decide dónde pondrías estos textos en el cartel.

① Respeta las señales de peligrosidad del mar. El banderín rojo indica PELIGRO.

② Conserva la playa limpia. No dejes desperdicios, latas, vidrios, colillas o papeles. Usa las papeleras y contenedores de residuos.

③ Utiliza una esterilla o toalla personal para descansar sobre la arena.

④ Para evitar la insolación y las quemaduras solares, toma el sol poco a poco los primeros días y usa siempre protectores solares.

 ¿Y tú?

Escribe otras reglas para mantener la salud o evitar peligros en la playa.

Y además

El mundo se queja …

1 El mundo se queja …

Relaciona los textos y los males.

- ☐ contaminación de los mares
- ☐ destrucción de los bosques
- ☐ agujero en la capa de ozono
- ☐ cambio climático
- ☐ desertización

1. El ozono en la atmósfera es vital para la vida en el planeta. Nos protege de los rayos peligrosos del sol.
2. Algunos mares están muy contaminados porque los océanos se usan como basureros de la actividad industrial.
3. Cada año se pierden 15 millones de hectáreas de árboles.
4. Las fábricas, los coches, los aviones etc. emiten diariamente a la atmósfera gases nocivos con capacidad de alterar el clima del planeta.
5. El suelo cada vez es más pobre a causa de la sobreexplotación del terreno en actividades agrícolas.

2 ¿Y tú?

¿Podemos cambiar la situación? ¿Qué se puede hacer para mejorar el medio ambiente?
Aquí hay una lista. ¿Qué medidas te parecen bien? ¿Qué haces tú?

Tira las botellas en los contenedores de vidrio.
No tires basura a la naturaleza.
Ahorra agua.
Usa productos reciclables.
Ahorra energía.
Consume menos.
No uses bolsas de plástico.
Selecciona la basura.
Usa papel reciclado.

3 Para leer

ALERGIAS, LA REBELIÓN DEL CUERPO

Las consultas médicas por problemas alérgicos aumentan cada día, aunque la solución no suele encontrarse allí. El polen, los ácaros del polvo y algunos alimentos son los principales agentes alergénicos, pero la contaminación ambiental y los aditivos alimentarios les ayudan a ser más agresivos ante un cuerpo debilitado... .

¿Cuáles son las causas más frecuentes de una alergia?

Trotamundos

1 Para empezar

¿Cómo pasar las vacaciones? Diversas posibilidades: relaciona las fotos y las frases.

1. Pasar las vacaciones en la costa.
2. Hacer visitas turísticas a ciudades.
3. Pasar las vacaciones en el campo.
4. Aprender idiomas.
5. Hacer buceo.
6. Hacer montañismo.

2 ¿Y tú?

¿Cómo prefieres pasar las vacaciones? ¿Por qué?
¿Qué haces normalmente?

3 ¿Acabas de llegar a Cusco?

▼ Carlos   ■ Manolo

▼ No te he visto hasta ahora por aquí, ¿acabas de llegar a Cusco?
■ Sí, llegué ayer por la tarde y todavía no he visto mucho; bueno, he dado un paseo por la ciudad esta mañana y me parece maravillosa, pero quiero orientarme un poco. ¿Y tú?, ¿cuántos días llevas aquí?
▼ Yo me voy mañana. He estado aquí una semana. Si quieres puedo darte algunas informaciones.
■ ¡Fantástico! Pienso quedarme seis días y quiero hacer el Camino del Inca hasta Machupicchu. ¿Lo has hecho?
▼ Sí, he vuelto hoy. Seis días no es mucho. Para el camino necesitas cuatro o cinco días y un día para visitar el Machupicchu.
■ ¿Lo has hecho solo?
▼ No, no es recomendable. Es mejor hacerlo en grupo.

¿Qué ha hecho Manolo?
¿Qué ha hecho Carlos?

4 Para practicar

Contesta la encuesta.
Después pregunta a tu compañero/-a. ¿Tenéis experiencias en común?

	sí	no
¿Has hecho autostop alguna vez?	☐	☐
¿Has estado ya en América?	☐	☐
¿Has dormido una noche en la playa?	☐	☐
¿Has visto volcanes?	☐	☐
¿Has hecho ya un crucero?	☐	☐
¿Has ido a una corrida de toros?	☐	☐
¿Has aprendido idiomas en el extranjero?	☐	☐
¿Has hecho vela o surf?	☐	☐
¿Has bailado flamenco o salsa?	☐	☐
¿Has escalado una montaña?	☐	☐

Perfecto

he
has
ha   estado
hemos   aprendido
habéis   dormido
han

irregulares:

hacer   **hecho**
ver   **visto**
ir   **ido**
volver **vuelto**

5 Para practicar

Aquí hay una lista de preparativos de viaje. Elige 4 cosas que ya has hecho. Tu compañero/-a tiene que descubrir en 5 preguntas cuáles son.

 ¿Has …?
◆ Sí. / No, todavía no.

comprar los billetes despedirse de mamá
reservar el hotel leer una guía de turismo
cambiar dinero dejar las llaves al vecino
recoger el piso vaciar la nevera
hacer la maleta

6 ¿Y tú?

Completa las frases con cosas que has hecho. Después habla con un/a compañero/-a.

 Hoy he ido de compras. ¿Y tú?
◆ Yo he trabajado.

Hoy _____

Esta semana _____

Este año _____

Nunca _____

Todavía no _____

Ya _____

7 Para escuchar

El equipo necesario

¿Qué objetos necesita Carlos para hacer el Camino del Inca? Escucha y márcalos.

gafas de sol ☐ anorak ☐
mochila ☐ botas de montaña ☐
saco de dormir ☐ tienda ☐
raqueta de tenis ☐ camping gas ☐
linterna ☐ cámara ☐

8 Para leer

CUSCO

Cusco se fundó en un valle de los Andes situado a 3.500 metros sobre el nivel del mar. Fue la capital del Imperio Inca.

En tiempos de los Incas la ciudad tenía calles rectas y largas que salían de dos plazas. En el centro vivía la aristocracia, en grandes palacios con jardines y agua corriente. Se calcula que Cusco tenía unos 200.000 habitantes en su época de esplendor.

Desde Cusco salían los caminos más importantes del Imperio, hacia el norte, el sur y el este. La red de comunicaciones incaicas era la mayor del continente y se cree que tenía unos 40.000 kilómetros. Por estos caminos había mucho comercio. Cada dos o tres kilómetros había un almacén donde se turnaban los corredores, es decir, personas que transportaban mensajes o pequeños objetos a una velocidad de 10 kilómetros por hora. Se dice que de esta forma el inca que vivía en Cusco podía comer pescado fresco de la costa.

Hoy en día el "Camino Inca a Machupicchu", parte del Incario, es una de las atracciones turísticas de Perú.

¿Dónde está Cusco?
¿Quién vivía en el centro de la capital?
¿Cuántos kilómetros tenía el Incario?
¿Qué es un corredor?

Y además
Reclamaciones

1 Reclamaciones en el aeropuerto

▪ He venido con el vuelo 785 de Viena y se han perdido nuestras maletas. Bueno, no han llegado.
● ¿Cuántas maletas son? ¿Viajan juntos?
▪ Sí, viajamos juntos. La mía es bastante grande, de color negro y de plástico duro.
● ¿Y la suya? Intente describirla.
▼ La mía es pequeña, de tela marrón con unas cintas negras de cuero. Y no lleva etiqueta con mi dirección. La tuya, sí, ¿no, Juan?

▪ Mi bolso es grande.
● El mío también.
▪ Mis maletas son grandes.
● Las mías, no.

el mío
el tuyo
el suyo
el nuestro
el vuestro
el suyo

2 Para practicar

A mira esta página. B mira la página 121.

¿Qué diferencias hay entre los objetos? Descríbelos.

▼ *Tengo un/a ...*
◆ *El mío/la mía es .../de color ....*

108

3 Para leer

Combina los titulares y las noticias.

② Fraude en Internet

① Robos sofisticados

③ Robos en la calle

○ En las dos últimas semanas se han denunciado en Madrid al menos 30 robos de teléfonos móviles que fueron arrebatados a sus propietarios mientras los utilizaban en la vía pública. El robo de teléfonos móviles se ha extendido de forma preocupante ya que se trata de un producto de fácil salida en el mercado negro.
Los autores de estos robos son en su mayoría jóvenes que esperan a sus víctimas en las calles de negocios y las más transitadas de la capital. Su modus operandi consiste en robar el móvil cuando la víctima comienza a hablar por su teléfono móvil y suelen elegir personas que llevan algún tipo de carga en la otra mano. Generalmente se colocan de espaldas a sus víctimas y así les sorprenden al actuar.

○ El fraude con tarjetas de crédito robadas y luego duplicadas se dispara este año a más de 32 millones de euros, un 8% más. Un método novedoso de desvalijar una cuenta corriente consiste en duplicar una tarjeta en restaurantes, hoteles o tiendas gracias a la colaboración de un empleado colocado por las mafias especializadas. Otro, en instalar un lector en la ranura de entrada de un cajero automático y una microcámara del tamaño de una uña enfocando al tablero. El cliente opera, saca su dinero y se va, sin saber que los datos necesarios para ser desplumado ya se encuentran en la ranura falsa y en la memoria digital de la microcámara.
Los ladrones, una vez con los datos, tienen dos posibilidades: vendérselos a las mafias o bien duplicar las tarjetas por su cuenta.

○ La Policía y la Guardia Civil investigan un timo a escala mundial que llevan a cabo desde Madrid varias bandas muy organizadas. En síntesis, el timo consiste en enviar cientos de miles de correos electrónicos indiscriminados a usuarios de países de todo el mundo en los que se les anuncia que les ha tocado el Gordo de la Lotería Nacional de España, o bien la Lotería Primitiva. A los destinatarios de estos correos se les indica que, para poder recibir el premio en sus respectivos países, antes tienen que enviar a España una determinada cantidad para cubrir los trámites.
El timo del Gordo de la Lotería está sembrando de víctimas algunos países. En Estados Unidos los periódicos han dado la voz de alarma; en Corea son ya varios los afectados, y también hay constancia de que el timo ha llegado al Reino Unido.

4 ¿Y tú?

¿Te han robado alguna vez?
¿Has hecho una denuncia alguna vez?

Cuéntame tu vida

1 Para empezar

Ordena los datos biográficos y escribe las frases correspondientes en las líneas.

_____ _____ _____ _____

_____ _____ _____ _____ _____

Se casó con su primer amor.
Fue aprendiz de mecánico.
Entró a trabajar en un taller.
Empezó la escuela.
Se mudó de casa.

Tuvo un hijo.
Nació en Córdoba.
Vive en Sevilla y tiene un taller de motos.
Ganó una carrera de motos.

2 Para escuchar

a. Primero lee los textos.

Angel Murillo Santiago nació en Avilés (Asturias) en 1926. Después de la guerra trabajó cuatro años en una mina. En 1943 su familia se fue a Vigo y allí trabajó en una fábrica de conservas. En 1948 se fue a Argentina, donde vivía su hermano, y allí hizo de todo: fue taxista, cocinero ....Volvió de Argentina y se casó en 1953. Trabajó muchos años en un hospital y ahora está jubilado.

José Díaz Cordero nació en Jávea (Alicante) en 1924. Fue a la escuela hasta 1936. Durante la Guerra Civil trabajó en un hospital. En 1943 se fue a Argentina a trabajar con su hermano. Trabajó en un restaurante hasta 1953. En ese año se casó y dos años después volvió a España. Su esposa y él pusieron un restaurante en Alicante. Murió en 1991.

b. Ahora escucha y contesta.
¿Cuál de los dos es el abuelo?

3 Para practicar

Elige una de las fotos e inventa una biografía. Lee el texto a tus compañeros.
¿Adivinan de quién hablas?

4 ¿Y tú?

Cuenta la vida de una persona de tu familia.

 Mi abuela nació en ..., se casó ...

5 ¡Cuánto tiempo sin verte!

▼ Clara ◆ Sofía

▼ ¿Qué es de tu vida? ¡Cuánto tiempo sin verte!
◆ ¡Ya ves! Desde hace un año vivo de nuevo en nuestro barrio.
▼ ¡Pues cuánto me alegro! Yo siempre he sido fiel. Y, ¿qué has hecho todos estos años?
◆ Dejé de trabajar en el Centro Cultural hace 7 años. Cuando estaba embarazada asistí a unos cursos y ahora trabajo en una agencia de publicidad.
▼ Y antes, ¿dónde vivías?
◆ En las afueras, pero los niños empezaron a ir a una escuela del centro y tenían que ir todos los días en autobús. Era muy incómodo y por eso, el año pasado, decidimos mudarnos. Y a ti, ¿cómo te ha ido la vida?
▼ Ya sabes que antes trabajaba en un jardín de infancia, pero cerraron y desde enero estoy en paro.
◆ ¡Qué mala suerte! Lo siento mucho.

Sofía _____ de nuevo en el barrio desde hace un año. _____ de trabajar en el Centro Cultural _____ 7 años. Cuando _____ embarazada _____ a unos cursos y ahora _____ en una agencia de publicidad.

Clara siempre _____ vivido en el barrio. Antes _____ en un jardín de infancia, pero _____ y desde enero _____ en paro.

> hace 3 años = vor 3 Jahren (Zeitspanne)
> desde 1988 = seit 1988 (Zeitpunkt)
> desde hace 3 años = seit 3 Jahren (Zeitspanne)

6 ¿Y tú?

Cuenta algo de tu vida con cada uno de los marcadores temporales. Si las ordenas cronológicamente consigues una pequeña biografía.

Antes _____

Hace 5 años _____

Cuando tenía 10 años _____

_____

El año pasado _____

En 1991 _____

Desde _____

Desde hace _____

Ahora _____

Hasta ahora _____

_____

Todos los años _____

_____

7 Para leer

Cristina Sánchez

Cristina Sánchez fue una de las pocas mujeres que logró ser torero – la mujer torero –. Ganó corridas importantes, fue muy famosa y el público la admiraba. Pero sus compañeros no podían aceptar una mujer tan afortunada y la boicotearon. Desilusionada de tanto maschismo Cristina tiró la toalla en 1999 y dejó su carrera.
En una entrevista de la revista "El País Semanal" habló de su infancia y cómo empezó a torear. Aquí encuentra parte de esa entrevista.

¿Cuándo se dio cuenta de que quería torear?
He ido a los toros desde niña. Aquí en Parla hay Plaza de Toros y vienen matadores, banderilleros, gente que empieza. Mi padre bajaba a la plaza o al gimnasio, y yo me iba con él. … Y un día cogí un capote y una muleta y unos chavalines empezaron a enseñarme. Así comenzó todo.

¿Torear era juego o ya quería ser torera?
No, me daba mucho miedo, me gustaba, pero me parecía imposible ponerme delante de un toro.

Estos últimos años ha habido otras mujeres que han querido torear, pero es la única que lo ha logrado. ¿Para las demás era sólo un juego?
Por juego no te pones delante de un toro.

¿Cómo recuerda la primera vez que toreó en una gran plaza?
…Mi padre me dejó torear diciéndome que sería el primer becerro y el último. Es bonito recordarlo. Mi padre me decía que estaba loca por querer dedicarme a una profesión que si es difícil para los hombres, más lo es para una mujer.…

Lee el texto y decide si estas frases son verdaderas o falsas.

	v	f
Cristina iba a la Plaza de Toros con su padre.	☐	☐
Su padre empezó a enseñarle a torear.	☐	☐
Los toros le daban miedo.	☐	☐
Muchas mujeres piensan que torear es un juego.	☐	☐
Cristina sólo ha toreado una vez.	☐	☐
Su padre decía que estaba loca por querer torear.	☐	☐

8 ¿Y tú?

¿Has estado alguna vez en una corrida?
¿Qué piensas de las corridas de toros?

Y además
Una carta de solicitud

1 Una carta de solicitud

Hotel de 4 estrellas en Madrid
Precisa
SECRETARIA de DIRECCION
Se requiere:
- Amplios conocimientos de inglés, francés y alemán
- Experiencia en hostelería
- Conocimientos informáticos

Se ofrece:
- Remuneración atractiva
- Integración en importante empresa

Interesadas enviar C.V. con foto reciente a Dirección de Recursos Humanos, P° Reina Cristina n°9, D.P. 28014 de Madrid, indicando la referencia D/1.

```
Soledad Marcos
c/Tambre, 12
28006 Madrid
                                    Madrid, 31 de enero de 2005

Asunto: Referencia Nº D/1
        Su anuncio en El País del 30-1-2005


Estimados señores:

En referencia al anuncio publicado en el diario «El País» he
sabido que buscan una secretaria con conocimientos de idiomas y
por ello me pongo en contacto con ustedes.
Tengo 28 años, estoy soltera y resido en Madrid. He cursado mis
estudios en la Escuela de Hostelería y Turismo.
Después trabajé de recepcionista durante seis meses en el hotel
Krone de Zurich, Suiza, y durante tres años en el hotel Tryp
Gran Sol de Alicante. He asistido a un curso de informática y
he realizado varios cursos de perfeccionamiento del francés y
del inglés, idiomas que hablo y escribo correctamente.
Quedo a su disposición para una entrevista en el caso de ser
seleccionada.

Atentamente

Soledad Marcos

Anexo: Curriculum Vitae
```

Calendario de la educación en España

Edad	1	2	3	4	5	6	7	8	9	10	11	12	13	14	15	16	17	18
Ley 1954	Sin escolarizar					Primaria (4 cursos)				Bachiller elemental (4 cursos)				Bachiller superior (2 cursos + Preu)			
Ley 1970 LGE			Párvulos		Educación general básica (8 cursos)								Bachillerato unificado polivalente (3 cursos)			COU (1 curso)
Ley 1990 LOGSE		Escuelas de formación infantil			Primaria (6 cursos)						Educación secundaria obligatoria (4 cursos)				Bachiller (2 cursos)	

Lee la carta y completa el curriculum vitae con los datos que faltan.

CURRICULUM VITAE

Datos personales

Apellidos: _____ Vidal

Nombre: _____

Lugar de nacimiento: Madrid

Fecha de nacimiento: 22 de marzo de 1978

Nacionalidad: _____

Estado civil: _____

Domicilio: _____

Teléfono: 915825695

Estudios realizados

1984-1992	Enseñanza General Básica (E.G.B.) en el Colegio Estudio, Madrid
1992-1995	Bachillerato Unificado Polivalente (B.U.P.) en el Colegio Estudio, Madrid
1995-1996	Curso de Orientación Universitaria (C.O.U.) en el Instituto Mirasierra, Madrid
1996-1999	Estudios en la Escuela de_____, Madrid, con calificación de sobresaliente

Experiencia laboral

2000-2001	Recepcionista de recepción en el hotel Krone de Zurich
2001-2004	Recepcionista en el hotel _____ de Alicante

Otros Conocimientos

Idioma alemán:	Conocimiento muy alto. Cursos en el «Deutsches Kulturinstitut», Madrid. Estancias en Alemania y Suiza
Idioma inglés:	Conocimiento alto
Idioma francés:	Conocimiento alto
Informática:	Curso de _____. Manejo de ordenadores a nivel usuario

¿Qué será, será …?

1 Para empezar

¿Te sientes a gusto con la vida moderna
y con las nuevas tecnologías?
Aquí tienes un test que te va a ayudar a saberlo.
Contesta a las preguntas.

¿Te sientes a gusto con la vida moderna?

		sí	no
❶	¿Tienes un "routefinder" en tu coche?	☐	☐
❷	¿Tienes una cámara digital?	☐	☐
❸	¿Tienes un DVD?	☐	☐
❹	¿Tienes un televisor de pantalla plana?	☐	☐
❺	¿Tienes un teléfono móvil multimedia?	☐	☐
❻	¿Tienes un ordenador personal o un portátil?	☐	☐
❼	¿Comunicas con tus amigos por correo electrónico?	☐	☐
❽	¿Sabes navegar por Internet?	☐	☐
❾	¿Bajas tu música de la red?	☐	☐
❿	¿Tienes tu propia página web?	☐	☐

¿Cuántas veces has puesto "sí"? Cuéntalas y lee tus resultados:

0 respuestas positivas: ¿Pero en qué mundo vives?

Menos de 4 respuestas positivas: Todavía no has llegado al mundo digital. Consulta a tus hijos. Pueden ayudarte.

Menos de 7 repuestas positivas: Estás en el buen camino. No te falta mucho para llegar.

10 respuestas positivas: ¡Enhorabuena y bienvenido a la vida moderna!

2 Una entrevista

▼ periodista   ● escritor

▼ Usted ha escrito un libro sobre el cambio climático y la salud. ¿No le parece que su visión del futuro es muy negra?
● Bueno, me he limitado a analizar el presente y, estará de acuerdo conmigo, en que no hay muchas razones para ser optimistas.
▼ En el futuro, ¿habrá más enfermedades?
● Habrá enfermedades desconocidas. Mi teoría es que las nuevas técnicas en agricultura y alimentación provocarán enfermedades congénitas. El sol será más peligroso y las enfermedades de la piel aumentarán.
▼ ¿Y no ve nada positivo en el futuro?
● Sí, que en el norte de Europa tendremos un clima tropical y no necesitaremos viajar al Caribe.

La visión del futuro del escritor:

_____ enfermedades desconocidas.

El sol _____ más peligroso.

Las enfermedades de la piel _____ .

3 Para practicar

Haz una entrevista. Pregunta a diferentes personas. Anota los nombres y las respuestas y después, en grupo, comenta los resultados.

¿Cómo será el mundo dentro de 30 años?

◆ ¿Habrá más personas mayores que jóvenes?
◆ ¿Aumentará el paro?
◆ ¿Podrán curar el SIDA y el cáncer?
◆ ¿No habrá más guerras?
◆ ¿Vivirá la gente hasta los 120 años?
◆ ¿Se construirán coches con un consumo inferior a un litro de gasolina?
◆ ¿Se recuperará el medio ambiente?
◆ ¿Habrá solamente frutas y verduras genéticamente manipuladas?

Futuro		irregulares:	
	-é	poder	podré
	-ás	tener	tendré
	-á	salir	saldré
Infinitiv +	-emos	hacer	haré
	-éis	saber	sabré
	-án	decir	diré
		haber	habrá

4 Para practicar

¿Y cómo será nuestra vida cotidiana?
Habla con un/a compañero/-a de lo que pasará en el futuro.

▼ *¿Piensas que dentro de 20 años haremos teletrabajo en casa?*
◆ *Pienso que sí/no. Y tú, qué piensas, ¿......?*

en el futuro	trabajar hasta los 75 años
muy pronto	hacer todas las compras por Internet
dentro de 20 años	comer solamente platos preparados
en el año 2050	tener más tiempo libre
nuestros nietos	comunicar por videollamadas
	tener un ordenador en cada habitación
	hablar más de 3 idiomas en el trabajo
	aprender a navegar por Internet en la guardería

5 ¿Y tú?

¿Qué harás el próximo año por la misma época?
¿Qué crees que te pasará el año que viene?

6 Para leer

De mayores hablarán cuatro idiomas, sabrán utilizar los últimos avances tecnológicos, conocerán el trabajo en equipo, respetarán el medio ambiente, pero sobre todo serán grandes personas.

Una filosofía propia de enseñanza: practicamos una formación centrada en la persona, tendente a potenciar la creatividad, el trabajo en equipo, el liderazgo, la comunicación, la toma de decisiones.

De lo que ofrece este colegio,
¿qué es para ti lo más importante?
¿Por qué?
Compara con tu compañero/-a.

7 Para escuchar

Escucha esta canción de Maná y completa con las palabras.

mundo · cielo · niños · peces · mundo · niño · papalotes · tierra · árboles · niños

¿Dónde jugarán los niños?

Cuenta el abuelo que de _____ él jugó
entre _____ y risas y alcatraces de color.
Recuerda un río transparente sin olor,
donde abundaban _____, no sufrían ni un dolor.
Cuenta el abuelo de un _____ muy azul,
en donde voló _____ que él mismo construyó.
El tiempo pasó y nuestro viejo ya murió.

Y hoy me pregunté después de tanta destrucción,
¿dónde diablos jugarán los pobres _____?
¡Ay ay ay! ¿En dónde jugarán?
Se está pudriendo el _____,
ya no hay lugar.

La _____ está a punto de partirse en dos.
El cielo ya se ha roto,
ya se ha roto el llanto gris.
La mar vomita ríos de aceite sin cesar.

Y hoy me pregunté, depués de tanta destrucción,
¿dónde diablos jugarán los pobres _____?
¡Ay ay ay!. ¿En dónde jugarán?
Se está pudriendo el _____,
ya no hay lugar.

8 ¿Y tú?

¿Cómo vivía la generación de los abuelos?
¿Cómo vivimos nosotros?
¿Cómo vivirán nuestros hijos?

Anhang

Lección 5

9 Para practicar

B: Estás delante de la estación. Pregunta a tu compañero/-a por

| una farmacia | la oficina de turismo |
| un banco | el hospital |

▼ *Oiga, por favor, ¿hay un / una … cerca de aquí?*
   Por favor, ¿dónde está el / la … ?

◆ *Sí, está…*
   Usted sigue …, gira … , cruza …
◆ *Está …*

A

Lección 11

2 ¿Y tú?

B: Trabajas en un hotel. Aquí tienes una lista para contestar las preguntas de A.

HOTEL «DOS ESTRELLAS»						
Agosto	No. 33 🛏️ 🚽 balcón 72 €	No. 34 🚿 🛁 balcón 66 €	No. 35 🛏️ 🚽 — 35 €	No. 36 🛏️ 🛁 — 60 €	No. 37 🛏️ 🚿 balcón 64 €	No. 38 🚿🛏️🛁 — 85 €
1					Sres. García	
2	Sres. Mateo		Sr. González		Sres. García	
3	Sres. Mateo					
4	Sres. Mateo					
5						
6						Sres. Pons
7						Sres. Pons
8		Sres. Sánchez				

A

Lección 16

2 Para practicar

¿Qué diferencias hay entre los objetos? Descríbelos.

▼ Tengo un/a ...
◆ El mío/la mía es .../de color ...

121

Arbeitsbuch – Lerntipps

In diesem Arbeitsbuchteil finden Sie zu jeder Lektion Übungen, mit denen Sie den Lektionsstoff vertiefen können. Die Übungen sind für die individuelle Arbeit zu Hause oder im Kurs geeignet.
Zu Anfang geben wir Ihnen ein paar Tipps, wie Sie zu Hause angenehmer und erfolgreicher lernen können.

- Teilen Sie sich Ihren Lernstoff ein. Es ist besser, jeden Tag (oder jeden zweiten) eine Viertelstunde zu lernen, als einmal in der Woche eine Stunde oder länger. Wenn Sie zum Beispiel jeden Tag fünf neue Vokabeln lernen, werden Sie diese besser behalten, als wenn Sie versuchen, sich einmal in der Woche 35 Vokabeln einzuprägen.

- Planen Sie Ihre Lernzeiten fest in Ihren Tagesablauf ein, damit Sie Ihre Absicht zu lernen nicht immer wieder aufschieben. Außerdem können Sie zwischendurch, bei der Hausarbeit, an der Ampel oder wenn Sie eine Treppe hinaufgehen, Spanisch üben. Zählen Sie doch einmal die Treppenstufen auf Spanisch oder benennen Sie die Farben oder die Namen der Gegenstände, die Sie sehen. Zu Anfang ist Ihr Wortschatz natürlich auf bestimmte Themen beschränkt, aber mit der Zeit können Sie immer mehr Situationen beschreiben.

- Finden Sie heraus, wo Sie am besten lernen können. Suchen Sie sich Ihren «Lernort» in Ihrer Wohnung. Man muss beim Lernen nicht immer nur am Schreibtisch sitzen! Ein angenehmer Platz fördert die Lust anzufangen.

- Auch wenn wir in **Mirada** Themen aufnehmen, die von allgemeinem Interesse sind, gibt es bestimmt Wörter (z. B. bei den Berufen oder bei den Hobbys), die Sie nicht besonders interessieren oder die für Sie nicht wichtig sind. Treffen Sie eine Auswahl. Man behält Dinge, die für einen wichtig sind, besser als unwichtige. Wenn dann noch Zeit bleibt, lernen Sie auch noch Wörter und Sätze, die von anderen gesagt werden und die Sie vor allem verstehen sollen (z. B. was der Kellner oder der Verkäufer äußert).

- Finden Sie heraus, was für ein Lerntyp Sie sind. Jeder Mensch hat unterschiedlich ausgeprägte Vorlieben für oder Abneigungen gegen bestimmte Arten zu lernen. Der eine kann erst etwas behalten, wenn er sich «ein Bild» gemacht hat, der Nächste muss etwas «hören», ein anderer lernt am besten, wenn er etwas «tut». Vielen Menschen helfen die Grammatikregeln einer Sprache, sie besser zu verstehen, für andere sind Grammatikregeln «ein rotes Tuch», die mehr verwirren, als dass sie zum Lernerfolg beitragen. Wenn Sie wissen, welcher Lerntyp Sie sind, können Sie den für Sie besten Weg wählen.

- Lassen Sie nach der Kursstunde zu Hause den Unterricht in Ihrem Kopf noch einmal Revue passieren. Fassen Sie zusammen, was Sie gelernt haben.

Wenn Sie merken, dass Sie nicht alles verstanden haben, schauen Sie noch einmal im Buch nach oder notieren Sie Ihre Fragen für die nächste Kursstunde.

- Probieren Sie aus, wie Sie am besten Vokabeln lernen. Es gibt verschiedene Möglichkeiten, sich den neuen Wortschatz einzuprägen. Wir möchten Ihnen Vorschläge machen, unter denen sicher einer der richtige für Sie ist:

Die Vokabellisten mit dem Lektionswortschatz in **Mirada** dienen dazu, Ihnen Hilfen für das Verständnis der Dialoge und Texte zu geben. Sie haben damit eine Vorlage, welcher Wortschatz zu den einzelnen Themen ausgesucht wurde. Diese Listen auswendig zu lernen ist wenig effektiv und sehr mühsam.

Viele Lernerinnen und Lerner kommen sehr gut mit einer individuell erstellten Lernkartei zurecht. Dazu schreiben Sie die neuen Vokabeln – am besten in einem ganzen Satz – auf eine kleine Karteikarte. Das neue Wort wird unterstrichen. Auf die Rückseite kommt die Übersetzung. Dann brauchen Sie noch einen Karteikasten mit vier oder fünf Fächern. In das erste Fach kommen die neuen Kärtchen. Bereits beim Schreiben der Karteikärtchen prägen Sie sich viel ein. Wenn Sie jetzt dieses erste Fach durcharbeiten (am besten übersetzen Sie den Satz oder den Begriff vom Deutschen ins Spanische), wandern alle Vokabeln, die Sie «können» in das nächste Fach. Die, die Sie noch nicht behalten haben, bleiben im ersten. Nach ein paar Tagen arbeiten Sie das zweite Fach durch. Die Vokabeln, die Sie immer noch «können», kommen in das dritte Fach, die anderen zurück in das erste usw. Sie wiederholen also immer nur den Lernstoff, der Ihnen Schwierigkeiten macht, bis Sie ihn sich eingeprägt haben. Das erste Fach enthält den Lernstoff, den Sie häufig bearbeiten, der Inhalt der anderen Fächer wird in größeren Zeitabständen wiederholt.

Eine andere Methode ist das Ankern. Wenn man sich etwas merken will, ist es nützlich, es zusammen mit einem Bild, einem Gefühl, einer Bewegung oder einer anderen Sinneswahrnehmung im Gedächtnis zu verbinden (oder zu ankern). Verben können Sie beispielsweise mit einer Bewegung verankern, so dass Sie jedes Mal, wenn Sie diese Bewegung machen, an das spanische Wort denken. Oder assoziieren Sie ein Geräusch, eine Farbe, einen Geruch mit einer neuen Vokabel. Ihrer Fantasie sind keine Grenzen gesetzt!

Ordnen Sie den Wortschatz nach Themenbereichen. Man kann so Wörter viel besser behalten. Sie können die Themenbereiche auch grafisch darstellen, indem Sie Sätze oder Begriffe um den Oberbegriff anordnen. Machen Sie sich also ein Bild von den Themen. Lassen Sie dabei Ihrer Fantasie freien Lauf.

- Sprechen Sie mit anderen im Kurs über deren Lerngewohnheiten. Sie bekommen dadurch noch einige Ideen, wie Sie das Lernen leichter und angenehmer gestalten können. Das Wichtigste ist, Ihren eigenen Lernstil zu finden. Probieren Sie es aus. Bald werden Sie feststellen, dass sich der Erfolg einstellt.

- Zum Schluss noch eine Ermunterung: Haben Sie den Mut, Fehler zu machen! Durch Fehler lernen Sie. Fehler sind normal, denn wer ist schon von Anfang an perfekt? Wie Sie sicher aus eigener Erfahrung wissen, kann man auch fehlerhafte Sprache eines Ausländers vestehen. Durch Übung und möglichst häufige Anwendung der neuen Sprache kommen Sie zum Erfolg.

1 Saludos

Wie grüßen Sie zu den angegebenen Uhrzeiten? Schreiben Sie den passenden Gruß.

09:45 — Buenos días
15:30 — Buenas tardes
08:00 — Buenos días

18:15 — Buenas noches / tardes (Grenze: 20h30)
11:25 — Buenos días
22:00 — Buenas noches

2 Setzen Sie ein.

1. Me _llamo_ Carmen. _Soy_ de Barcelona.
2. Y tú, ¿de dónde _eres_? • _Soy_ alemán.
3. ¿Cómo se _llama_ Vd.? • Rosa Cortina. (→ Usted → auch Ud. möglich)
4. Mi mujer y yo _somos_ de Suiza, de Zurich.
5. ¿Cómo te _llamas_? • Felipe.
6. ¿De dónde _son_ Rosa y Pedro?

llamas — llamo — soy — eres — llama — son — somos — soy

3 Welche Nationalität haben sie?

1. Sabine es de Berlín, es _alemana_.
2. Christian es de Zurich, es _suizo_.
3. Charles es de Londres, es _inglés_.
4. José es de La Habana, es ~~peruano~~ _cubano_.
5. Mario es de Roma, es _italiano_.
6. Isabel es de Toledo, es _española_.
7. Mary es de Liverpool, es _inglesa_.
8. Evita es de Buenos Aires, es ~~brasileña~~ _argentina_.
9. Harald es de Viena, es _austriaco_.
10. Pierre es de París, es _francés_.

4 Was gehört zusammen? Verbinden Sie die Dialogteile.

¡Hola!, ¿qué tal? — Bien, gracias.
¿Cómo está usted? — De Austria.
¿De dónde eres? — ¡Hola!
Ésta es mi amiga Ana. — Encantado.

5 Setzen Sie das passende Fragewort ein.

1. ¡Hola!, ¿ __Qué__ tal? ✓
2. ¿ __Cómo__ se llama usted? ✓
3. ¿ __De dónde__ es usted? ✓
4. ¿ __Cómo__ estás? ✓
5. ¿ __De dónde__ eres? ✓

¿cómo?   ¿de dónde?   ¿qué?

6 Wie lautet die Frage? Schreiben Sie in der Du-Form.

1. ¿ __De dónde eres__ ? De Alemania.
2. ¿ __Eres de Bern__ ? Sí, soy suiza. ¿Eres es suiza?
3. ¿ __Cómo se llama__ ? Noel Martínez. ¿Cómo te llamas? → Du-Form war gefragt
4. ¿ __Qué tal__ ? Muy bien, gracias.

besser ¿Cómo estás? sonst nicht unbedingt eine Antwort erforderlich

7 Schreiben Sie die Zahlen in Buchstaben. Welche Zahlen ergeben sich aus den markierten Kästchen?

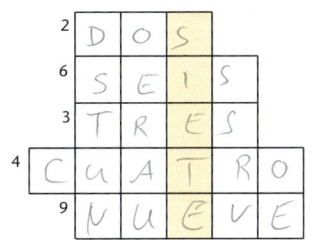
2 DOS
6 SEIS
3 TRES
4 CUATRO
9 NUEVE

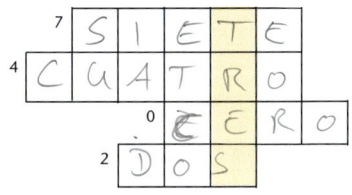
7 SIETE
4 CUATRO
0 CERO
2 DOS

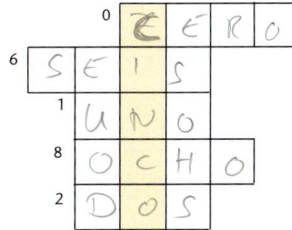
0 CERO
6 SEIS
1 UNO
8 OCHO
2 DOS

8 Was sagen Sie wenn, ...

1. Sie sich bedanken.
2. Sie auf einen Dank reagieren.
3. jemand zu schnell spricht.
4. Sie etwas nicht verstanden/gehört haben.

gracias   más despacio, por favor   de nada   ¿cómo?

9 Aussprachetraining

1. Hören Sie die Wörter und unterstreichen Sie die betonte Silbe.

h<u>o</u>la · am<u>i</u>go · españ<u>o</u>la · Fel<u>i</u>pe · me ll<u>a</u>mo · te ll<u>a</u>mas · <u>e</u>res

españ<u>o</u>l · señ<u>o</u>r · muj<u>e</u>r · ust<u>e</u>d · por fav<u>o</u>r

n<u>ú</u>mero · M<u>á</u>laga · alem<u>á</u>n · est<u>á</u> · adi<u>ó</u>s · tel<u>é</u>fono

> Wörter, die auf *a, e, i, o, u*, oder *n, s* enden, werden auf der ...vorletzten... Silbe betont.
> Wörter, die auf einen der anderen Buchstaben enden, werden auf der ...letzten...
> Silbe betont.
> Alle Abweichungen davon werden an der betonten Stelle mit einem Akzentzeichen gekennzeichnet.

2. Hören Sie die Namen und sprechen Sie sie nach. *Achtet auf Aussprache von G*

Alejandro · Miguel · Diego · Juana · Guillermo · Gabriela · Jorge · Sergio · Gustavo

Tragen Sie jetzt die Namen in die entsprechende Spalte ein.

ch wie in Ku<u>ch</u>en	g wie in <u>G</u>arten
_____	_____
_____	_____
_____	_____

DIARIO DE CLASE

> Wir schlagen Ihnen vor, am Ende einer Lektion all das aufzuschreiben, was Sie über sich selbst oder über andere in Spanisch ausdrücken können.
> Zum Beispiel wie Sie heißen, woher Sie kommen, welche Telefonnummer Sie haben usw. Wenn Sie Lust haben, schreiben Sie dies in ein separates Heft; am Ende des Kurses haben Sie dann Ihr persönliches «Spanischbuch».

> Me llamo ...
> Mi madre/padre/mujer/marido/amigo/amiga ... se llama ...
> Soy de ...

1 Bilderrätsel

Welche Berufe haben die Personen? Schreiben Sie sie in die waagerechten Kästchen. Die markierten Kästchen ergeben, von oben nach unten gelesen, einen weiteren Beruf.

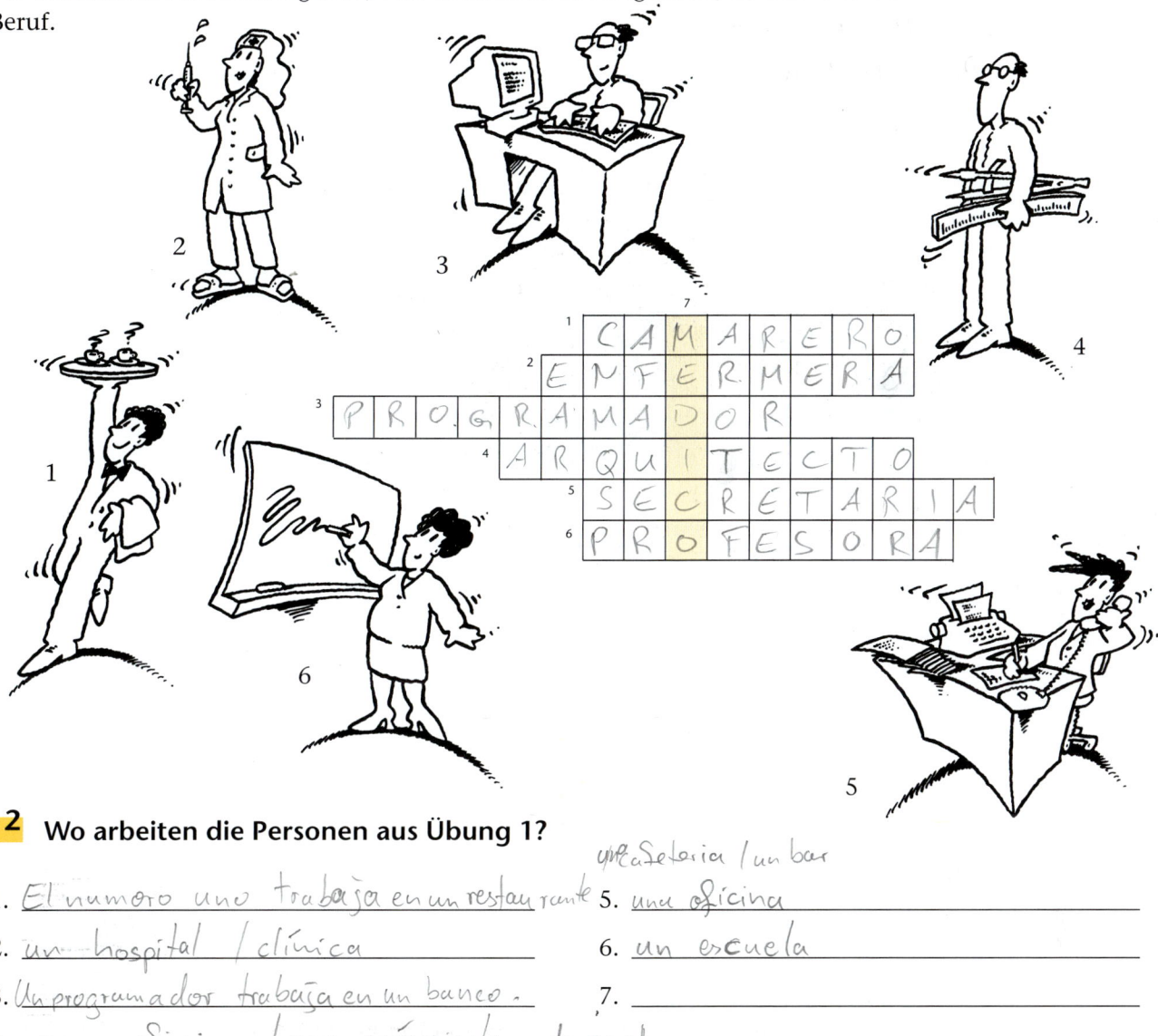

1. CAMARERO
2. ENFERMERA
3. PROGRAMADOR
4. ARQUITECTO
5. SECRETARIA
6. PROFESORA

2 Wo arbeiten die Personen aus Übung 1?

1. El numero uno trabaja en un restaurante
2. un hospital / clínica
3. Un programador trabaja en un banco.
4. una oficina / una agéncia / un despacho
5. una cafeteria / un bar — una oficina
6. un escuela
7. ___

3 Welches Wort passt?

1. ◆ Y tú, ¿qué _haces_ ? ▼ _Soy_ estudiante. _Estudio_ matemáticas.
2. ◆ ¿Qué _hacen_ Felipe y Sofía? ▼ Felipe _es_ arquitecto y Sofía _trabaja_ de camarera.
3. ◆ ¿Nosotros? Sí, _hablamos_ inglés.
4. ◆ Y usted, señora Labanda, ¿qué _hace_ Vd.? ▼ _Soy_ ama de casa.
5. ◆ Mi amiga María _habla_ inglés y holandés.

haces · hacen · es · hablamos · estudio · soy · hace · soy · trabaja · habla

4 Schreiben Sie die passenden Fragen in den Dialog.

¿ _Cómo te llamas_ ? Ricardo.
¿ _De dónde eres_ ? De Burgos.
¿ _Qué haces_ ? Soy estudiante.
¿ _Qué trabaja_ ? Matemáticas.

5 Diese Personen stellen sich vor. Was sagen sie?

Griselda	Ana	Carlos
Valencia	Córdoba	Montevideo
programadora	fotógrafa	profesor
casada	casada	casado
3 hijos		una hija

1. Pers
Me llamo
Yo soy de
Soy una
estoy
Yo tengo

3. Pers
Éste es
Sé vive
Él es prof...
Él está
Él tiene

Me llamo ... , vivo en ... , ...

Und nun stellen Sie sie vor:

Éste/-a es ... , vive ...

6 Vervollständigen Sie das Schema mit den passenden Formen der regelmäßigen Verben auf -ar und -ir.

	yo	tú	él, ella usted	nosotros /-as	vosotros /-as	ellos/-as ustedes
trabajar	trabajo	trabajas	trabaja	trabajamos	trabajáis	trabajan
estudiar	estudio	estudias	estudia	estudiamos	estudiáis	estudian
hablar	hablo	hablas	habla	hablamos	habláis	hablan
buscar	busco	buscas	busca	buscamos	buscáis	buscan
vivir	vivo	vives	vive	vivimos	vivís	viven

7 Welche Zahlen sind in der Wortschlange versteckt? Schreiben Sie sie in Ziffern.

8 Aussprachetraining

17

1. Hören Sie die Wörter und kreuzen Sie an, wie die markierten Buchstabenkombinationen ausgesprochen werden.

	k	θ	tsch
mu**ch**o			×
camarero	×		
ofi**c**ina		×	
cuántos	×		
venezolano		×	
qué	×		
ban**c**o	×		
ar**qui**tecto	×		
Venezuela		×	
Celia		×	

θ = wie ein gelispeltes s, wie im Englischen th (thing)

Welche Buchstabenkombinationen werden wie [k] gesprochen? _____

Welche Buchstabenkombinationen werden wie [θ] gesprochen? _____

Welche Buchstabenkombinationen werden wie [tsch] gesprochen? _____

2. Hören Sie die Wörter und unterstreichen Sie die betonte Silbe.

camarero · profesor · enfermera · fotógrafo · oficina

hospital · años · programadora · casa · profesora

DIARIO DE CLASE

Was können Sie am Ende dieser Lektion über sich in Spanisch sagen/schreiben? Schreiben Sie, was Sie beruflich machen, wo Sie wohnen, über Ihre Familie, wie alt Sie sind …

1 Wörtersalat

Hier sind die Buchstaben durcheinander geraten. Welche Wörter sind in der Schüssel?

Schreiben Sie nun *el* oder *la* vor die Wörter.

2 Ordnen Sie die Sätze so, dass ein Dialog entsteht.

(8) Una cerveza también.

(2) Una cerveza. ¿Y tú?

(5) Voy a comer un bocadillo de jamón.

(4) ¿Y para comer?

(1) ¿Qué vas a beber?

(6) Yo, una tortilla.

3 Vervollständigen Sie das Schema mit den Wörtern im Singular bzw. im Plural.

Singular	Plural
el vaso	los vasos
la botella	las botellas
el/la estudiante	los/las estudiantes
el bar	los bares
la ración	las raciones

Bei Wörtern, die mit einem Vokal (*a, e, i, o, u*) enden, wird der Plural gebildet durch Anhängen von ̈s̈ .

Bei Wörtern, die mit einem Konsonanten enden, wird ̈es̈ angehängt.

130

4 In einer Bar sitzt eine Gruppe Touristen. Ergänzen Sie die Bestellungen mit den fehlenden Wörtern.

1. Para mí _una_ cerveza, por favor.
2. Voy a tomar _un_ vaso de vino blanco y _una_ ración de calamares.
3. Yo _un_ café con leche.
4. Y para mí, a ver, _un_ bocadillo de queso, por favor.
5. Yo voy a tomar _un_ té.

5 Welche Form passt?

1. Señora García, ¿qué _va_ a tomar?
2. Y vosotras, ¿qué _vais_ a comer?
3. (Yo) _voy_ a comer una ración de tortilla.
4. Los amigos _van_ a tomar café.
5. ¿Qué _vas_ a beber? (tú)
6. ¿_Vamos_ a tomar algo? (Nosotros)

vais   va   vamos   voy   vas   van

6 Wer sagt das, Kellner oder Gast?

	camarero	cliente
1. ¿Qué van a tomar?	☒	☐
2. ¿Podría traer otro vino?	☐	☒
3. ¿Qué tienen?	☐	☒
4. Para mí, una sopa de ajo.	☐	☒
5. Y, ¿para beber?	☒	☐
6. Perdón, faltan los vasos.	☐	☒
7. ¿Quieren algo más?	☒	☐
8. La cuenta, por favor.	☐	☒

7 Fügen Sie die Formen des Verbs *querer* in die Sätze ein.

1. ¿Qué _quieren_ ustedes?
2. Yo _quiero_ un coñac.
3. Celia y Felipe, ¿_queréis_ tomar algo?
4. Ana _quiere_ un café con leche.
5. Mi amigo y yo _queremos_ calamares.

quieren   quiero   queremos   quiere   queréis

8 Aussprachetraining

Hören Sie die Wörter und sprechen Sie nach.

ll	ñ	b, v
botella	coñac	vaso
tortilla	España	beber
bocadillo	español	a ver
Mallorca	señor	bar
me llamo		vamos

(Anmerkung am Rand: Heutzutage in Spanien immer "b")

Trabalenguas: Wie im Deutschen gibt es auch in der spanischen Sprache zahlreiche Zungenbrecher, also Sätze und Reime, die meistens wenig bedeuten, oft sogar Nonsens sind, aber durch die Häufung bestimmter Laute eben die Zunge schon mal stolpern lassen. Probieren Sie es doch einmal.

> Guillermo llama papilla a la tortilla
> y panecillo al bocadillo
> y cuando pide un panecillo de papilla
> le dan un bocadillo de tortilla.

DIARIO · DE CLASE

Stellen Sie sich vor, Sie sitzen auf der Terrasse einer Bar in einer spanischen Stadt. Der Kellner kommt.

▼ Buenas tardes, ¿qué va a tomar?

Sie bestellen ein Bier.
◆ _Una cerveza, por favor._

▼ ¿Cerveza española o alemana?

Sie sagen, was Sie möchten.
◆ _Cerveza española_

▼ Bien.

Sie möchten auch etwas essen und fragen, was es gibt.
◆ _¿Qué tiene para comer?_

▼ Hay bocadillos, sandwiches y tortilla.

Sie entscheiden sich für ein bocadillo und fragen, was für welche es gibt.
◆ _¿Qué bocadillos tiene?_

▼ De queso y tomate o de jamón.

Sie sagen, was Sie möchten. Der Kellner bringt das Bestellte.
◆ _Un bocadillo de jamón._

▼ Una cerveza y un bocadillo.

Sie bedanken sich und möchten dann gleich bezahlen.
◆ _Muchas gacias, la cuenta, por favor._

Repaso 1–3

1 Busco …

Wer von diesen Personen bietet eine Arbeit an?

_____

Wer käme dafür in Frage?

_____

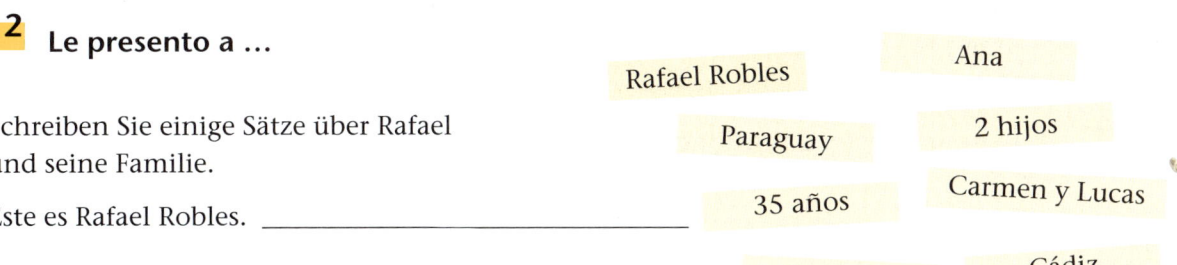

2 Le presento a …

Schreiben Sie einige Sätze über Rafael und seine Familie.

Éste es Rafael Robles. _____

_____

Rafael Robles   Ana
Paraguay   2 hijos
35 años   Carmen y Lucas
casado   Cádiz

3 Palabras, palabras

Schreiben Sie Wörter und Begriffe, die Ihnen zu den Oberbegriffen einfallen, in die „Worträder".

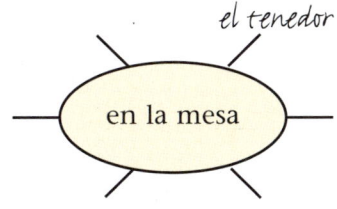 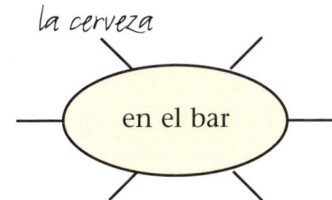

4 ¿Cómo se dice?

Verbinden Sie den spanischen Ausdruck mit der passenden deutschen Bedeutung.

1. Mucho gusto.   a. Selbstverständlich.
2. ¿Cómo?   b. Einverstanden.
3. Por supuesto.   c. Sehr erfreut.
4. ¡Oye!   d. Sofort.
5. Lo siento.   e. Wie bitte?
6. Vale.   f. Es tut mir Leid.
7. Enseguida.   g. Hör mal.

Autoevaluación 1–3

Was können Sie schon? Schreiben Sie Fragen, Antworten oder Beispiele auf.

1 Ich kann mich und andere Personen vorstellen.

Schreiben Sie die Fragen zu den Antworten.

- ¿ _____ ? ■ Begoña.
- ¿ _____ ? ■ Treinta y uno.
- ¿ _____ ? ■ En Córdoba.
- ¿ _____ ? ■ Soy profesora.
- ¿ _____ ? ■ Tengo el 934912436.
- ¿ _____ ? ■ Muy bien, gracias.

2 Ich kann in diesen Situationen höflich reagieren.

- ▼ Hola (Ihr Vorname), ¿qué tal?   ◆ _____ .
- ▼ Le presento a la señora Moreno.   ◆ _____ .
- ▼ Muchas gracias.   ◆ _____ .

3 Ich kann mich über Berufe, Arbeitsorte und Fremdsprachenkenntnisse unterhalten.

- ¿Qué _____ ?   ◆ _____ .
- ¿Dónde _____ ?   ◆ _____ .
- ¿Qué idiomas _____ ?   ◆ _____ .

4 Ich kann im Restaurant oder in einer Bar etwas bestellen.

ein Glas Wein: _____   einen fehlenden Löffel: _____

noch mehr Brot: _____   die Rechnung: _____

5 Ich kann zu verschiedenen Tageszeiten grüßen und mich verabschieden.

Grüßen: _____

Sich verabschieden: _____

1 Welche Tätigkeiten sind hier abgebildet?

2 Wem gefällt Spanisch?

Ordnen Sie die Pronomen in die Tabelle ein.

os   le
     a mí
a ti   les
les   a ellas
   me
le   a nosotros
   les
   a ella
a ustedes
   a ellos
a usted
   le

	te	
a él		
		gusta hablar español
	nos	
a vosotros		

3 Ergänzen Sie die fehlenden Pronomen.

1. A mí ____ gusta leer.
2. A nosotros ____ gusta ir al cine.
3. Y a ti, ¿qué ____ gusta hacer?
4. A ellos ____ gusta jugar al fútbol.
5. Y a usted, ¿qué ____ gusta hacer?
6. ¿A vosotros ____ gusta trabajar en el jardín?

4 Was machen sie gern, was gefällt ihnen nicht?

A ... (no) ... gusta ...

Pedro Mónica José
Celia Fernando María

5 Setzen Sie die passende Form von *preferir* ein.

1. No me gusta ir al cine, _____ ir al teatro.
2. No nos gusta bailar, _____ escuchar música.
3. Roberto, qué _____ : ¿el tenis o el fútbol?
4. A ellos no les gusta nadar, _____ caminar.
5. ¿Qué _____ usted: el cine o la televisión?

6 *gusta* oder *gustan*?

1. Me _____ mucho los libros de ciencia ficción.
2. Les _____ ir al restaurante.
3. A Pedro le _____ las películas americanas.
4. ¿Te _____ las telenovelas?
5. A mí me _____ leer novelas policíacas.
6. A nosotros nos _____ el rock.

7 Reagieren Sie auf die Aussagen entsprechend der Angaben in der Klammer.

▼ Me gusta mucho nadar.
(*Sie schwimmen auch gern.*)
● A mí también.

1. ▼ Me gusta mucho dormir.
(*Sie schlafen auch gern.*)
● A mí …
2. ▼ A José no le gustan las revistas musicales.
(*Sie mögen Musicals auch nicht.*)
● A mí …
3. ▼ Nos gusta bailar.
(*Sie tanzen nicht gern.*)
● A mí …
4. ▼ A mí no me gusta ir de compras.
(*Sie gehen auch nicht gern einkaufen.*)
● A mí …
5. ▼ A Felipe no le gustan los cómics.
(*Sie mögen Comics.*)
● A mí …

8 Schreiben Sie die Uhrzeiten.

9 Aussprachetraining

El trompetista trompetero trompetea la trompeta.

1. Hören Sie die Wörter und sprechen Sie sie nach.

r = entrevista · libre · teatro · prefiero · hablar · cocinar · leer · libros · naranja
rr = Garrido · Serrano · Inglaterra · espárragos · arroz

2. Welche Silbe wird betont? Unterstreichen Sie.

radio · televisión · película · música · bicicleta · deporte · novela · minutos

DIARIO DE CLASE

Schreiben Sie über Ihre Hobbys, Ihre Vorlieben, Abneigungen: Was machen Sie gern in Ihrer Freizeit? Welche Bücher, Filme, Musik mögen Sie? Wenn Sie möchten, schreiben Sie auch über andere Familienmitglieder oder Freunde.

¿Dónde están las ciudades?

1 Wo sind die Städte?

Beschreiben Sie die Lage der eingezeichneten Orte.

1. Madrid _está_ en el _centro_ de España.
2. Santander _está en el norte de_ España
3. Barcelona _está en el este de España_
4. Málaga _está en el sur de…_ .
5. Cáceres _está es el este de…_ .

2 Ergänzen Sie den Text mit den fehlenden Artikeln und den Endungen der Adjektive.

_La_ casa de mi padre es pequeñ_a_ y viej_a_. Está en _un_ pueblo muy bonit_o_. El pueblo me gusta mucho porque es tranquil_o_. _La_ ciudad donde vivo es muy famos_a_, _las_ avenidas son anch_as_ y _los_ parques son grande_s_. Mi casa está cerca de _la_ Plaza Mayor, es grande y antigu_a_.

3 Pedraza

Setzen Sie *muy* oder *mucho/-a/-os/-as* ein.

Pedraza es un pueblo _muy_ pequeño cerca de Segovia. Es _muy_ antiguo, tiene _muchas_ casas viejas y una plaza _muy_ bonita. No tiene _muchos_ habitantes. Es _muy_ tranquilo y provinciano.

4 Schreiben Sie die Richtungsangaben entsprechend den Zeichnungen.

1. Sigue _____ .
2. Sigue _____ el semáforo.
3. Gira _____ .
4. Toma la _____ calle _____ .

5 Wo ist das Haus?

Zeichnen Sie den Weg anhand der Notizen in den Plan ein.

A la calle Victoria:
primera a la izquierda
cruza plaza
en el supermercado a la derecha
todo recto
segunda a la derecha
tercera casa a la izquierda

6 Wo ist Pablo?

_____ de la casa   _____ de la casa   _____ de la casa   _____ de la casa

7 Was passt? *Hay* oder *estar*?

1. Disculpe, ¿ _____ una farmacia por aquí?

   Sí, _____ en la primera calle a la derecha.

2. El cine _____ al lado del museo.
3. Por favor, ¿ _____ un supermercado cerca de aquí?
4. El hotel "La Mirada" _____ en la Plaza de la Iglesia.
5. En la ciudad _____ parques bonitos.

8 Wie sagt man auf Spanisch?

1. Entschuldigen Sie, …   _____
2. Es tut mir leid, …   _____
3. Wie schön!   _____
4. Hören Sie bitte, …   _____
5. Überhaupt nicht!   _____

9 Aussprachetraining

1. Hören Sie die Wörter und sprechen Sie nach.

el oeste · el país · la ración · la televisión · correos · el pueblo

el edificio · luego · viejo · industrial · antigua

2. Hören Sie die folgenden Wörter und unterstreichen Sie die betonte Silbe.

farmacia · está · ciudad · estación · tranquilo · delante

*Ésta está con éste
y éste con ésta está
¿y ésta con quién está?*

DIARIO DE CLASE

Beschreiben Sie die Lage Ihres Wohnortes, Ihres Hauses …
Wie ist Ihr Wohnort, Ihr Haus?
Was gibt es in Ihrem Wohnort?

Repaso 4–5

1 Busco amigo o amiga

Ergänzen Sie die fehlenden Verben.

Me llamo Felipe Calderón, _____ 23 años y _____ español. _____ en Oviedo y _____ Geografía desde hace un año.
Oviedo _____ en el norte de España, cerca del mar. _____ una ciudad universitaria con muchos edificios antiguos. El ambiente _____ muy joven y alegre. Aquí _____ muchos estudiantes de todo el mundo.
En mi tiempo libre me _____ hacer deporte. También me _____ ir al cine. No me _____ mucho las películas americanas, _____ las películas españolas y francesas.
Quiero comunicarme con estudiantes de todo el mundo.

2 Palabras, palabras

Schreiben Sie Wörter zu den Oberbegriffen.

ciudad — tiempo libre — deporte

3 ¿Cómo se dice?

Verbinden Sie den spanischen Ausdruck mit der passenden deutschen Bedeutung.

1. ¿Qué hora es?
2. a las diez en punto
3. dentro de veinte minutos
4. a unos diez minutos
5. Oiga, por favor ...

a. Hören Sie bitte!
b. in ungefähr 10 Minuten
c. Wie spät ist es?
d. in 20 Minuten
e. um Punkt 10 Uhr

Autoevaluación 4–5

Was können Sie schon? Schreiben Sie Fragen, Antworten oder Beispiele auf.

1 Ich kann über Vorlieben und Abneigungen bei Hobbys und Freizeitaktivitäten sprechen.

En mi tiempo libre _____.

No _____, prefiero _____.

2 Ich kann sagen, was mir gefällt und die Meinung anderer bestätigen oder ablehnen.

- A mí me gusta _____.
- _____ (mir auch)
- A mí, _____ ☹

- A mí no me gusta _____.
- _____ (mir auch nicht)
- A mí, _____ ☺

3 Ich kann nach der Uhrzeit fragen und antworten:

- ¿ _____ ?
- _____ .

4 Ich kann meine Stadt beschreiben.

_____
_____ .

5 Ich kann nach einem Ort / nach dem Weg fragen.

- nach einem Ort fragen (ich weiß, dass es ihn gibt):
_____ .

- nach einem Ort fragen (ich weiß nicht, ob es ihn gibt):
_____ .

- fragen, wie man dort hinkommt:
¿ _____ ?

6 Ich kann einen Weg beschreiben.

_____
_____ .

1 Welches Wort passt nicht in die Reihe?

1. naranja · melocotón · pan · plátano · manzana
2. leche · cebollas · mantequilla · yogur · queso
3. mortadela · huevos · jamón · chorizo · salchichón
4. miel · azúcar · pimientos · mermelada
5. lechuga · patatas · limones · pimientos · ajo

2 Wer sagt das? Der Verkäufer oder der Kunde?

	dependiente	cliente
1. Me toca a mí.	☐	☐
2. ¿Cómo los quiere?	☐	☐
3. Me pone dos kilos de patatas.	☐	☐
4. ¿Me corta el queso?	☐	☐
5. ¿Desea algo más?	☐	☐
6. Son 6 euros.	☐	☐
7. ¿Es todo?	☐	☐
8. Y una lata de atún.	☐	☐

3 Setzen Sie die fehlenden Pronomen ein.

1. ▼ ¿A quién _____ toca?
   ◆ _____ toca a mí.
2. ▼ ¿Qué _____ pongo a ustedes?
   ◆ _____ pone un kilo de manzanas.
3. ▼ A vosotros, ¿_____ gustan los plátanos?
   ◆ Sí, _____ gustan mucho.
4. ▼ ¿_____ podría cortar el jamón, por favor?
   ◆ Sí, claro.
5. ▼ Y a tí, ¿qué _____ pongo?
   ◆ Un kilo de azúcar, por favor.

4 Ergänzen Sie die Pronomen lo, los oder la, las.

1. ■ Medio kilo de plátanos, por favor.
   ● ¿Cómo _____ quiere?
2. ■ 100 gramos de mortadela.
   _____ quiero en lonchas finas.
3. ■ ¿Cómo quiere las manzanas?
   ● _____ quiero maduras.
4. ■ Un té con limón, ¿y el café?
   ● _____ quiero con leche.
5. ■ Tenemos mermelada de melocotón y de naranja.
   ● _____ quiero de naranja.

5 Familienprobleme

Ersetzen Sie die unterstrichenen Wörter durch *lo, los, la,* oder *las* und ändern Sie die Stellung der Satzteile entsprechend.

1. Mi marido siempre compra los tomates verdes y yo quiero <u>tomates</u> maduros.
2. Si yo compro vino blanco, mi marido quiere <u>vino</u> tinto.
3. Cuando compramos yogures naturales, mi hija quiere <u>yogures</u> con fruta.
4. Mi marido compra manzanas grandes, y mi madre quiere <u>manzanas</u> pequeñas. ¡Qué familia!

6 Ergänzen Sie die passenden Endungen.

1. Paloma tiene pantalones marron____, azul____ y verde____ .
2. Me gustan las faldas blanc____ y las chaquetas amarill____ .
3. Pablo lleva un traje negr____ y una corbata roj____ .
4. Los zapatos azul____ son de Mónica.
5. Le gustan los bañadores amarill____ .

7 Denksportaufgabe

Pablo Blanco, Felipe Verde, Gustavo Gris und Carlos Rojo haben beschlossen, sich für ein Karnevalsfest in den Farben ihrer Namen zu verkleiden. Vor dem Fest treffen sie sich und tauschen einige Kleidungsstücke untereinander aus.

Pablo Blanco:	Llevo la chaqueta de Felipe, los pantalones de Carlos y mi camisa.
Felipe Verde:	Llevo mi camisa, la chaqueta de Gustavo y los pantalones de Pablo.
Gustavo Gris:	Llevo los pantalones de Felipe, la chaqueta de Carlos y mi camisa.
Carlos Rojo:	Y yo, ¿qué llevo?

Welche Farbkombinationen tragen die Freunde?

Pablo lleva una chaqueta _____, pantalones _____ y una camisa _____.

Felipe lleva _____.

Gustavo lleva _____.

Carlos lleva _____.

8 Was passt: *este/-a/-os/-as* oder *ese/-a/-os/-as*?

1. Me gusta ____ jersey.
2. ____ falda cuesta 25 euros.
3. ¿Te gusta ____ blusa?
4. ____ pantalones le quedan muy bien.
5. ¿Cuánto cuestan ____ zapatos?
6. Juan va a llevar ____ corbata.
7. ¿Me puedo probar ____ bañador?

9 Was ist das Gegenteil?

blanco _____

ancho _____

caro _____

largo _____

grande _____

> Un limón y medio limón
> dos limones y medio limón
> tres limones y medio limón
> cuatro limones y medio limón …

10 Aussprachetraining

Hören Sie die Wörter und sprechen Sie sie nach.

arroz · azúcar · jamón · melocotón · plátano
yogur · café · huevos · miel

DIARIO DE CLASE

Welche Lebensmittel mögen Sie gern, welche nicht?
Was kaufen Sie für ein langes Wochenende ein?
Welche Kleidungsstücke haben Sie? Welche Farben? …

1 Wie sind die Öffnungszeiten?

Setzen Sie die passenden Präpositionen ein.

1. Está abierto _____ las 9 y las 14.30.
2. Está cerrado _____ de las 14.30.
3. Está abierto _____ la mañana.
4. Cierra _____ de las 9 de la noche.
5. Está abierto _____ las 8 de la tarde.

HORARIO DE ATENCION AL PUBLICO

MAÑANAS DE 9:00 A 14:30 HORAS
TARDES DE 16:00 A 20:00 HORAS

(TOCAR EL TIMBRE SI ENCUENTRA LA PUERTA CERRADA)

2 Setzen Sie die passenden Formen von *empezar* und *volver* ein.

1. ▼ Trabajo en una oficina de turismo. _____ a las 9 y _____ a casa a las 6. ¿Y tú, a qué hora _____?

   ■ A las 9 también, pero no _____ a casa antes de las 7.

2. ▼ Nosotros _____ el trabajo a las 10. Y vosotros, ¿cuándo _____ por la mañana?

   ■ A las 8.30.

   ▼ ¿Y a qué hora _____ a casa?

   ■ A las 7.

3. Pedro tiene un horario muy bueno. _____ a las 8 y _____ a casa antes de las 6.

3 Beschreiben Sie den Tagesablauf von Sebastián.

7 h	levantarse	20 h	volver a casa
9 h	empezar a trabajar	21 h	cenar
14 h	comer	22 h	salir con amigos
18 h	ir a un bar	24 h	acostarse

A las 7 Sebastián ...

Schreiben Sie den Text in der Ich-Form.

4 Ergänzen Sie das Schema mit den fehlenden Formen der Verben.

	yo	tú	él, ella usted	nosotros /-as	vosotros /-as	ellos/-as ustedes
empezar			empieza			
cerrar					cerráis	
querer	quiero					
acostarse			se acuesta			
volver		vuelves				
dormir						duermen
jugar				jugamos		

Bei welchen Personen verändert sich der Stamm der Verben?
Bei welchen bleibt er unverändert?

5 Setzen Sie die fehlenden Reflexivpronomen ein.

Frau García klagt, dass ihre Kinder morgens nicht aus dem Bett kommen und sie als erste aufstehen muss, um alles vorzubereiten.

«En esta casa todos ____ levantan tarde, menos (außer) yo; yo ____ levanto todos los días temprano para preparar todo. ¿Y por qué? ¡Porque soy idiota! Claro, los «señoritos» tienen que dormir, ¿y a qué hora ____ acostáis? No lo sé. ____ levantáis para comer y a veces tampoco eso. Papa y yo ____ acostamos y vosotros nunca estáis en casa. ¡Basta! Carlos, mañana ____ levantas a las 7 y preparas tú todo. ¡Y yo voy a levantar____ más tarde!»

6 Welcher Tag, welcher Monat?

1. ¿El día después del lunes? _____
2. ¿El mes entre abril y junio? _____
3. ¿El día antes del domingo? _____
4. ¿El primer mes del año? _____
5. ¿El día antes del viernes? _____
6. ¿El mes después de septiembre? _____

7 Ein Brief aus dem Urlaub

Ergänzen Sie die fehlenden Zeitangaben.

> Querida Juana:
> Aquí en el campo estoy muy bien. ¡Qué tranquilidad! _____ de un año de trabajo por fin estas vacaciones. _____ _____ días me levanto muy tarde. Estoy en el jardín _____ el día. Leo, escribo cartas, escucho música. Miguel se levanta como _____ a las seis _____ la mañana y _____ el mediodía juega al tenis. _____ _____ tarde siempre nadamos en una piscina cerca de aquí. Dos veces _____ semana vamos al pueblo a comprar. Por la noche a _____ cenamos con unos amigos que también están aquí. Y tú, ¿cómo estás en la ciudad? Nos vemos _____ de dos semanas.
>
> Un beso   Paloma

8 Aussprachetraining

Bei den folgenden Wörtern fehlen die Akzentzeichen.
Hören Sie und ergänzen Sie sie.

periodico · ademas · despues · informacion · sabado · ingles

DIARIO DE CLASE

Schreiben Sie über Ihren Tagesablauf, Ihre Gewohnheiten.

Por la mañana ...

Repaso 6–7

1 Tiempo libre

Welches Programm passt zu welcher Person?

a) Café Latino, Avda. San Diego, 63, Tel. **968200810**, bar de copas con actuación, horario: lunes a sabádo 20 – 4.30 h, los jueves a partir de las 22 salsa.

b) Diarios de la motocicleta de Walter Salles, con Gael García Bernal, Rodrigo de la Serna Cines: Alphaville (todos los días 17, 19.30 y 22 h), Metropolitan (15, 17.30, 19.30, 22.30, cerrado el lunes).

c) Academia de San Pedro (sala grande), 21 h, "Las cuatro estaciones" por Joseph Haydn, director musical Jesús López García, Orquesta sinfónica de Valencia.

d) "El retrato español. Del Greco a Picasso". Museo del Prado, Paseo del Prado, s/n, Tel. **913302900**, horario: de mar. a dom., de 9 a 19 h. Lun. cerrado.

1. Juana trabaja hasta las nueve. Le gusta el teatro y la música latinoamericana. No le gusta la ópera ni la música clásica.
2. Manolo trabaja en una empresa americana. Termina a las 5. A veces le gusta ir al cine antes de volver a casa.
3. Pepe trabaja por la noche en una discoteca. No le gusta mucho ir al cine. Prefiere el teatro y el arte moderno.
4. Cristina trabaja todos los días hasta las 7 de la tarde. A ella le encanta la música clásica. No le gusta ir al cine.

2 Palabras, palabras

Wann machen Sie was? Sammeln Sie Tätigkeiten, die Sie zu den Tageszeiten machen.

Por la mañana | Por la tarde | Por la noche

3 ¿Cómo se dice?

Verbinden Sie den spanischen Ausdruck mit der passenden deutschen Bedeutung.

1. ¿Con qué frecuencia …? a. jeden Tag
2. todos los días b. manchmal
3. todo el día c. Wie oft …?
4. Me toca a mí. d. den ganzen Tag
5. a veces e. Ich bin an der Reihe.

Autoevaluación 6–7

Was können Sie schon? Schreiben Sie Fragen, Antworten oder Beispiele auf.

1 Ich kann Einkaufsgespräche führen.

- ¿Qué le pongo? ▲ _____.
- ¿Cómo los/las quiere? ▲ _____.
- ¿Qué talla tiene? ▲ _____.

2 Ich kann Farbe, Form und Muster von Kleidung beschreiben.

Schreiben Sie, was Sie anhaben.
_____ .

3 Ich kann beurteilen, wie ein Kleidungsstück passt.

Diese Hose ist mir zu kurz. _____

Die Jacke ist ihm zu eng. _____

4 Ich kann über Öffnungs- und Arbeitszeiten sprechen.

¿A qué hora abren y cierran las tiendas donde vives? _____

Describe tu horario de trabajo: _____

5 Ich kann meinen Tagesablauf oder den einer anderen Person beschreiben.

_____
_____ .

6 Ich kann darüber sprechen, wie oft man etwas macht.

¿Con qué frecuencia haces deporte? _____

7 Ich kann das Datum benennen.

¿Qué día es hoy? _____

1 Was gehört zusammen? Verbinden Sie die Ausdrücke.

dar — un partido de fútbol
tener — una barbacoa
ver → un paseo
ir — entradas para un concierto
quedarse — a la playa
hacer — en casa

2 Ein Telefongespräch

Ergänzen Sie den Dialog.

▼ ¿Diga?

◆ Hola Manuel, soy Paloma. _____ para saber qué _____ tienes para mañana. ¿Vas a montar en bicicleta?

▼ Sí, si hace _____ tiempo.

◆ ¿Y si hace mal _____?

▼ Pienso _____ en casa. ¿Y tú?

◆ Tengo dos _____ para el tenis. ¿Por qué no _____?

▼ Es una _____ idea. Ya _____ que me gusta mucho el tenis.

◆ ¡Qué bien! _____ hasta mañana.

▼ ¡Hasta _____!

buena
buen   tiempo
entonces   quedarme
entradas   llamo
mañana
sabes
planes
vienes

3 Welche Pläne haben sie?

Setzen Sie die passenden Formen der angegebenen Verben ein.

1. El miércoles Juan (querer) _____ ir al zoo.

2. ◆ Y ustedes, ¿qué (ir) _____ a hacer?

   ▼ (Pensar) _____ dar un paseo por el parque.

3. Me gusta el fútbol. (ir) _____ a ver un partido en la tele.

4. El domingo nosotros (querer) _____ dormir hasta tarde.

5. El próximo año Celia (ir) _____ a ir a Francia.

4 Am Montag kann ich nicht.

Ein Freund möchte sich mit Ihnen verabreden. In der nächsten Woche ist Ihr Terminkalender aber schon voll. Begründen Sie, warum Sie nicht können. Benutzen Sie *tener que* oder *querer*.

- El lunes no puedo; es que *tengo que ir al médico*.
- El martes no puedo; es que _____ .
- El miércoles _____ .
- _____ .
- _____ .
- _____ .
- _____ .

LU	médico
MA	trabajar
MI	cine
JU	cenar con Paco
VI	festival de flamenco
SA	fiesta de Ana
DO	barbacoa

5 Setzen Sie die fehlenden Fragewörter ein.

1. ¿_____ te apetece hacer?   • Me gustaría ir al cine.
2. ¿_____ no vienes también?   • No, hoy no puedo.
3. ¿_____ quedamos?   • En la plaza Mayor.
4. ¿_____ empieza la película?   • A las ocho.
5. ¿_____ personas vienen?   • Seis o siete.

cuándo, por qué, qué, dónde, cuántas

6 Was passt? *Quedar* oder *quedarse*?

1. El fin de semana _____ en casa. Quiero leer y descansar.
2. Mis amigos y yo vamos a bailar. _____ a las 11 en el bar Flores.
3. ¿Cómo _____ (nosotros)? ¿Vienes a buscarme?
4. Los jueves _____ (yo) hasta tarde en la oficina.
5. ¿Cuántos días _____ (tú) en Madrid?

7 Was sagen Sie wenn, ...

1. Sie einen Vorschlag gut finden?
2. Sie keine Lust haben auf ... ?
3. Sie es noch nicht wissen?
4. Sie jemanden nach seiner Meinung fragen?

No tengo ganas de ...
Todavía no lo sé.
¿Qué te/le parece?
Es una buena idea.

8 Formen Sie die Sätze wie im Beispiel um.

¿Te quieres quedar en casa?
¿Quieres quedarte en casa?

1. ¿Me vienes a buscar sobre las ocho?
2. Os quiero visitar la semana que viene.
3. Le tengo que decir que no puedo.
4. ¿Me vas a contestar?
5. Les voy a mostrar mi ciudad.

9 Ein schönes Wochenende

Setzen Sie die passenden Formen der Verben ein.

El fin de semana (venir) _____ mi amiga a visitarnos y (ir) _____ a ir al circo con los niños; a los pequeños les (gustar) _____ mucho y (ser) _____ estupendo escucharles cuando (volver) _____ porque todos (querer) _____ hablar al mismo tiempo (zur gleichen Zeit). Yo (pensar) _____ quedarme en casa con Juan, tranquilos y sin niños. Me (parecer) _____ que (ir) _____ a dormir una buena siesta.

10 Aussprachetraining

Hören Sie und entscheiden Sie, welches Wort (aufgrund der Betonung) nicht in die Reihe gehört.

semana · mucho · sábado · partido
niños · programador · jardín · ciudad
miércoles · película · próximo · parque

> El bibliófilo bibliotecario lee en la biblioteca una biografía del bíblico Abdías.

DIARIO DE CLASE

Welche Pläne haben Sie für das nächste Wochenende? Was wollen Sie machen?

El próximo fin de semana …

1 Welches Bild passt zu welchem Satz?

1. Ayer estuve en una fiesta.
2. El domingo me quedé en casa.
3. Ayer charlamos hasta tardísimo.
4. Ayer conocí a Marta.
5. El fin de semana ayudé a recoger la casa de Juana.

2 Ein Tag zu Hause

Ergänzen Sie die Sätze mit den folgenden Verben.

acostó   escuchó   quedó   recogió
cenó   escribió   llamó   hizo   comió

Ayer Pedro se _____ en casa. No _____ nada especial. Por la mañana _____ la casa, a mediodía _____ un bocadillo. Por la tarde _____ música, _____ una carta y _____ por teléfono. _____ en casa y se _____ temprano.

Schreiben Sie den Text in der Ich-Form.

3 Eine Postkarte

Ramón und Maite schreiben eine Postkarte an ihre Freunde. Setzen Sie die richtige Form der Verben ein.

estar   ser   visitar   hacer   ver

Queridos Carlos y Ana:
¡Saludos desde Madrid! Ayer _____ en Toledo. _____ un día muy divertido. _____ la catedral y las sinagogas, que son muy interesantes. _____ muchas fotos. También _____ la casa El Greco, ya sabéis que nos gustan los museos … Un abrazo muy fuerte y ¡hasta pronto!

Ramón y Maite

Carlos y Ana López
Avda. Tabares Bartlet, 18
38208 La Laguna - Tenerife

4 Setzen Sie die Verben in der passenden Form ein.

1. ▼ ¿Dónde (estar) _____ tú la semana pasada?
   ◆ (estar) _____ en la costa, en Andalucía.
   ▼ ¿Y qué (hacer) _____ allí?
   ◆ Nada especial. Descansar, nadar, leer …

2. ▼ Ayer (tú/ir) _____ de compras, ¿no? ¿Qué (comprar) _____ ?
   ◆ (comprar) _____ este jersey. ¿Te gusta?
   ▼ Sí, mucho.

3. ▼ ¿Cuándo (vosotros/ir) _____ al cine por última vez?
   ◆ La semana pasada. (ver) _____ una comedia. (ser) _____ muy divertida.

4. ▼ Ayer en la fiesta, ¿(tú/conocer) _____ a Juan?
   ◆ Sí, y a Ramón también.

5. ▼ ¿Qué (vosotros/hacer) _____ el sábado?
   ◆ (salir) _____ con Antonio e Isabel. (cenar) _____ en el restaurante «Don Miguel».

5 Ergänzen Sie das Schema mit den fehlenden Formen der Verben im Indefinido.

	yo	tú	él, ella usted	nosotros /-as	vosotros /-as	ellos/-as ustedes
hablar	hablé					
comer					comisteis	
escribir			escribió			escribieron
estar		estuviste				
ser/ir				fuimos		
hacer			hizo			

6 Kennen Sie sich mit dem Wetter aus?

Ergänzen Sie die Sätze.

1. Irlanda es una isla verde, porque _____ mucho. No hace mucho _____ pero tampoco _____ frío.
2. En invierno en el centro de España normalmente _____ sol, pero también _____ frío.
3. En Finlandia hace _____ frío en invierno y _____ bastante.
4. En Arabia no _____ mucho, _____ mucho calor todo el año.

7 Aussprachetraining

4 Hören Sie und unterstreichen Sie die betonte Silbe.

ayer · fiesta · divertido · último · calor · especial

> En la plaza pública
> se publica la república
> que el público publicó

DIARIO DE CLASE

Und was haben Sie am letzten Wochenende gemacht?
Wo waren Sie? Wie war es?
Wie war das Wetter? Wie ist das Wetter jetzt? ...

1 Buchstabensuppe

Hier sind 7 Verkehrsmittel versteckt (waagerecht und senkrecht); finden Sie sie?

```
M O A L E P I
A C U L M R A
M O T O E A V
E C O B T L I
C H B A R C O
A E U R O E N
J X S T R E N
```

2 Ordnen Sie den Dialog.

- 21 euros.
- Puede ir en tren o en autobús.
- Entonces en autobús. El tren tarda mucho más.

- Quiero un viaje rápido.
- Para ir a Oviedo, ¿qué posibilidades tengo?
- ¿Cuánto cuesta un billete de ida y vuelta?

3 Vergleiche

Setzen Sie *más* oder *que* ein.

1. ▼ El AVE es mucho ____ rápido ____ otros trenes, ¿no?
   ◆ Sí, pero también es ____ caro.

2. ▼ Vamos a ir en coche. Es ____ cómodo ____ ir en autobús.
   ◆ Sí, y es ____ rápido.

3. ▼ ¿Qué prefieres para viajar?
   ◆ Prefiero ir en moto; es ____ divertido ____ ir en coche.
   ▼ Pero también es ____ peligroso.

4 Ändern Sie die Sätze nach dem Muster.

Ir en tren es *más* cómodo *que* ir en coche.
Ir en coche *no* es *tan* cómodo *como* ir en tren.

1. El viaje en el AVE es más caro que el viaje en autobús.
2. Gomera está más lejos que Tenerife.
3. Ir en bicicleta es más divertido que ir en coche.
4. El avión es más rápido que el tren.
5. Ir en taxi es más caro que ir en tranvía.

5 *Ir a* oder *ir en*?

Setzen Sie *a, al* oder *en* ein.

1. ▼ ¿Cómo vas ____ trabajo?
   ◆ Tengo que ir ____ autobús. Me gustaría más ir ____ metro, pero no hay una estación cerca. Y para ir ____ pie, la oficina está bastante lejos.
2. ▼ ¿Y tú?
   ◆ Normalmente voy ____ bicicleta ____ la agencia donde trabajo. Pero cuando llueve prefiero ir ____ coche.
3. ▼ En verano queremos ir ____ Francia ____ bicicleta.
   ◆ ¿____ bicicleta? ¡Qué viaje tan largo!
   ▼ Bueno, hasta Irún vamos ____ coche, pero desde allí ____ bicicleta.

6 Was ist das Gegenteil von *salir*?

Die Lösung finden Sie in den markierten Kästchen,
wenn Sie das Gegenteil folgender Wörter eintragen.

1. cerca
2. ida
3. rápido
4. seguro
5. terminar
6. caro

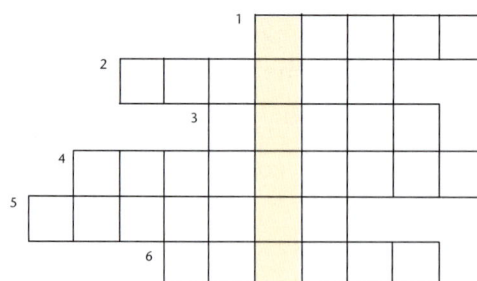

7 Wie heißt es auf Spanisch?

Ich werde es mir überlegen. _____

Das Flugzeug macht mir Angst. _____

Vielen Dank für die Information. _____

Wie teuer! _____

8 Ergänzen Sie den Text mit den Wörtern aus den Kästchen.

estación · esperamos · llega · llegamos · andén

directo · salgo · retraso · tren

Todos los días voy en _____ al trabajo. _____ de casa a las ocho y voy a pie a la _____ . En el _____ me encuentro con unos compañeros. Juntos _____ el tren. A veces viene con _____, pero normalmente _____ con puntualidad. Es un tren _____ y _____ a la oficina sobre las nueve.

9 Mit oder ohne *a*?

1. El año pasado visité ___ mi amigo Zander en Trinidad.
2. Este verano vamos a visitar ___ Gomera.
3. Voy a ir a Toledo. Quiero ver ___ la catedral.
4. El lunes pasado vi ___ Carlos en el metro.
5. ¿Conoces ___ Manolo? Es el amigo de Luis.
6. Conozco ___ ese bar. Está al lado de la estación, ¿no?

10 Aussprachetraining

Bei einigen der folgenden Wörter fehlen die Akzentzeichen. Hören Sie und ergänzen Sie, wenn nötig, die Akzente.

rapido · interesante · comodo · aburrido · barato · ecologico

DIARIO DE CLASE

Erstellen Sie Ihre persönliche «Hitliste» der Transportmittel und begründen Sie Ihre Vorlieben oder Abneigungen.
Welche Verkehrsmittel benutzen Sie? Wie fahren Sie in Urlaub? …

Repaso 8–10

 Planes

Dies ist der Terminkalender von Marisol für die kommende Woche. Schreiben Sie einen Text über ihre Pläne.

lunes	martes	miércoles	jueves	viernes	sábado
8h. coche al taller 14h. comer con Pedro 20h. cine con Ana	10h. mercado 17h. deporte 21h. ¡TV!	11h. médico 15h. tenis	21h. cena con Daniel	20h. clase de baile	21h. fiesta de Lola
					domingo
					14h. excursión a Segovia

2 **La semana pasada**

Eine Woche später: Was hat Marisol in der letzten Woche gemacht?

El lunes pasado Marisol _____

3 **Palabras, palabras**

Wie heißt das Gegenteil von ...

pequeño	_____
barato	_____
lento	_____

mal tiempo	_____
hace calor	_____
horrible	_____

divertido	_____
interesante	_____
cómodo	_____

 ¿Cómo se dice?

Verbinden Sie den spanischen Ausdruck mit der passenden deutschen Bedeutung.

1. Tengo ganas de …
2. ¿Qué te parece?
3. ¿Vienes a buscarme?
4. ¿Quedamos para el sábado?

a. Ich habe Lust auf …
b. Holst du mich ab?
c. Verabreden wir uns am/für Samstag?
d. Was hältst du davon?

Autoevaluación 8–10

Was können Sie schon? Schreiben Sie Fragen, Antworten oder Beispiele auf.

1 **Ich kann über Pläne und Absichten für die nahe Zukunft sprechen.**

¿Qué planes tienes tú?

_____

_____

_____

2 **Ich kann mich verabreden und Vorschläge für die Freizeitgestaltung machen, zustimmen und ablehnen.**

(Schlagen Sie eine Unternehmung vor:) _____

(Verabreden Sie sich für Tag/Ort/ Uhrzeit:) _____

(Stimmen Sie zu:) _____

(Lehnen Sie ab und sagen warum) _____

3 **Ich kann über Jahreszeiten und das Wetter sprechen.**

¿Qué estación te gusta más? _____

¿Qué tiempo hizo ayer? _____

4 **Ich kann über vergangene Ereignisse sprechen.**

Escribe lo que hiciste ayer.

_____

5 **Ich kann über Verkehrsmittel sprechen.**

¿Cómo vas al trabajo? _____

¿Cómo fuiste al mercado la última vez? _____

6 **Ich kann über Verkehrsmitteln sprechen, sie bewerten und vergleichen.**

_____

_____

_____

A

Test

Hier finden Sie einige Testaufgaben, die dem Kenntnisstand Niveaustufe A1 entsprechen.

1 Vocabulario y estructuras gramaticales

Welches Wort passt? Markieren Sie das jeweils richtige Wort.

____ 1 ____Celia:
¿Cómo ____ 2 ____? Espero que bien. Te ____ 3 ____ para decirte que la semana que viene ____ 4 ____ ir a Alicante para hacer una visita a clientes. El viernes tengo libre y me gustaría ____ 5 ____ contigo antes de ____ 6 ____ a casa. ¿Tienes tiempo - y ganas - de verme?
La última vez fuimos a ese restaurante chino que ____ 7 ____ cerca de la estación.
¿Te acuerdas? ____ 8 ____ gustó mucho. ¿Qué te parece? ¿Quedamos para comer allí?
Espero tus noticias.
Besos

Begoña

1. a. Querida
   b. Querido

2. a. eres
   b. estás

3. a. escribo
   b. llama

4. a. tengo
   b. tengo que

5. a. quedar
   b. quedarme

6. a. volver
   b. ir

7. a. hay
   b. está

8. a. Me
   b. A ti

2 Comprensión lectora

Esta es la nota que escribió Julia a su compañera Teresa.

> Teresa:
> Voy a estar en la agencia todo el día. Por favor, llama a José para decirle que la cena es a las 9. ¿Puedes comprar pan y aceitunas (¡prefiero las verdes!)? Yo compro el resto. Vuelvo a casa sobre las 7.
> Un abrazo,
> Julia

Después de leer la nota marca si estas frases corresponden al texto o no.

1. Julia va a cenar a casa de José. _____
2. A Julia le gustan más las aceitunas verdes que las negras. _____
3. Julia termina su trabajo sobre las 7. _____

Autoevaluación A1

Hier können Sie überprüfen, ob Sie das Niveau A 1 des „Gemeinsamen Europäischen Referenzrahmens" erreicht haben.

Hörverständnis   ✔✔ ✔ ?

→ Ich kann Fragen zu (m)einer Person (Namen, Alter, Familienstand, Herkunft, Berufstätigkeit u.ä.) verstehen.
→ Ich kann Zahlen, Preise, Datum und Uhrzeit verstehen.
→ Ich kann Fragen zu meinen Wünschen in einem Geschäft oder Restaurant verstehen.
→ Ich kann Wegbeschreibungen verstehen.
→ Ich kann einfache Gespräche über alltägliche Themen verstehen.

Leseverständnis   ✔✔ ✔ ?

→ Ich kann Gebrauchstexte wie Speisekarten, Fernsehprogramme, Schilder u.ä. verstehen.
→ Ich kann wichtige Informationen in Zeitungsanzeigen/-artikeln verstehen.
→ Ich kann einen einfachen kurzen Text über ein mir bekanntes Thema verstehen.
→ Ich kann einen Brief/eine Postkarte eines Freundes verstehen.

Sprechen   ✔✔ ✔ ?

→ Ich kann grüßen, mich verabschieden, danken und auf einen Dank reagieren.
→ Ich kann Fragen zur Person (Namen, Alter, Familienstand, Herkunft, Berufstätigkeit u.ä.) stellen und beantworten.
→ Ich kann in einem Geschäft, in einem Restaurant/Bar meine Wünsche äußern und sagen, wie ich etwas möchte.
→ Ich kann an einem Gespräch über Alltagthemen (wie Arbeitszeiten, Hobbys, Vorlieben, Abneigungen u.ä.) teilnehmen.
→ Ich kann Fragen über Pläne und Absichten stellen und beantworten.
→ Ich kann Vorschläge machen, zustimmen oder ablehnen und die Ablehnung begründen.
→ Ich kann mich über vergangene Ereignisse unterhalten und sie bewerten.
→ Ich kann Orte und Gegenstände beschreiben.
→ Ich kann (m)einen Tagesablauf beschreiben, über das Wetter und die Jahreszeiten reden.

Schreiben   ✔✔ ✔ ?

→ Ich kann ein Formular mit persönlichen Angaben (Name, Adresse, Nationalität u.ä.) ausfüllen.
→ Ich kann einen einfachen Brief/Postkarte zu alltäglichen Themen schreiben.

✔✔ = Das kann ich mühelos.   ✔ = Das kann ich.   ? = Das muss ich noch üben.

1 Wörterfragmente

Welche Möbel und Räume sind hier gemeint? Ergänzen Sie die fehlenden Vokale und die Artikel.

1. ___ n_v_r_
2. ___ t_rr_z_
3. ___ tr_st_r_
4. ___ c_m_
5. ___ d_rm_t_r_ _
6. ___ m_s_
7. ___ s_ll_
8. ___ c_c_n_
9. ___ p_s_ll_
10. ___ _sp_j_
11. ___ c_ _rt_ de b_ñ_
12. ___ _rm_r_ _

2 Bei der Autovermietung

Ersetzen Sie die kursiv gesetzten Verben durch die Konditionalform.

▼ ¡Buenas tardes! ¿*Puede* darme algunas informaciones?
◆ Sí, claro. ¿Qué desea?
▼ *Quiero* alquilar un coche para el fin de semana.
◆ A ver, tenemos un Nada Siesta.
▼ ¿*Puede* decirme cuánto cuesta?
◆ Sí, el fin de semana cuesta 160 euros.
▼ *Quiero* saber si hay sitio para cinco personas.
◆ Bueno, es un poco estrecho, pero … creo que sí.
▼ ¿*Es* posible hacer una reserva?
◆ Sí, claro.

3 Ergänzen Sie den Text mit *ser, estar* oder *tener*.

Vivo en un piso moderno en una ciudad del norte. _____ muy cerca del mar y puedes ver la playa desde allí.

El piso _____ bastante grande: _____ un salón y dos dormitorios. Además _____ terraza y un trastero. La cocina _____ un poco pequeña, pero _____ todo lo que necesitas: cocina, horno, nevera … El salón _____ grande y soleado. _____ una habitación muy bonita y _____ un sofá muy cómodo. Los dormitorios me gustan también. Uno _____ muy práctico porque _____ el cuarto de baño al lado. El segundo _____ al final del pasillo. _____ muy tranquilo ¡Puedes dormir una buena siesta allí!

4 Ferienhaus oder Hotel?

Lucía und ihr Mann planen den nächsten Urlaub.
Setzen Sie die Verben in der entsprechenden Form im Konditional ein.

▼ Mira, Lucía, yo (preferir) _____ alquilar una casa. (ser) _____ más barato que un hotel.

◆ Sí, claro, y también (ser) _____ más trabajo. Tú (pasar) _____ las vacaciones en la terraza y no (hacer) _____ nada. Y yo …, (trabajar) _____ todo el día en la casa.

▼ Tranquila, tranquila. No (ser) _____ así. Te (ayudar) _____ . Nos (levantar) _____ tarde. Yo (preparar) _____ el desayuno, (hacer) _____ el café …

◆ Y el café lo (comprar) _____ yo, ¡como siempre! … ¿Por qué no vamos a un hotel? No (tener) _____ que hacer nada. (salir) _____ de la habitación, sin hacer las camas, (comer) _____ en un restaurante, (conocer) _____ a gente interesante …

5 Ergänzen Sie das Schema mit den Formen des Konditional.

	yo	tú	él, ella usted	nosotros /-as	vosotros /-as	ellos/-as ustedes
llamar	llamaría			llamaríamos		
comer					comeríais	
escribir		escribirías				

6 Wie heißt der Infinitiv der kursiv gesetzten Verbformen?

1. ¿Qué *harías* tú? _____
2. Para llegar a las 11 *saldrían* a las 10. _____
3. Yo *pondría* la lámpara al lado del sofá. _____
4. ¿*Podríais* decirme cuándo llegáis? _____
5. *Tendríamos* tiempo para acompañaros. _____
6. ¿*Vendrías* a las siete? _____

7 Man spricht Deutsch

Schreiben Sie eine Werbeanzeige für das Hotel und Apartmenthaus «La Gaviota». Benutzen Sie dabei die unpersönliche Form mit «se …».

APARTAMENTOS LA GAVIOTA

- Se_____
- _____
- _____
- _____
- _____

Alquilamos apartamentos para 1 - 6 personas. Limpiamos los apartamentos dos veces por semana y cambiamos las toallas y las sábanas cada dos días. Hablamos alemán. Organizamos excursiones y barbacoas.

8 Aussprachetraining

Hören Sie die Sätze und kreuzen Sie an, ob es sich um eine Frage oder eine Aussage handelt. Lesen Sie danach die Sätze mit der entsprechenden Betonung.

1. Podría hacer una reserva. ☐
   ¿Podría hacer una reserva? ☐

2. Sería posible alquilar la casa en agosto. ☐
   ¿Sería posible alquilar la casa en agosto? ☐

3. Llamaría al mecánico. ☐
   ¿Llamaría al mecánico? ☐

4. Le gustaría vivir en el centro. ☐
   ¿Le gustaría vivir en el centro? ☐

DIARIO DE CLASE

Beschreiben Sie Ihre Wohnung. Wohnen Sie gerne dort oder würden Sie lieber anders wohnen? Wie wohnen Sie am liebsten, wenn Sie Urlaub machen? …

1 Der Familienstammbaum

Schreiben Sie die Namen der Familienmitglieder in den Stammbaum.

- Pilar es la abuela.
- Isidro es el padre de Luis y Alicia.
- Concha es la madre de Sofía y Rafael.
- Luis es el marido de Concha.
- Ernesto es el tío de Sofía y Rafael.
- Alicia es la mujer de Ernesto.
- Alberto, Raúl y Sara son los hijos de Ernesto y Alicia.

2 Setzen Sie die passenden Possessivpronomen ein.

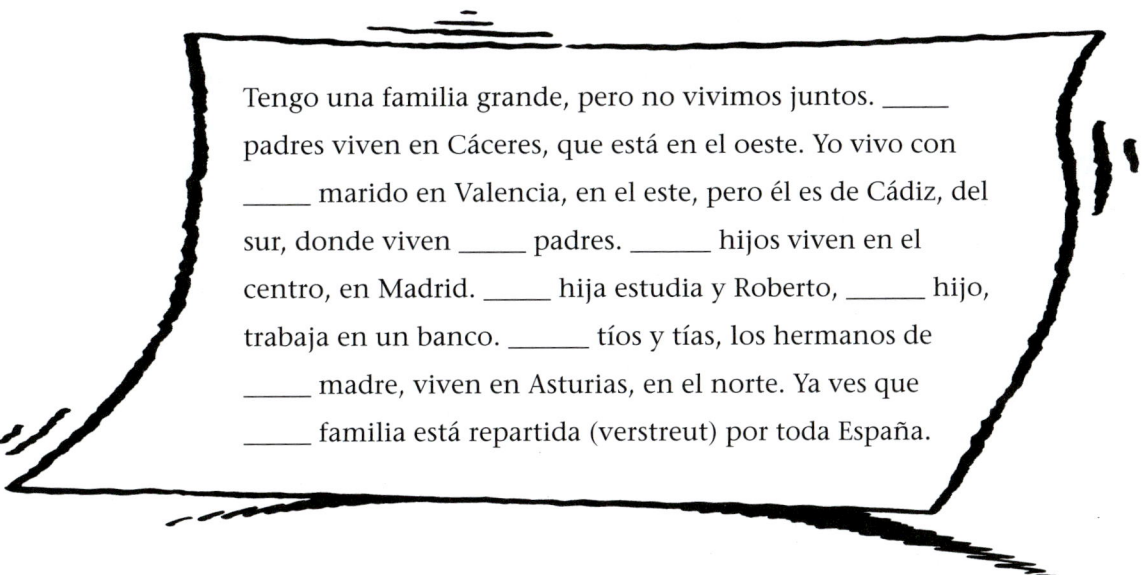

Tengo una familia grande, pero no vivimos juntos. _____ padres viven en Cáceres, que está en el oeste. Yo vivo con _____ marido en Valencia, en el este, pero él es de Cádiz, del sur, donde viven _____ padres. _____ hijos viven en el centro, en Madrid. _____ hija estudia y Roberto, _____ hijo, trabaja en un banco. _____ tíos y tías, los hermanos de _____ madre, viven en Asturias, en el norte. Ya ves que _____ familia está repartida (verstreut) por toda España.

3 Setzen Sie die entsprechende Form von *estar* + Gerundium ein.

1. ▼ ¿Podría hablar con el señor Martínez?
   ◆ Lo siento (hablar) _____ por teléfono.
2. ▼ ¿Dónde está mamá?
   ◆ En la cocina. (preparar) _____ la cena.
3. ▼ ¡Luis! ¿qué haces?
   ◆ (leer) _____ .
4. ▼ ¿Sabes dónde están Fernando y Álvaro?
   ◆ Creo que (jugar) _____ en el jardín.
5. ▼ Y el niño, ¿(dormir) _____ ya?
   ◆ No, todavía no, (cenar) _____ .
6. ▼ Mira, ¡Pepe y Susanita (bailar) _____ desde hace dos horas!
7. ▼ Federico, ¿puedes ayudarme?
   ◆ Sí, un momento. (comer) _____ .

4 Was machen sie gerade?

Bilden Sie Sätze mit *estar* + Gerundium.

1. Miguel _____   2. Alba _____   3. Pedro _____   4. Carlos y Diego _____

5. Gustavo _____   6. Juana _____   7. Ricardo _____   8. Rosa _____

5 Was sagen Sie

- wenn Sie jemandem zum Geburtstag gratulieren?
- wenn Sie wissen wollen, wie alt die Person wird?
- wenn Sie sich freuen?
- wenn jemand ein Examen bestanden hat?
- zu Neujahr?
- zu Weihnachten?

6 Was heißt Silvester auf Spanisch?

Sie finden die Lösung, wenn Sie die passenden Wörter in die Kästchen schreiben.

1. El hijo de mis padres es mi …
2. Si dos personas se casan, se celebra una …
3. El 24 de diciembre se llama …
4. Es lo mismo que ¡Felicidades!
5. Los niños juegan con …
6. El 25 de diciembre es el día de …
7. Tíos, primos, abuelos son …
8. Para tu cumpleaños te compré este …
9. Puedes regalar una … de bombones
10. Mi mamá es mi …

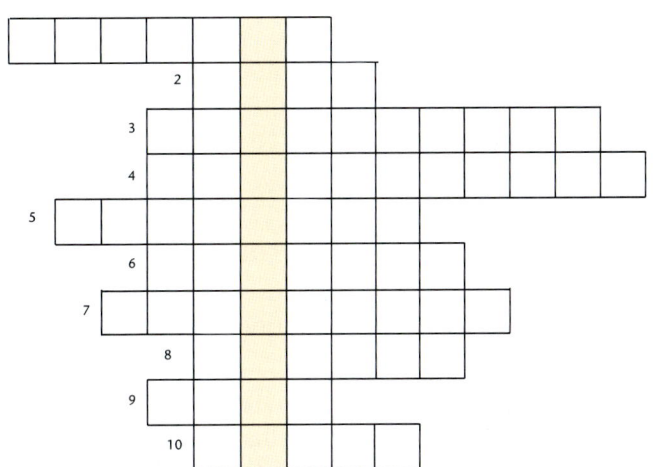

7 Aussprachetraining

Hören Sie und sprechen Sie nach.

¡Qué interesante! · ¡Qué bien! · ¡Qué frío! · ¡Qué va! · ¡Qué bonito!
¡Qué aburrido! · ¡Qué casa tan bonita! · ¡Qué caro!

Pepe es hermano de Pepa
y gusta fumar en pipa,
cuando viajó en la popa
a la Pepa con la pipa
le hizo pupa
y eso a Pepe le preocupa

DIARIO DE CLASE

Interessieren Sie Verwandschaftsbeziehungen? Dann schreiben Sie doch alle «Verwandschaftsrollen» auf, die Sie haben. Oder beschreiben Sie Ihre Familie.
Welche Verwandten haben Sie?
Was machen Ihre Familienmitglieder oder Ihre Freunde gerade? …

1 Was gehört zusammen?

Schreiben Sie die Wörter in die passende Rubrik.

ser	tener	llevar	estar
___	___	___	___
___	___	___	___
___	___	___	___

2 Wie sieht Fernando aus?

Celia hat einen Bruder, der fast genauso aussieht wie sie. Beschreiben Sie Fernando.

Celia es bastante alta y delgada. Es morena y tiene el pelo largo. Tiene los ojos castaños y es muy guapa.

Fernando es

_____

_____

3 Bilden Sie Vergleiche wie im Muster.

Juan, 120 kg / Alberto, 90 kg
Juan es más gordo que Alberto.

1. Carmen, 52 años / Carlos, 28 años   _____
2. Luis, 95 kg / Pedro, 76 kg   _____
3. María, 1,59 m / Paloma, 1,68 m   _____
4. Rosita, 18 años / Julia, 35 años   _____
5. Pepe, 1,82 m / Alfredo, 1,65 m   _____

4 Setzen Sie *gusta/n, parece/n* oder *cae/n* ein.

1. ▼ Y a ti, ¿qué te _____ el nuevo profesor?
   ◆ No me _____ nada. Me _____ demasiado serio.
2. ▼ A mí, Rosalía me _____ muy bien, es alegre y siempre cuenta cosas interesantes.
   ◆ A mí me _____ también.
3. ▼ Esos amigos de Luisa me _____ muy simpáticos.
   ◆ Sí, a mí también. Me _____ bien.
4. ▼ La novia de Alberto es muy guapa, ¿no?
   ◆ Guapa sí, pero me _____ un poco aburrida.
5. ▼ Señor Ruiz, ¿le _____ los nuevos vecinos?
   ◆ Son demasiado modernos y me _____ mal.

5 Wieviele Kombinationen sind möglich? Bilden Sie Sätze.

Paloma		durmiendo
Felipe	está	en la playa
Nosotras	estamos	cansadas
Mis padres	están	contento
		enfermos
		nerviosa

6 *Ser* oder *estar*?

Setzen Sie die passende Form ein.

1. ▼ ¿Cómo ____ tu nuevo compañero?
   ● ____ muy simpático.
2. ▼ ¿Por qué ____ nervioso?
   ● Tengo que ir en avión y me da miedo.
3. ▼ ¿Y cómo ____ tu madre?
   ● No muy bien. Duerme mal y siempre ____ cansada.
4. ▼ ¡Hola Luisa! ¿Qué tal el nuevo trabajo?
   ● ____ contenta. ____ bastante interesante y el horario ____ bueno.
5. ▼ Ayer conocí a los hermanos de Julia.
   ● Y, ¿cómo ____?
   ▼ ____ bastante aburridos.
6. ▼ ¿Por qué ____ tan enfadado?
   ● Otra vez tengo que trabajar el fin de semana …
7. ▼ ¡Hola Paco! ¿Cómo ____?
   ● Mmh, regular, ____ un poco enfermo.
8. ▼ ¿Por qué ____ triste?
   ● Porque mi novio no me escribe.

7 Wer spricht mit wem?

Verbinden Sie die Dialogteile.

1. Y, ¿qué tal es?
2. ¿Vienes a buscarme?
3. Mañana tengo el examen final.
4. La semana pasada estuve enfermo.

a. ¡Mucha suerte!
b. No está mal.
c. ¡Qué mala pata!
d. Sí, de acuerdo.

8 Aussprachetraining

Bei einigen der folgenden Wörter fehlen die Akzentzeichen. Hören Sie und ergänzen Sie, wo es nötig ist, die Akzente.

sincero · timido · inteligente · antipatico · divertido · abierto · simpatico

> Hombre pequeñito gasta poca capa
> el que poca capa gasta
> poca capa compra,
> yo que poca capa gasté
> poca capa compré.

DIARIO DE CLASE

Beschreiben Sie sich oder eine andere Person. Wie sehen Sie aus, wie sind Sie?
Wie müsste Ihr Idealmann / Ihre Idealfrau sein?
Wie geht es Ihnen? Beschreiben Sie Ihr momentanes Befinden ...

Repaso 11–13

1 Foto de la familia

Stellen Sie sich ein Foto vor mit vier Mitgliedern einer Familie. Finden Sie aufgrund der Informationen heraus, wer neben wem auf dem Foto zu „sehen" ist.

- El señor que está a la derecha de la foto tiene 36 años.
- El abuelo de José es muy divertido.
- La hermana de Ramón se llama Ana.
- La madre de José es muy abierta.
- Ana tiene 31 años.
- La persona más divertida es Pablo.
- El nieto de Pablo es el hijo de Ana.
- El sobrino de Ramón es una persona alegre.
- Uno de los señores de la foto tiene 65 años, el otro 36 y el más joven 7.
- El señor que está entre Ana y José es el padre de Ramón y de Ana.
- El señor que tiene 36 años se llama Ramón.
- El tío de José es bastante tradicional.
- Ana está a la izquierda de la foto.

Nombre	Ana			
Edad				36 años
Carácter				
Relación familiar				

2 Palabras, palabras

Wie können Personen aussehen? Schreiben Sie entsprechende Wörter in die Liste.

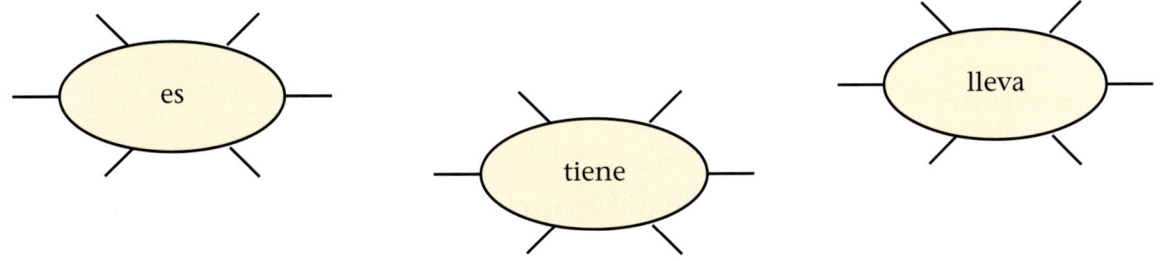

3 ¿Cómo se dice?

Verbinden Sie den spanischen Ausdruck mit der passenden deutschen Bedeutung.

1. Me parece bien.
2. ¡Qué suerte!
3. ¡Qué alegría!
4. No está mal.
5. De acuerdo.

a. Was für ein Glück!
b. Er/sie sieht nicht schlecht aus.
c. Was für eine Freude!
d. Es scheint in Ordnung zu sein.
e. Einverstanden.

Autoevaluación 11–13

Was können Sie schon? Schreiben Sie Fragen, Antworten oder Beispiele auf.

1 Ich kann über Lage, Größe, Ausstattung, Preis einer (Ferien-)Wohnung sprechen.

Lage: _____

Größe: _____

Ausstattung: _____

Preis: _____

2 Ich kann in einem Hotel nach einem Zimmer, der Ausstattung und dem Preis fragen und Fehler reklamieren.

¿ _____ ?

Perdón, _____ no funciona.

Perdón, falta(n) _____ .

3 Ich kann höflich um etwas bitten.

Quieres saber el precio: _____

4 Ich kann Ratschläge geben, sagen, was ich tun würde oder wie etwas sein könnte.

Yo en tu lugar _____ .

6 Ich kann über das Aussehen und Eigenschaften von Personen sprechen.

Beschreiben Sie sich selbst oder eine andere Person. Wie sehen Sie aus und wie sind Sie?

_____ .

7 Ich kann zu Feiertagen und Ereignissen gratulieren.

Geburtstag: ¡Feliz _____ !

Hochzeit: ¡Muchas _____ !

Beförderung: ¡_____ !

A

174

1 Ein tierisches Durcheinander …

Jeweils zwei Tiere sind durcheinander geraten. Wie heißen sie richtig?

garro	peto	_____	_____
ovebra	caja	_____	_____
varo	toca	_____	_____
cado	cerballo	_____	_____
gajaro	pállina	_____	_____

2 Der neue Kollege

Ordnen Sie den Dialog.

- Pero no estabas contento, ¿no?
- Y, ¿qué tal?
- ¿Qué hacías antes de trabajar en esta empresa?

▼ El trabajo me gustaba. Hablaba con mucha gente, los compañeros eran simpáticos, a veces podía viajar.
▼ No. Ganaba poco dinero y tenía que trabajar muchas más horas.
▼ Trabajaba en una agencia de turismo.

3 Alle Jahre wieder

Ergänzen Sie den Text mit den Formen der Verben im Imperfekt.

Todos los años mi familia y yo (pasar) _____ las vacaciones en un pequeño pueblo cerca de Málaga. (vivir) _____ en una casa en las afueras del pueblo. Desde allí (ver) _____ el mar. El pueblo (ser) _____ muy tranquilo. Nos (levantar) _____ bastante tarde y, después del desayuno (ir) _____ a la playa, (tomar) _____ el sol y (nadar) _____ en el mar. (comer) _____ en un restaurante en la playa y después (volver) _____ a casa. (dormir) _____ una siesta o (leer) _____ . Por las tardes (hacer) _____ excursiones. (cenar) _____ en casa. Por las noches (jugar) _____ a las cartas o (tocar) _____ la guitarra y (cantar) _____ . A nuestros padres les (gustar) _____ pasar las vacaciones así, pero para nosotros (ser) _____ bastante aburrido.

4 Schreiben Sie Sätze wie im Beispiel.

Todos los domingos/cenar en un restaurante.
Todos los domingos cenaba en un restaurante.

1. Normalmente/ir en bicicleta a la oficina
2. Antes/tocar el piano
3. Nunca/fumar
4. Antes/ser vegetariano
5. Cuando era joven/salir mucho
6. Siempre/hacer deporte
7. Todos los días/ver a los amigos
8. Cuando era niño/tener un perro

5 Ergänzen Sie das Schema mit den fehlenden Formen der Verben im Imperfekt.

	yo	tú	él, ella usted	nosotros /-as	vosotros /-as	ellos/-as ustedes
tomar		tomabas				
tener			tenía			
escribir	escribía				escribíais	
ser		eras				
ver				veíamos		
ir	iba		iba			iban

6 Welche Sätze gehören zusammen?

Ordnen Sie zu und ergänzen Sie die passende Zeitform der Verben in Klammern.

1. Pedro siempre llegaba puntual.
2. Mi abuela nunca tomaba alcohol.
3. Mis padres siempre se quedaban en Madrid en las vacaciones.
4. Todos los años íbamos al pueblo.
5. Siempre hacía camping.

a. Pero en 1994 (quedarse) _____ en Madrid.
b. Un día (llegar) _____ tarde.
c. Pero en la boda de mi hermano (beber) _____ champán.
d. Pero aquel año (estar) _____ en un hotel.
e. Aquel año (hacer) _____ un viaje.

7 Studentenleben

Unterstreichen Sie im folgenden Text die Verbformen und schreiben Sie sie dann in die entsprechende Spalte der Liste.

Cuando era estudiante vivía con unos compañeros en un piso en el centro. El piso no era grande y no teníamos salón, pero nos reuníamos en la cocina. Allí comíamos, discutíamos … Cuando Ricardo terminó sus estudios y dejó su habitación, yo recomendé (empfehlen) a Ernesto. Le conocía de la universidad y me parecía simpático. Cuando Ernesto llegó al piso, todo cambió: había un plan para limpiar, un plan para cocinar, no podíamos fumar …

Beschreibungen, wiederholte Handlungen	Einmalige Handlungen

8 Aussprachetraining

Hören Sie und sprechen Sie nach.

> Alfredo fríe fresas frescas.
> Las fresas frescas que freía Alfredo no estaban frescas.

¿Qué vas a hacer?
Alicia habla con Miguel.

Éste es un regalo para Alberto.
Entre el hotel y la agencia hay un banco.

DIARIO DE CLASE

Wie war Ihr Leben früher? Welche Gewohnheiten hatten Sie, an welche besonderen Begebenheiten erinnern Sie sich? …

1 Buchstabensuppe

Finden Sie die spanischen Wörter für diese Körperteile?

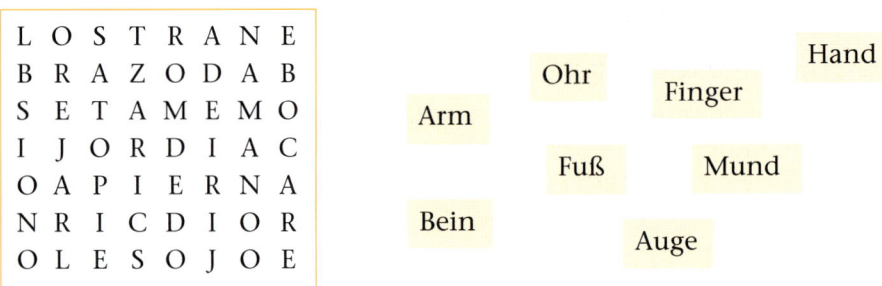

2 Du oder Sie?

Kreuzen Sie das Zutreffende an.

	tú	usted
1. ¡Duerme mucho!	☐	☐
2. ¡Tome estas pastillas!	☐	☐
3. ¡Descansa!	☐	☐
4. ¡Beba mucho!	☐	☐
5. ¡Coma verduras!	☐	☐
6. ¡Trabaja menos!	☐	☐
7. ¡Métete en la cama!	☐	☐

3 Verpflichtungen

Wandeln Sie die Sätze in Ratschläge oder Aufforderungen um.

Schreiben Sie sie auch in der Usted-Form.

1. Tienes que quedarte en cama.
2. Tienes que beber leche caliente.
3. Tienes que llamar al médico.
4. Tienes que comer comida ligera.
5. Tienes que dormir una siesta.
6. Tienes que comprar pastillas.

1. _____
2. _____
3. _____
4. _____
5. _____
6. _____

4 Ergänzen Sie die Sätze mit den passenden Formen des Imperativs.

1. Si estás resfriado, ¡no (fumar) _____ !
2. Si tienes dolor de muelas, ¡no (comer) _____ bombones!
3. Si estás enfermo, ¡no te (acostar) _____ tarde!
4. Si estás cansado, ¡no (trabajar) _____ tanto!
5. Si quieres ir en coche, ¡no (tomar) _____ alcohol!
6. Si tienes dolor de estómago, ¡no (beber) _____ café!

5 Ruf mich heute an!

Beantworten Sie die Fragen wie im Beispiel. Ändern Sie, wenn es nötig ist, die Pronomen.

▼ ¿Te llamo hoy o mañana? ◆ *¡Llámame hoy!*

1. ▼ ¿Me quedo en casa o salgo? ◆ ¡_____ en casa!
2. ▼ ¿Le regalo bombones o flores? ◆ ¡_____ flores!
3. ▼ ¿Te espero en el bar o en casa? ◆ ¡_____ en el bar!
4. ▼ ¿Le escribo una carta o una postal? ◆ ¡_____ una postal!
5. ▼ ¿Me meto en la cama o trabajo? ◆ ¡_____ en la cama!
6. ▼ ¿Me levanto a las 6 o a las 8? ◆ ¡_____ a las 8!

6 Eine Notiz für den kranken Sohn.

Maite muss für einige Tage verreisen. Da ihr Sohn krank ist, schreibt sie ihm auf einen Zettel, was er beachten soll. Ergänzen Sie die Verben in der Imperativ-Form.

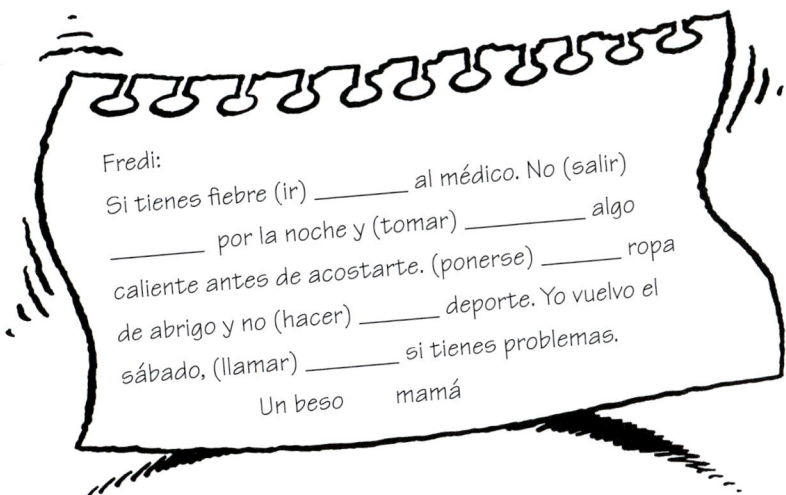

Fredi:
Si tienes fiebre (ir) _____ al médico. No (salir) _____ por la noche y (tomar) _____ algo caliente antes de acostarte. (ponerse) _____ ropa de abrigo y no (hacer) _____ deporte. Yo vuelvo el sábado, (llamar) _____ si tienes problemas.
Un beso   mamá

7 Widersprüchliches

Verneinen Sie die Aufforderungen wie im Beispiel; achten Sie dabei auf die Stellung der Pronomen.

▼ La palabra, ¡dila! ◆ La palabra, ¡*no la digas*!

1. ▼ Los ejercicios, ¡hazlos! ◆ ¡ _____ !
2. ▼ La lección, ¡repítela! ◆ ¡ _____ !
3. ▼ El texto, ¡escríbelo! ◆ ¡ _____ !
4. ▼ Los acentos, ¡ponlos! ◆ ¡ _____ !
5. ▼ El libro, ¡ábrelo! ◆ ¡ _____ !

8 Was gehört zusammen?

Verbinden Sie die Satzteile.

¡No tengas   deporte!
¡Ven   del agua!
¡Vaya   miedo!
¡Haga   aquí!
¡Sal   al médico!

9 Aussprachetraining

Hören Sie und sprechen Sie nach.

¡Levántate! · ¡Métase en la cama! · ¡Llámame! · ¡Escríbele!

¡Quédese en el campo! · ¡Espérame en la oficina!

> El amor es una locura
> que sólo el cura la cura
> y cuando el cura la cura
> comete una gran locura

DIARIO DE CLASE

Schreiben Sie, was Sie bei welchen Krankheiten empfehlen. Was machen Sie selbst, wenn Sie krank sind? Leiden Sie an einer Allergie? Was machen Sie, um die Umwelt zu schonen?

Repaso 14–15

1 Antes …

Hier ist ein kleiner Text über einen Wochenmarkt. So idyllisch geht es heute ja gar nicht mehr zu. Schreiben Sie den Text im *imperfecto*.

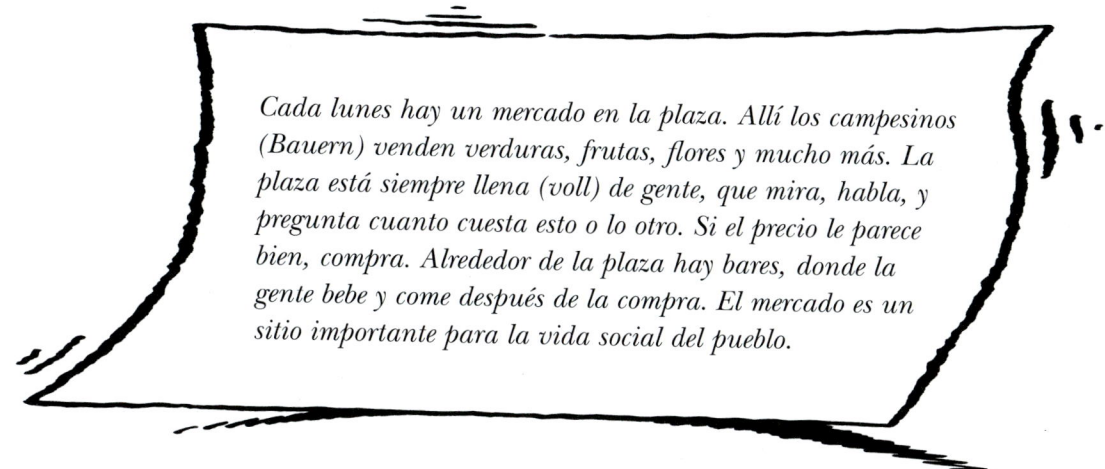

Cada lunes hay un mercado en la plaza. Allí los campesinos (Bauern) venden verduras, frutas, flores y mucho más. La plaza está siempre llena (voll) de gente, que mira, habla, y pregunta cuanto cuesta esto o lo otro. Si el precio le parece bien, compra. Alrededor de la plaza hay bares, donde la gente bebe y come después de la compra. El mercado es un sitio importante para la vida social del pueblo.

2 Palabras, palabras

Was fällt Ihnen zum Thema „en el campo" ein? Schreiben Sie in die Listen.

¿Qué hay?   ¿Qué se puede hacer?   ¿Cómo es?

_____   _____   _____
_____   _____   _____
_____   _____   _____
_____   _____   _____

3 ¿Cómo se dice?

Verbinden Sie den spanischen Ausdruck mit der passenden deutschen Bedeutung.

1. ¿Qué le pasa?   a. früher war es besser …
2. ¡Qué envidia!   b. Wie kommt das?
3. antes era mejor …   c. Ich fühle mich schlecht.
4. Me encuentro mal.   d. Was haben Sie?/Was fehlt Ihnen?
5. ¿Cómo es eso?   e. Wie ich dich beneide!

Autoevaluación 14–15

Was können Sie schon? Schreiben Sie Fragen, Antworten oder Beispiele auf.

1 Ich kann darüber sprechen, wie es früher war.

Cuando era niño/a _____ .

2 Ich kann vergleichen, wie es war und wie es ist.

Antes _____, hoy _____ .

3 Ich kann über besondere Ereignisse in der Vergangenheit sprechen.

Cuando _____ .
Normalmente _____, pero un día _____
_____ .

4 Ich kann über den Gesundheitszustand und Krankheitssymptome sprechen.

¿Qué le _____?
¿Dónde le _____?
¿Tiene _____?
Tengo dolor de _____ .
Tengo _____ .
No me _____ bien.

5 Ich kann Ratschläge zur Gesundheit und zum Wohlbefinden geben.

¡ _____ !
¡No _____ !

6 Ich kann über Umweltprobleme sprechen und Vorschläge zum Umweltschutz machen.

Beispiel für ein Umweltproblem: _____
Vorschlag zum Umweltschutz: _____

1 Welches Wort passt?

estado · tenido · vuelto · visto · hecho · ido · pasado · viajado · dado · orientado

1. ▼ Y tú, ¿cómo has _____ las vacaciones?
   ◆ He _____ en Francia.
2. ▼ Y usted, ¿ya se ha _____ un poco?
   ◆ Sí, esta mañana he _____ un paseo por la ciudad.
3. ▼ ¿Habéis _____ a Cusco alguna vez?
   ◆ No, hasta ahora no. Todavía no hemos _____ a Latinoamérica.
4. ▼ Dime, ¿Pedro y Juana ya han _____ ?
   ◆ Sí, les he _____ esta mañana.
5. ▼ Señora López, ¿ha _____ un crucero alguna vez?
   ◆ No, hasta ahora no. Todavía no he _____ la oportunidad (Gelegenheit).

2 Ergänzen Sie die fehlenden Formen von *haber*.

1. ● Y tú, ¿qué ____ hecho esta tarde?
   ■ Yo ____ visto la televisión.
   ● ¿Y Susana?
   ■ Susana ____ escuchado música.
2. ● Y vosotros, ¿qué ____ hecho?
   ■ Pilar y yo ____ montado en bicicleta, y Pablo y Ramón se ____ quedado en casa.

3 Ein Urlaubstag

Beim Abendessen erzählt Fernando von seinem Tag. Was hat er gemacht?

7 h	levantarse
9 h	ver la catedral
10 h	visitar el museo
12 h	hacer compras
14 h	comer
16 h	ir a la playa
19 h	volver al hotel

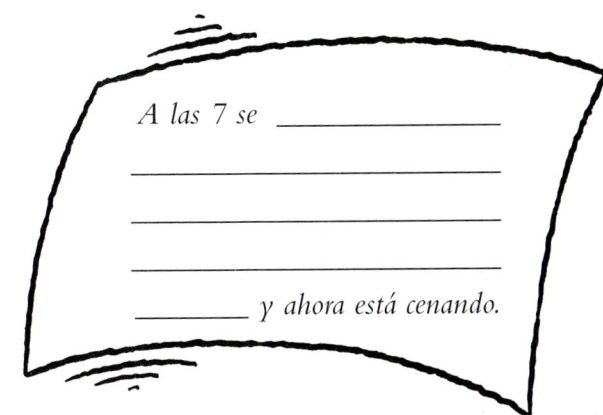

A las 7 se _____
_____
_____
_____
_____ y ahora está cenando.

4 Übersetzen Sie die Zeitangaben.

1. ▼ Y tú, ¿qué has hecho (in letzter Zeit) _____ ?
   ● Pues he trabajado mucho, pero (diese Woche) _____ me he quedado en casa para descansar.
2. ▼ Oye, ¿Susana ha vuelto (schon) _____ de las vacaciones? (noch nicht) _____ la he visto.
   ● Sí, volvió el domingo, pero (bis jetzt) _____ no ha tenido tiempo para nada. Nosotras nos hemos visto (heute morgen) _____ .
3. ▼ ¿Vosotros habéis hecho (irgendwann) _____ montañismo?
   ● Nosotros (nie) _____ lo hemos hecho, pero si quieres informaciones puedes preguntar a Carmen y Luis, ellos han ido a los Pirineos (dieses Jahr) _____ .

5 Wortfelder

Ordnen Sie die Wörter den Oberbegriffen zu.

saco de dormir · surf · raqueta de tenis · tienda · buceo · gafas de sol · crucero · guía de viaje · cámara · camping gas · vela · linterna

6 Ergänzen Sie die Sätze mit el mío/la mía/el tuyo ...

1. ◆ ¿Cómo te quedan tus botas nuevas? A mí, _____ no me quedan bien. Son muy incómodas.
2. ◆ He perdido mis gafas de sol. ¿Las has visto?
   ◆ Aquí en la mesa hay varias. ¿Cuáles son _____?
3. ◆ ¿Dónde está mi bolso?
   ◆ _____ está aquí, pero _____ no lo he visto.

7 Bei der Polizei

Ordnen Sie den Dialog.

◆ En la entrada del metro. El chico venía corriendo … lo típico, el tirón …

◆ Vengo a hacer una denuncia.

◆ Un chico me ha robado el bolso, con bastante dinero y la documentación: el carnet de identidad, el carnet de conducir, las tarjetas de crédito …

▼ ¿Y dónde ha sido?

▼ ¿Qué le ha pasado?

▼ Bueno, pues rellene este impreso.

8 Aussprachetraining

> Me han dicho que has dicho
> un dicho que he dicho yo;
> ese dicho que te han dicho
> que dicen que he dicho
> ese dicho no lo he dicho yo.

extranjero · cámara · linterna · información · vacaciones · anorak · hotel · turística · autostop

Welche Silbe wird betont? Hören Sie und schreiben Sie die Wörter in die entsprechende Spalte.

letzte Silbe	zweitletzte Silbe	drittletzte Silbe
_____	_____	_____
_____	_____	_____
_____	_____	_____

DIARIO DE CLASE

Welche Länder, Städte und Sehenswürdigkeiten haben Sie schon besucht? Was haben Sie noch nie in den Ferien gemacht? Welche Dinge nehmen Sie auf einer Reise mit? …

1 Eine Biografie

Dies sind einige Daten aus dem Leben von Rosana.
Schreiben Sie ihre Biografie aus ihrer Sicht, also in der Ich-Form.

1965	nacer	1985	hacer prácticas en un banco
1971	empezar la escuela	1986	empezar a trabajar en una empresa francesa
1974	estar en el hospital		
1979	ir a la universidad	1988	casarse
1984	terminar los estudios		

2 Schreiben Sie die Sätze im Indefinido.

1. Esta semana Carmela ha vuelto de viaje y ha tenido mucho trabajo en la oficina. No ha podido visitar a su familia.
   La semana pasada Carmela …

2. Hoy he dormido muy mal y me he levantado muy cansada. Por la mañana he tenido una reunión muy importante y ha salido mal.
   Ayer …

3. Este año hemos ahorrado todo el año y por fin hemos ido todos de vacaciones a un hotel. Nos ha gustado mucho y hemos vuelto muy contentos.
   El año pasado …

3 Welche Form der Vergangenheit ist erforderlich?

Bilden Sie mit den Satzanfängen je 4 Sätze.

Cuando iba a la escuela	levantarse temprano tener un accidente jugar al fútbol hacer una excursión a París
Cuando tenía 18 años	vivir con la familia fumar mucho comprar una guitarra terminar el bachillerato (Abitur)
Cuando trabajaba en el restaurante	ganar poco dinero conocer a Pedro siempre estar cansado dejar de fumar

4 Ergänzen Sie die Verben in der entsprechenden Zeitform (Perfecto, Indefinido oder Imperfecto).

1. ▼ ¿Qué (hacer) _____ todos estos años?
   ◆ Hace 5 años (mudarse) _____ a Gijón y (casarse) _____ . Antes (vivir) _____ en Oviedo.
2. ▼ ¿(ver) _____ a Juan últimamente?
   ◆ Sí, lo (ver) _____ anteayer.
3. ▼ Y antes, ¿dónde (trabajar) _____ ?
   ◆ En una fábrica. Pero lo (dejar) _____ hace tres meses.
4. ▼ ¿(estar) _____ en paro alguna vez?
   ◆ Sí, cuando (terminar) _____ la universidad no (poder) _____ encontrar trabajo.

5 Schreiben Sie den Text in der Vergangenheit (Indefinido oder Imperfecto).

Se levanta y va a la cocina. Prepara el café No hay pan. Entra en el cuarto de baño. Se pone los pantalones y la camisa. Toma el bolso que está en el armario. Sale de casa y va a la panadería que está enfrente. Compra pan y leche y vuelve a casa. El café ya está listo (fertig) y empieza a desayunar. Cuando termina ya son las ocho y media y tiene que irse.

6 *Desde, desde hace* oder *hace*?

Trabajo en esta empresa _____ 10 años. _____ 8 años empecé a trabajar en la sección B y _____ mayo del año pasado soy el director. _____ un año fuimos a Londres para contactar (Kontakt aufnehmen) con otras empresas y tuve problemas con el inglés. _____ 4 meses voy a clases de inglés.

7 Was sagen Sie

- wenn Sie sich sehr freuen?
- wenn Sie jemanden lange nicht gesehen haben?
- wenn Sie wissen wollen, wie es jemandem ergangen ist?
- wenn Sie ein Missgeschick kommentieren?

¡Cuánto tiempo sin verte!
¡Qué mala suerte!   ¿Qué es de tu vida?
¡Cuánto me alegro!

8 Wie sagt man auf Spanisch?

Ich bin in … geboren.   _____

Als ich in die Schule kam …   _____

Als ich 16 war …   _____

Früher habe ich viel gelesen.   _____

Meine Eltern heirateten nach dem Krieg.   _____

Im letzten Jahr bin ich umgezogen.   _____

9 Aussprachetraining

Bei einigen Wörtern fehlen die Akzentzeichen. Hören Sie und ergänzen Sie sie, wo es nötig ist.

> Pilar Garcia nacio en Jaen (Andalucia). Despues de la guerra empezo a trabajar en una fabrica. En 1960 se fue a Peru. Alli trabajo en un hospital. Ahora esta jubilada.

DIARIO DE CLASE

Schreiben Sie einen Lebenslauf oder eine kleine Biografie von sich selbst oder einer anderen Person. Was waren besondere Ereignisse? Was hat sich (in den letzten Jahren) nicht verändert?

1 Was bleibt übrig?

Schreiben Sie die passenden Wörter in die Kästchen. Welche Wörter passen nicht?

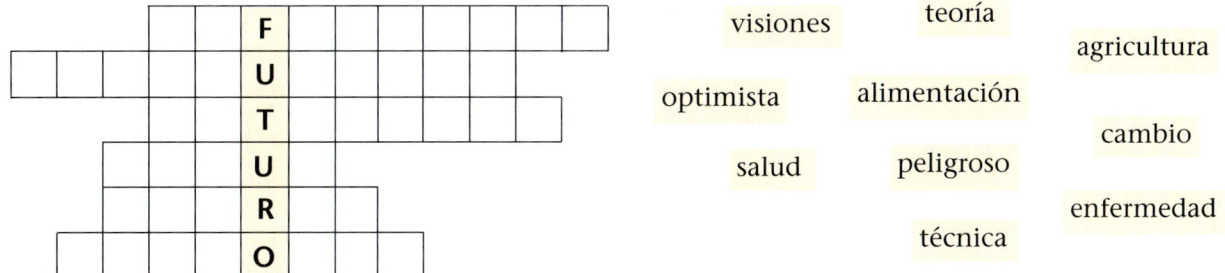

visiones   teoría   agricultura
optimista   alimentación   cambio
salud   peligroso   enfermedad
técnica

2 Eine Zeitungsnotiz

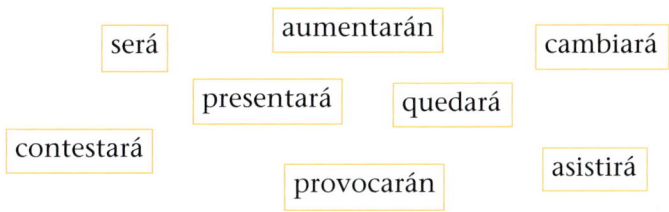

La semana que viene el escritor José María Torres _____ su nuevo libro sobre su visión del futuro en Granada. Escribe que el clima _____ y el sol _____ más peligroso. Las enfermedades de la piel _____ y las nuevas técnicas de alimentación _____ enfermedades congénitas. El escritor se _____ dos días en la ciudad. _____ al congreso «Nuevas Tecnologías» organizado por la universidad.

3 Veränderungen

Setzen Sie die Verben im Futur ein.

El año que viene

- Pedro (estar) _____ jubilado.
- mis amigos se (mudar) _____ a Murcia.
- vosotros (construir) _____ una casa.
- yo (leer) _____ mi primer libro en español.
- Sara y Luis se (casar) _____ .
- tú (asistir) _____ a un curso de informática.
- nosotros (viajar) _____ a México.

4 Ergänzen Sie das Schema mit den Formen des Futur.

	yo	tú	él, ella usted	nosotros /-as	vosotros /-as	ellos/-as ustedes
cambiar				cambiaremos		
ser					seréis	
escribir			escribirá			
tener						
decir						

5 Wie heißt der Infinitiv?

1. ¿Qué *harás* tú? _____
2. *Tendré* que aprender inglés. _____
3. La semana que viene *saldremos* mucho. _____
4. Después del curso *sabréis* más. _____
5. Mañana *podrán* dar más informaciones. _____
6. ¿Qué *dirá* Federico en la entrevista? _____

6 Wahrsager

Stellen Sie sich vor, Sie gehen zu einem Wahrsager/einer Wahrsagerin. Hier sind einige Stichworte für eine Voraussage. Formulieren Sie diese.

muy pronto	tener	en tu ciudad
dentro de un año	conocer	buena salud
en el futuro	ganar	con una buena amiga
la próxima semana	salir	a un hombre/una mujer interesante
	quedarse	mucho dinero
	hacer	contento/-a con tu trabajo
	estar	un viaje

7 Aussprachetraining

Si Pancha Plancha
plancha con cuatro planchas
¿con cuántas planchas plancha
Pancha Plancha?

El guitarrero en la guitarrería
dijo al guitarrista:
Guitarrista, ¿qué guitarra
quieres de la guitarrería?

Dijo un jaque de Jerez
con su fajo y traje majo:
Yo al más guapo el juego atajo
que soy jaque de ajedrez.

Se me traba la lengua
la lengua se me traba
se me traba la lengua
la lengua se me traba.

César deshace la cesta
que ase sin cesar.

Ahí hay un niño que dice
'ay'.

DIARIO DE CLASE

Wie sieht für Sie die Zukunft aus? Sind Sie optimistisch oder sehen Sie eher schwarz?

Was werden Sie jetzt machen? Werden Sie Spanisch weiterlernen? Werden Sie in spanischsprachige Länder reisen?

Wie hat Ihnen der Kurs gefallen? Was war gut, was war nicht so gut?
Wir sind an Ihrer Meinung interessiert. Schreiben Sie uns.
Hier ist unsere Adresse:

Max Hueber Verlag
«MIRADA»
Postfach 1142
85729 Ismaning

Repaso 16–18

1 Al teléfono

Welche Form der Vergangenheit ist erforderlich? Unterstreichen Sie die richtige Form.

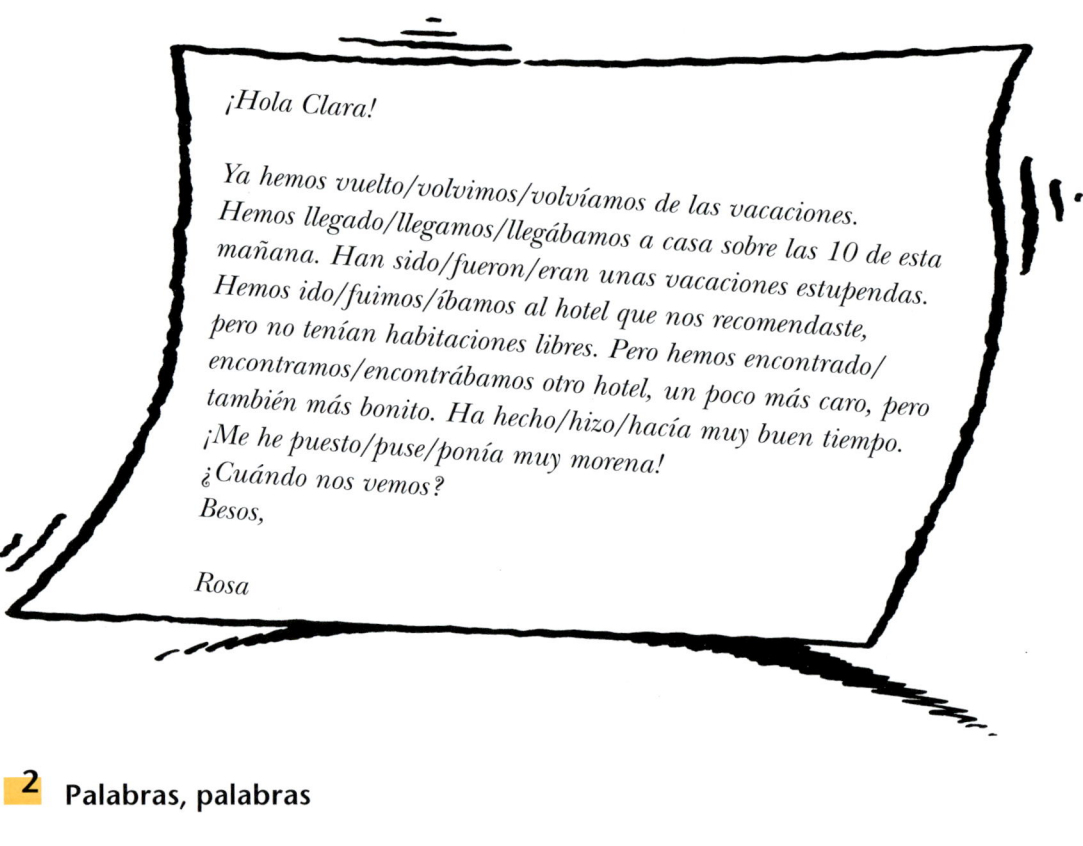

¡Hola Clara!

Ya hemos vuelto/volvimos/volvíamos de las vacaciones. Hemos llegado/llegamos/llegábamos a casa sobre las 10 de esta mañana. Han sido/fueron/eran unas vacaciones estupendas. Hemos ido/fuimos/íbamos al hotel que nos recomendaste, pero no tenían habitaciones libres. Pero hemos encontrado/encontramos/encontrábamos otro hotel, un poco más caro, pero también más bonito. Ha hecho/hizo/hacía muy buen tiempo. ¡Me he puesto/puse/ponía muy morena! ¿Cuándo nos vemos?
Besos,

Rosa

2 Palabras, palabras

Welche Wörter assoziieren Sie mit diesen Farben?

- amarillo
- rojo
- azul
- verde

3 ¿Cómo se dice?

Verbinden Sie den spanischen Ausdruck mit der passenden deutschen Bedeutung.

1. ¿Cuántos días llevas aquí?
2. No es recomendable.
3. ¡Cuánto tiempo sin verte!
4. ¿Qué es de tu vida?
5. ¡Cuánto me alegro!

a. Wie ich mich freue!
b. Wie lange haben wir uns nicht gesehen!
c. Wie ist es dir ergangen?
d. Das ist nicht empfehlenswert.
e. Wie viele Tage bist du schon hier?

Autoevaluación 16–18

Was können Sie schon? Schreiben Sie Fragen, Antworten oder Beispiele auf.

1 Ich kann über das, was man bereits gemacht oder nicht gemacht hat, sprechen.

¿Has _____ alguna vez?

● No, _____ .

▲ Sí, _____ .

2 Ich kann über biografische Ereignisse sprechen.

Schreiben Sie ein paar Sätze zu Ihrer Biographie.

_____

_____

_____ .

3 Ich kann über vergangene Ereignisse und Umstände sprechen.

Schreiben Sie ein paar Sätze als Antwort auf die Frage.

● ¿Qué has hecho todos estos años?

_____

_____ .

4 Ich kann über zukünftige Ereignisse sprechen.

● La semana que viene _____ .

● El año que viene _____ .

● En dos años _____ .

5 Ich kann Vermutungen und Meinungen in Bezug auf die Zukunft äußern.

En el futuro _____

_____

_____ .

Test

Hier finden Sie einige Testaufgaben, die dem Kenntnisstand Niveaustufe A2 entsprechen.

1 Expresión escrita

Una carta

Has estado en una fiesta de un amigo español. Escríbele una carta para darle las gracias. Aquí tienes algunas ideas sobre lo que podrías escribir. Usa tres de ellas.
Empieza y termina la carta de forma corriente.

1. Dale las gracias y pregunta por su salud.
2. Habla de la fiesta, cómo fue y cuánto te gustó.
3. Cuenta algo de lo que hiciste en la fiesta.
4. Cuenta algo de las personas que conociste.
5. Pregunta por la dirección de una de las personas (quieres escribirle).
6. Habla de lo que piensas hacer para ver a tu amigo otra vez.

2 Comprensión lectora

Lee los textos y marca la afirmación correcta.

1 ¡Gracias por tu invitación! Claro que iremos Manolo y yo a tu fiesta. Isabel no podrá ir porque tiene que trabajar al día siguiente. ¡Hasta el viernes! Begoña

La nota dice que:
a. Isabel tiene que trabajar el viernes.
b. Dos personas sí aceptan la invitación.
c. No podrán ir a la fiesta porque tienen que trabajar.

2 ¡Hola, cariño! A las cuatro tienes que recoger a Rosa de la escuela. Ya te estará esperando al lado de la puerta. Su clase de baile es de las cuatro y media a las cinco y media. No te olvides de llevarle sus zapatos. Yo regresaré a las siete. ¡Besitos!

La nota dice que:
a. Rosa olvidará sus zapatos.
b. Rosa irá a la clase de baile después de la escuela.
c. Miriam volverá antes de la clase de baile.

3 Si quieres reducir tu peso sin cambiar tus hábitos de alimentación, prueba el nuevo adelgazante <Quitakilos>. Te garantizamos unos cinco kilitos menos después de sólo quince días, sin hambre, sin esfuerzo. ¡Pruébalo! ¡Tú te lo mereces!

El anuncio te recomienda:
a. Cambiar tus hábitos de comida.
b. Perder peso con un nuevo producto.
c. Perder quince kilos sin hambre.

4 ¡Atención!
Aviso a los conductores: conduzca con precaución y mantenga siempre la distancia de seguridad. Riesgo de niebla.

Avisan a los automovilistas:
a. de que existe una distancia de seguridad.
b. de que hay niebla en la carretera.
c. de la necesidad de conducir con cuidado.

Autoevaluación A2

Hier können Sie überprüfen, ob Sie das Niveau A 2 des „Gemeinsamen Europäischen Referenzrahmens" erreicht haben.

Hörverständnis
- Ich kann die Beschreibung einer Wohnung verstehen.
- Ich kann eine Unterhaltung über Alltagsthemen (z.B. Aktivitäten, Essgewohnheiten, Familie) verstehen.
- Ich kann Fragen zu Krankheitssymptomen verstehen.
- Ich kann Beschreibungen darüber, wie es früher war, und Schilderungen von Ereignissen im Leben einer Person verstehen.
- Ich kann Vermutungen über die Zukunft verstehen.

Leseverständnis
- Ich kann einen privaten Brief verstehen.
- Ich kann einfache Texte und Geschichten über das Leben und die Erinnerungen von Personen verstehen.
- Ich kann wesentliche Informationen in einer Wohnungs- und Stellenanzeige oder in einem kurzen Zeitungsartikel verstehen.
- Ich kann einen Lebenslauf lesen.
- Ich kann einfache Texte über Umwelt- und Gesundheitsprobleme und über geschichtliche Ereignisse verstehen.

Sprechen
- Ich kann mich über Lage, Größe und Ausstattung einer Wohnung unterhalten, ein Hotelzimmer buchen und reklamieren.
- Ich kann Personen, Gegenstände und Wohnungen beschreiben
- Ich kann mich über Eigenschaften, Aussehen und Zustände von Personen unterhalten.
- Ich kann an Gesprächen über alltägliche Themen teilnehmen.
- Ich kann einfache Gespräche über biografische Ereignisse, Kindheitserinnerungen, vergangene Ereignisse und Umstände führen.
- Ich kann zu Fest- oder Feiertagen und Ereignissen gratulieren und auf eine Gratulation reagieren.
- Ich kann jermanden bedauern und mein Mitgefühl ausdrücken.
- Ich kann Ratschläge geben und Vorschläge machen z.B. zum Wohlbefinden, bei Problemen oder Unsicherheiten.
- Ich kann mich über zukünftige Ereignisse unterhalten und Vermutungen und Meinungen in Bezug auf die Zukunft äußern.

Schreiben
- Ich kann eine/n Glückwunschkarte/-brief schreiben.
- Ich kann einen einfachen Brief/Text über alltägliche Themen und Vorkommnisse schreiben.
- Ich kann einen Bewerbungsbrief schreiben.
- Ich kann einen tabellarischen Lebenslauf verfassen.

✓✓ = Das kann ich mühelos. ✓ = Das kann ich. ? = Das muss ich noch üben.

Grammatik

Auf den folgenden Seiten finden Sie eine systematische Übersicht über die wichtigsten Formen und Regeln der spanischen Sprache. Zuerst geben wir Ihnen eine Übersicht über die Ausspracheregeln des Spanischen und das Alphabet. Dann wird für jede Lektion der neue grammatische Lernstoff in Tabellen, Übersichten und mit Erklärungen ausführlich dargestellt. Sie können diese Übersicht benutzen, um das Gelernte weiter zu vertiefen, um sich Regeln einzuprägen oder wenn Sie etwas nachschlagen möchten.

Aussprache

Buchstabe	Aussprache	Beispiel
c (+e/i)	[θ] gelispeltes *s*, wie im Englischen *think*	**c**ena, **c**inco
c (+ a/o/u)	[k] *Kante*	**c**asa, **c**opa, **C**uba
ch	[tsch] *Tschechien*	**Ch**ile
g (+ e/i)	[ch] *Rachen*	**g**ente, **G**ibraltar
g (+ a/o/u)	[g] *Gas*	**g**as, **g**ordo, **g**usto
g (+ ue/ui)	[g] *Gas*	**g**uerra, **g**uía
h	nicht gesprochen	**h**ola
j	[ch] *Rachen*	**J**osé, **J**uan
ll	[j] *jung*	Ma**ll**orca
ñ	[nj] *Cognac*	ni**ñ**o
qu	[k] *Kilo*	**q**ué
r (zw. Vokalen)	[r] ‹gerollt›	ce**r**o
r (am Wortanf.)	[rr] ‹stark gerollt›	**r**egalo
rr	[rr] ‹stark gerollt›	pe**rr**o
s	[s] *Fass*	**s**eñor
v (am Wortanf.)	[b] *bunt*	**v**aso
v (i.d. Wortmitte)	[ß] zwischen *b* und *v*	in**v**ierno
x (+ a,e,i,o,u)	[gs|ks] *Taxi*	ta**x**i
x (+ Kons.)	[s] *Fass*	E**x**tremadura
Ausnahme	[ch] nur bei	Mé**x**ico
y	[j] *Jo-Jo*	**y**o, ma**y**o
-y	[i] *Magie*	so**y**
z	[θ] gelispeltes *s*, wie im Englischen *think*	**z**umo, Fernánde**z**

Wie die Sprachen in allen Ländern wird auch das Spanische nicht überall gleich (aus)gesprochen. Es gibt Varianten innerhalb Spaniens und in Lateinamerika. So zum Beispiel bei der Aussprache von **c + e / i** bzw. **z**:
Auf den Kanarischen Inseln, in Andalusien und in Lateinamerika wird statt des [θ] ein scharfes «s» gesprochen.

Wortbetonung und Akzent

1. Wörter, die auf einen Vokal (*a,e,i,o,u*) oder auf *-n* oder *-s* enden, werden auf der zweitletzten Silbe betont:
   alem**a**na, g**e**nte, P**e**dro, ll**a**man, c**a**sas

2. Wörter, die auf einen Konsonanten (außer *n* und *s*) enden, werden auf der letzten Silbe betont:
   señ**o**r, ust**e**d, españ**o**l

3. Alle Ausnahmen dieser Regeln werden durch ein Akzentzeichen (´) gekennzeichnet:
   alem**á**n, raci**ó**n, adi**ó**s, M**á**laga, n**ú**mero

Wenn Endungen angefügt werden, verändert sich die Schreibweise (mit oder ohne Akzent), um die Wortbetonung zu erhalten.
Akzent entfällt: alem**á**n – alem**a**na, raci**ó**n – raci**o**nes
Akzent wird hinzugefügt: ¡cu**e**nta! (erzähl!) – ¡cu**é**ntame! (erzähl mir!)

Diphthonge

Nur die Verbindungen von *i* oder *u* mit einem anderen Vokal sind im Spanischen Diphthonge, die als Doppellaut ausgesprochen werden und die nicht getrennt werden (Beispiel: *far-ma-cia*). Steht ein Akzent über i oder u, handelt es sich nicht mehr um einen Diphthong, die Buchstabenkombinationen werden getrennt und auch zweisilbig gesprochen (Beispiel: *Ma-rí-a, dí-a*).

Alphabet

a [a]	e [e]	j [xota]	n [ene]	r [ere]	v [ube]
b [be]°	f [efe]	k [ka]	ñ [enje]	rr [erre]	w [ube doble]
c [θe]	g [xe]	l [ele]	o [o]	s [ese]	x [ekis]
ch [tʃe]*	h [atʃe]	ll [elje]*	p [pe]	t [te]	y [i griega]
d [de]	i [i]	m [eme]	q [ku]	u [u]	z [zeta]

* Dies ist die traditionelle Zuordnung; seit 1994 keine eigenständigen Buchstaben mehr.
° in Lateinamerika: be larga

á = a con acento
B = be mayúscula
b = be minúscula

Lección 1

1. Die Subjektpronomen (wer?)

yo	ich
tú	du
él	er
ella	sie
usted	Sie (Höflichkeitsform)
nosotros	wir (maskulin)
nosotras	wir (feminin)
vosotros	ihr (maskulin)
vosotras	ihr (feminin)
ellos	sie (maskulin)
ellas	sie (feminin)
ustedes	Sie (Höflichkeitsform)

Bei den Pluralformen wird zwischen maskulinen und femininen Formen unterschieden. Werden maskuline und feminine Substantive zusammen genannt, wird die maskuline Form benutzt.
▷ (zwei) Männer = **ellos**
▷ (zwei) Frauen = **ellas**
▷ ein Mann und eine Frau = **ellos**

Die höfliche Anrede für eine Einzelperson ist **usted**, für mehrere **ustedes**. In geschriebenen Texten werden beide Formen meist mit **Vd./Ud.** und **Vds./Uds.** abgekürzt.
In Lateinamerika wird **ustedes** anstelle von **vosotros/-as** zur Anrede von mehreren Personen benutzt, auch wenn man sich duzt.

G 1

Duzen oder Siezen?

In Spanien und in Lateinamerika setzt sich immer mehr durch, dass die Menschen sich «duzen», auch wenn sie sich (noch) nicht kennen, etwa in Geschäften, Bars usw. Das **tú** ist bei der Arbeit, unter Kollegen und Vorgesetzten, in Kursen oder anderen Gruppen, unabhängig vom Alter oder der Stellung, die normale Anrede.
Usted wird in formellen Situationen gebraucht, bei der ersten Begegnung und gegenüber älteren Menschen.

2. *Ser* (sein)

(yo)	soy	(ich bin)
(tú)	eres	(du bist)
(él/ella/usted)	es	(er/sie ist, Sie sind)
(nosotros/-as)	somos	(wir sind)
(vosotros/-as)	sois	(ihr seid)
(ellos/-as/ustedes)	son	(sie/Sie sind)

Da die Verbform die Person angibt, werden die Subjektpronomen nur zur Betonung oder Hervorhebung der Person gebraucht.

3. *Llamarse* (heißen)

(yo)	**me llamo**	(ich heiße)
(tú)	**te llamas**	(du heißt)
(él/ella/usted)	**se llama**	(er/sie heißt, Sie heißen)
(nosotros/-as)	**nos llamamos**	(wir heißen)
(vosotros/-as)	**os llamáis**	(ihr heißt)
(ellos/-as/ustedes)	**se llaman**	(sie/Sie heißen)

Llamarse ist ein regelmäßiges Verb. So wie **llamar** werden alle regelmäßigen Verben gebildet, die mit *-ar* enden. Außerdem ist es ein reflexives Verb (wörtlich: *llamar-se* = sich nennen, *me llamo* = ich nenne mich).

4. Das Geschlecht der Substantive

maskulin (männlich)	*feminin (weiblich)*
el amig**o** (der Freund)	la amig**a** (die Freundin)
el padr**e** (der Vater)	la madr**e** (die Mutter)

Substantive sind entweder maskulin oder feminin. Die meisten Substantive, die auf *-o* enden, sind maskulin, die meisten auf *-a* sind feminin. Substantive, die auf *-e* enden, können maskulin oder feminin sein.

5. Der bestimmte Artikel (Singular)

maskulin	*feminin*
el amigo	**la** amiga
el señor	**la** señora

Vor *señor*, *señora* und *señorita* steht in Verbindung mit einem Eigennamen immer der bestimmte Artikel, außer bei der Anrede.

○ **El** señor Suárez es de Valencia. (Herr Suárez ist aus Valencia.)
○ **La** señora Mateo es española. (Frau Mateo ist Spanierin.)
○ ¡Buenos días, señor Suárez! (Guten Morgen, Herr Suárez!)
○ ¿Qué tal, señora García? (Wie geht es Ihnen, Frau García?)

Señor/señora/señorita werden mit *Sr./Sra./Srta.* abgekürzt.

6. Die Präposition *a* in Verbindung mit *el*

▷ a + el = **al**

○ Le presento **al** señor Suárez. (Ich stelle Ihnen Herrn Suárez vor.)

Mit der Präpositon *a* verbindet sich der bestimmte maskuline Artikel zu **al**.

G1

7. Die Nationalitätenadjektive

maskulin	*feminin*
Juan es español.	Paloma es española.
Pedro es peruano.	Celia es peruana.
Jack es canadiense.	Mary es canadiense.

Für die Bezeichnung der Nationalität (Substantiv und Adjektiv) wird im Spanischen immer das Adjektiv gebraucht.

Nationalitätenadjektive, die
▷ mit einem Konsonanten enden, bilden die feminine Form durch Anhängen von -*a*.
▷ mit -*o* enden, erhalten für die weibliche Form stattdessen -*a*.
▷ mit -*e* enden, bleiben unverändert.

○ Juan es español. (Juan ist Spanier.)
○ Juan es mi amigo español. (Juan ist mein spanischer Freund.)

Die Nationalitätenadjektive stehen hinter dem Substantiv.

8. *Tener* (haben / besitzen)

(yo)	ten**go**	(ich habe)
(tú)	tienes	(du hast)
(él/ella/usted)	tiene	(er/sie hat, Sie haben)
(nosotros/-as)	tenemos	(wir haben)
(vosotros/-as)	tenéis	(ihr habt)
(ellos/-as/ustedes)	tienen	(sie/Sie haben)

Tener ist ein unregelmäßiges Verb.

9. Die Verneinung

○ ¿Eres de Málaga? (Bist du aus Málaga?)
□ **No**, **no** soy de Málaga. (Nein, ich bin nicht aus Málaga.)
○ ¿Tienes teléfono? (Hast du Telefon?)
□ **No**, **no** tengo teléfono. (Nein, ich habe kein (habe nicht) Telefon.)

No steht für «nein» und «nicht/kein». Im Gegensatz zum Deutschen steht **no** vor dem Verb.

10. Die Fragepronomen *¿cómo?, ¿de dónde?, ¿qué?*

¿Cómo te llamas?	(Wie heißt du?)
¿De dónde eres?	(Woher bist/kommst du?)
¿Qué + Substantiv ...?	Welche/-r/-s + Substantiv ...?
¿Qué teléfono tienes?	(Welche Telefonnummer hast du?)

¿Qué tal? (Wie geht es?/Wie ist es?) ist ein feststehender Ausdruck, der häufig zur Begrüßung gebraucht wird oder um zu fragen, wie eine Person oder Sache ist.
Fragepronomen tragen im Spanischen immer einen Akzent.

Lección 2

1. Der unbestimmte Artikel (Singular; ein, eine)

maskulin	*feminin*
un médico	**una** médica
un banco	**una** oficina

G 2

2. Berufsbezeichnungen

maskulin	*feminin*
el médico	la médica
el profesor	la profesora
el estudiante	la estudiante
el guía	la guía

Berufsbezeichnungen, bei denen die maskuline Form
▷ mit *-o* endet, erhalten für die weibliche Form stattdessen *-a*.
▷ mit einem Konsonanten endet, bilden die feminine Form durch Anhängen von *-a*.
▷ mit *-e* oder *-a* endet, bleiben unverändert.

3. Das Präsens der regelmäßigen Verben auf *-ar*

	trabaj*ar* (arbeiten)
(yo)	trabaj**o**
(tú)	trabaj**as**
(él/ella/usted)	trabaj**a**
(nosotros/-as)	trabaj**amos**
(vosotros/-as)	trabaj**áis**
(ellos/-as/ustedes)	trabaj**an**

Bei allen regelmäßigen Verben auf *-ar* werden die Endungen an den Wortstamm angehängt.

4. *Hacer* (machen/tun)

(yo)	hago
(tú)	haces
(él/ella/usted)	hace
(nosotros/-as)	hacemos
(vosotros/-as)	hacéis
(ellos/-as/ustedes)	hacen

Bei **hacer** ist die erste Person unregelmäßig. Die anderen Formen folgen dem Schema der Verben auf *-er* (vgl. L. 3).

5. *Estar* (sein / sich befinden)

(yo)	estoy
(tú)	estás
(él/ella/usted)	está
(nosotros/-as)	estamos
(vosotros/-as)	estáis
(ellos/-as/ustedes)	están

○ **Estoy** casado. (Ich bin verheiratet.)
○ ¿Cómo **estás**? (Wie geht es dir?)

Estar bezeichnet einen Zustand, der veränderlich ist.

6. Das Präsens der regelmäßigen Verben auf *-ir*

	vivir (leben)
(yo)	vivo
(tú)	vives
(él/ella/usted)	vive
(nosotros/-as)	vivimos
(vosotros/-as)	vivís
(ellos/-as/ustedes)	viven

Bei allen regelmäßigen Verben auf *-ir* werden die Endungen an den Wortstamm angehängt.

7. Die Fragepronomen *¿dónde?, ¿cuántos?, ¿qué?*

○ ¿**Dónde** vives?   (Wo wohnst du?)
○ ¿**Cuántos** años tienes?   (Wie alt bist du? *wörtlich:* Wie viele Jahre hast du?)

¿**Qué** + Verb?   Was +Verb …?
○ ¿**Qué** haces?   (Was machst du?)

Qué wird auch in Ausrufen verwendet:
○ ¡**Qué** interesante!   (Wie interessant!)

Lección 3

1. Der bestimmte und unbestimmte Artikel (Singular und Plural)

Singular maskulin	Plural	Singular feminin	Plural
el bocadillo	**los** bocadillos	**la** botella	**las** botellas
un bocadillo	**unos** bocadillos	**una** botella	**unas** botellas

○ En la mesa hay **unas** botellas. (Auf dem Tisch stehen Flaschen.)

Im Spanischen gibt es auch den unbestimmten Artikel im Plural. Er wird in der Bedeutung «einige» gebraucht, aber meist nicht übersetzt. Feminine Substantive, die mit betontem *a-* oder *ha-* beginnen, erhalten im Singular den Artikel *el*: **el agua, el hambre.**

2. Die Pluralbildung der Substantive

Singular maskulin	Plural	Singular feminin	Plural
el bocadillo	los bocadillo**s**	la botella	las botella**s**
el bar	los bar**es**	la ración	las racion**es**

Der Plural wird gebildet
▷ durch Anhängen von *-s* bei Wörtern, die auf einen Vokal enden.
▷ durch Anhängen von *-es* bei Wörtern, die auf einen Konsonanten enden.

G 3

3. *Ir* (gehen, fahren, reisen, sich fortbewegen)

(yo)	voy
(tú)	vas
(él/ella/usted)	va
(nosotros/-as)	vamos
(vosotros/-as)	vais
(ellos/-as/ustedes)	van

Ir ist ein unregelmäßiges Verb.

4. *Ir a* + Verb zum Ausdruck von Absichten / Plänen

○ ¿**Vamos a** tomar algo? (Gehen/Wollen wir etwas trinken?)
○ ¿Qué **vas a** comer? (Was wirst du essen?)
○ **Voy a** comer una tortilla. (Ich werde eine Tortilla essen.)

Ir a + Verb im Infinitiv wird benutzt, um eine für die Zukunft geplante, beabsichtigte Handlung auszudrücken.

5. *Hay* (es gibt, es befindet sich, es ist/sind)

○ ¿Qué **hay** en la mesa? (Was ist (befindet sich) auf dem Tisch?)
○ En la mesa **hay** dos vasos. (Auf dem Tisch sind zwei Gläser.)

Hay ist unveränderlich. Es ist eine unregelmäßige Form von *haber* (vgl. L. 16).

6. *Uno/una* als Pronomen

○ Para mí *un vino* blanco. (Für mich einen Weißwein.)
□ Y para mí **uno** tinto. (Und für mich einen roten.)
○ Para mí *una tortilla* de espárragos. (Für mich ein Omelett mit Spargel.)
□ Y para mí **una** de champiñones. (Und für mich eins mit Champignons.)

Wenn man ein bereits genanntes Substantiv nicht wiederholen will, gebraucht man **uno** bzw. **una**.

7. Das Präsens der regelmäßigen Verben auf *-er*

	com*er* (essen)
(yo)	com**o**
(tú)	com**es**
(él/ella/usted)	com**e**
(nosotros/-as)	com**emos**
(vosotros/-as)	com**éis**
(ellos/-as/ustedes)	com**en**

Bei allen regelmäßigen Verben auf *-er* werden die Endungen an den Wortstamm angehängt.

8. *Querer* (wollen, mögen)

(yo)	quiero
(tú)	quieres
(él/ella/usted)	quiere
(nosotros/-as)	queremos
(vosotros/-as)	queréis
(ellos/-as/ustedes)	quieren

Querer gehört zu der Gruppe der Verben, die bei den Singularformen und bei der 3. Person Plural den Stamm *-e-* in *-ie-* ändern.

9. Der Gebrauch von *otro/-a*

○ ¿Podría traer **otro** vino? (Könnten Sie noch einen Wein bringen?)
○ ¿Podría traer **otra** cerveza? (Könnten Sie noch ein Bier bringen?)

Otro/-a (noch ein/noch eine) wird ohne Artikel benutzt.

Lección 4

1. Die indirekten Objektpronomen (Dativ; wem?)

betont	unbetont		
A mí	me	(mir)	
A ti	te	(dir)	
A él	le	(ihm)	
A ella	le	(ihr)	
A usted	le	(Ihnen)	gusta el español.
A nosotros/-as	nos	(uns)	
A vosotros/-as	os	(euch)	
A ellos	les	(ihnen)	
A ellas	les	(ihnen)	
A ustedes	les	(Ihnen)	

2. Der Gebrauch der unbetonten und betonten Objektpronomen

○ ¿**Te** gusta cocinar? (Kochst du gern? *wörtlich:* Gefällt dir kochen?)

Die unbetonten Objektpronomen stehen vor dem Verb.

○ Y **a ti**, ¿**te** gusta cocinar? (Und du, kochst du gern? *wörtlich:* Und dir, gefällt dir kochen?)
○ **A mí me** gusta ir al cine. (Ich gehe gern ins Kino.)

Zusätzlich zu einem unbetonten Objektpronomen kann ein betontes Objektpronomen dem unbetonten vorangestellt werden. Damit wird die Person hervorgehoben oder betont.

○ **A la señora Garrido le** gusta bailar. (Frau Garrido tanzt gern.)

Ein betontes Objektpronomen wird nie ohne ein unbetontes verwendet. Dasselbe gilt, wenn anstelle des betonten Objektpronomen ein Dativobjekt (z. B. ein Name/eine Person) im Satz steht.

Das betonte Objektpronomen steht immer vor dem unbetonten.

G 4

3. *Gusta/gustan*

○ Me **gusta** trabajar en el jardín. (Ich arbeite gern im Garten.)

Objektpronomen + **gusta** + Verb im Infinitiv
wird benutzt um auszudrücken, was man gerne tut.

○ Me **gusta** el rock. (Ich mag Rockmusik./Mir gefällt Rockmusik.)
○ Me **gustan** los cómics. (Ich mag Comics./Mir gefallen Comics.)

Objektpronomen + **gusta/n** + Artikel + Substantiv
wird benutzt um auszudrücken, welche Sachen oder Personen man gerne mag.

Im Gegensatz zum Deutschen muss der bestimmte Artikel vor dem Substantiv stehen.

4. Verstärkung und Verneinung von *gusta/gustan*

○ Me gusta **mucho** ir al cine. (Ich gehe sehr gerne ins Kino.)
○ Me gustan **mucho** los cómics. (Ich mag Comics sehr gerne./Mir gefallen Comics sehr.)

Zur Verstärkung der Aussage (= sehr) wird **mucho** gebraucht.

○ **No** me gusta caminar. (Ich wandere nicht gern.)
○ A ella **no** le gustan los cómics. (Sie mag keine Comics./Ihr gefallen Comics nicht)

Im verneinten Satz steht **no** vor dem unbetonten Objektpronomen.

○ A mí **no** me gusta **nada** caminar. (Ich wandere gar nicht gerne.)
○ A ella **no** le gustan **nada** los cómics. (Sie mag Comics überhaupt nicht./Ihr gefallen Comics überhaupt nicht.)

Zur Verstärkung der Verneinung wird **no ... nada** benutzt. **Nada** steht immer direkt hinter *gusta/gustan*.

5. *Preferir* (vorziehen)

(yo)	prefiero
(tú)	prefieres
(él/ella/usted)	prefiere
(nosotros/-as)	preferimos
(vosotros/-as)	preferís
(ellos/-as/ustedes)	prefieren

Preferir gehört zu der Gruppe der Verben, die bei den Singularformen und der 3. Person Plural den Stamm *-e-* in *-ie-* ändern (wie *querer*).

6. Zustimmung oder Ablehnung

	Zustimmung	Ablehnung
○ *Me gusta* el rock. (Mir gefällt Rockmusik.)	☐ A mí **también**. (Mir auch.)	▷ A mí **no**. (Mir nicht.)
○ *No me gusta* el rock. (Mir gefällt Rockmusik nicht.)	☐ A mí **tampoco**. (Mir auch nicht.)	▷ A mí **sí**. (Mir schon.)

7. Die Uhrzeit

○ ¿Qué hora es? (Wie viel Uhr ist es?)
☐ Es la una./Son las dos. (Es ist ein/zwei Uhr.)

In der Alltagssprache wird die Uhrzeit meist im 12-Stunden-Rhythmus angegeben. Zur Unterscheidung der Tageszeiten wird dann, wenn es nicht aus dem Zusammenhang hervorgeht, *de la mañana/tarde/noche* hinzugefügt.

○ Son las veintiuna horas, las noticias … (Es ist 21 Uhr, die Nachrichten …)

In offiziellen Zeitangaben (Nachrichten, Fahrplanangaben etc.) wird wie im Deutschen der 24-Stunden-Rhythmus benutzt.

8. Die Fragepronomen *¿a qué hora?, ¿cuándo?*

○ **¿A qué hora** abre el bar? (Um wie viel Uhr öffnet die Bar?)
○ **¿Cuándo** abre el bar? (Wann öffnet die Bar?)

G5

Lección 5

1. Der Gebrauch von *estar* (sein / sich befinden)

○ Venezuela **está** en el norte. (Venezuela ist/liegt im Norden.)
○ ¿Dónde **están** los otros países? (Wo sind/liegen die anderen Länder?)

Estar wird verwendet zur Angabe des Ortes/der Lage.

○ **¿Está** el señor López? (Ist Herr López da?)
○ Sofía **está** en Madrid. (Sofía ist in Madrid.)

Estar wird auch verwendet, wenn man das Vorhandensein, die Anwesenheit einer Person oder Sache ausdrücken will.

2. Das Adjektiv

Singular, maskulin	Plural, maskulin
el pueblo pequeño	los pueblos pequeños
el parque grande	los parques grandes
el centro industrial	los centros industriales

Singular, feminin	Plural, feminin
la casa pequeña	las casas pequeñas
la plaza grande	las plazas grandes
la zona industrial	las zonas industriales

Adjektive richten sich in Geschlecht und Zahl nach dem Substantiv, auf das sie sich beziehen.
Adjektive, die auf *-o* enden, erhalten für die feminine Form die Endung *-a*.
Adjektive, die auf *-e* oder auf einen Konsonanten enden, sind in der maskulinen und femininen Form gleich.
Für die Pluralbildung gelten die gleichen Regeln wie für die Substantive.

3. Die Stellung der Adjektive

○ Mérida es una ciuadad **moderna**.
(Mérida ist eine moderne Stadt.)

Adjektive stehen meistens hinter dem Substantiv.

○ Hay **muchos** estudiantes en Mérida.
(In Mérida gibt es viele Studenten.)
○ ¿Dónde están los **otros** países?
(Wo sind die anderen Länder?)

Mucho/-a/-os/-as und **otro/-a/-os/-as** stehen vor dem Substantiv.

4. *Ser* + Adjektiv

○ El ambiente **es alegre**.
(Die Atmosphäre ist fröhlich/heiter.)
○ **Es** una ciudad **moderna**.
(Es ist eine moderne Stadt.)

Mit **ser** werden Eigenschaften angegeben.

5. *Muy* (sehr) – *mucho* (viel/sehr)

○ La ciudad es **muy bonita**.
(Die Stadt ist sehr schön.)

Muy ist unveränderlich und steht vor einem Adjektiv.

○ Hay **muchos estudiantes** en Mérida.
(In Mérida gibt es viele Studenten.)
○ En Mérida hay **mucha gente** joven.
(In Mérida gibt es viele junge Leute.)

Mucho als Adjektiv steht vor einem Substantiv und muss dem Geschlecht und der Zahl des Substantives angepasst werden.

○ Mérida **me gusta mucho**.
(Mérida gefällt mir sehr.)
○ Pedro lee **mucho**. (Pedro liest viel.)

Mucho als Adverb ist unveränderlich und steht hinter dem Verb, auf das es sich bezieht.

6. Der Gebrauch von *hay* und *está/están*

○ ¿Dónde **hay un** mercado? (Wo ist ein Markt?)
○ ¿**Hay un** mercado por aquí?
  (Gibt es in der Nähe einen Markt?)
○ **Hay un** mercado cerca de aquí.
  (Hier in der Nähe gibt es einen Markt.)
○ En Mérida **hay** avenidas anchas.
  (In Mérida gibt es breite Alleen.)

Hay entspricht dem deutschen «es gibt». Das Substantiv steht zusammen mit **hay** mit dem unbestimmten Artikel, im Plural (meist) ohne Artikel.

○ ¿Dónde **está el** mercado? (Wo ist der Markt?)
○ ¿Dónde **están los** coches?
  (Wo sind die Autos?)
○ **El** hotel **está** al lado de la estación.
  (Das Hotel ist neben dem Bahnhof.)

Está/están benutzt man, wenn man von der (geografischen) Lage einer bestimmten Sache/Person spricht, und wenn man weiß, dass die Sache/Person existiert.
Das Substantiv steht zusammen mit **está/están** mit dem bestimmten Artikel.

7. *Seguir* (folgen, befolgen, fortsetzen)

(yo)	sigo
(tú)	sigues
(él/ella/usted)	sigue
(nosotros/-as)	seguimos
(vosotros/-as)	seguís
(ellos/-as/ustedes)	siguen

Seguir gehört zu der Gruppe der Verben, die bei den Singularformen und der 3. Person Plural den Stamm *-e-* in *-i-* ändern.
Bei der 1. Person Singular fällt außerdem, um die Aussprache beizubehalten, das *-u-* weg.
(Vgl. die Ausspracheregeln.)

8. Die Ordnungszahlen

1° **primero**   4° **cuarto**   7° **séptimo**   10° **décimo**
2° **segundo**   5° **quinto**   8° **octavo**
3° **tercero**   6° **sexto**   9° **noveno**

Ordnungszahlen über „10." werden üblicherweise mit den Grundzahlen ausgedrückt.

○ Usted toma **la primera** calle a la derecha.
  (Sie nehmen die erste Straße rechts.)

Die Ordnungszahlen sind Adjektive und richten sich in Geschlecht und Zahl nach ihrem Beziehungswort. Sie stehen vor dem Substantiv.

○ El **primer** edificio es un banco.
  (Das erste Gebäude ist eine Bank.)
○ Usted gira al **tercer** semáforo.
  (Sie biegen an der dritten Ampel ab.)

Primero und *tercero* werden vor einem maskulinen Substantiv zu **primer** bzw. **tercer** verkürzt.

○ la primera calle = la **1ª** calle
○ el segundo edificio = el **2°** edificio
○ el tercer semáforo = el **3ᵉʳ** semáforo

Schreibt man Ordnungszahlen als Ziffern, so erhalten sie keinen Punkt, sondern die entsprechende Endung.

9. Die Präposition *de* in Verbindung mit *el*

- de + el = **del**
- El coche está detrás **del** hotel.
  (Das Auto ist hinter dem Hotel.)

So wie die Präposition *a* (vgl L. 1) wird die Präposition *de* mit dem bestimmten maskulinen Artikel im Singular verbunden.

Lección 6

1. Die direkten Objektpronomen (Akkusativ; wen oder was?)
lo, los, la, las

maskulin		*feminin*	
el queso	**lo**	la mortadela	**la**
los tomates	**los**	las manzanas	**las**

- ¿Cómo quiere *el queso*? (Wie möchten Sie den Käse?)
- **Lo** quiero en lonchas finas. (Ich möchte ihn in dünnen Scheiben.)
- ¿Cómo quiere *los tomates*? (Wie möchten Sie die Tomaten?)
- **Los** quiero maduros. (Ich möchte sie reif.)

Die direkten Objektpronomen werden anstelle des vorher genannten direkten Objektes (Akkusativobjekt) benutzt, um eine Wiederholung zu vermeiden. Sie stimmen in Geschlecht und Zahl mit dem direkten Objekt überein und stehen vor dem Verb.

- ¿*Dónde hay un mercado?* - No **lo** sé. (Ich weiß es nicht.)

Lo kann sich auch auf einen ganzen Satz oder eine Frage beziehen.

2. Indirekte und direkte Objektpronomen in einem Satz

- Quiero tomates. ¿**Me los** mete en una bolsa?
  (Ich möchte Tomaten. Packen Sie sie mir in eine Tüte?)

Wird in einem Satz ein indirektes und ein direktes Objektpronomen benutzt, so steht das indirekte vor dem direkten. Beide stehen vor dem Verb.

3. *Poner* (setzen, stellen, legen; geben)

(yo)	pongo
(tú)	pones
(él/ella/usted)	pone
(nosotros/-as)	ponemos
(vosotros/-as)	ponéis
(ellos/-as/ustedes)	ponen

Poner ist im Präsens in der 1. Person Singular unregelmäßig. Alle anderen Formen folgen dem Schema der Verben auf *-er*.

4. Mengenangaben

- ¿Me pone **una lata de atún**, por favor? (Geben Sie mir bitte eine Dose Thunfisch?)
- Quiero **un kilo de azúcar.** (Ich möchte ein Kilo Zucker.)
- **Una docena de huevos**, por favor. (Ein Dutzend Eier, bitte.)

Mengenangaben und Produkte werden immer mit der Präposition *de* verbunden.

- Quiero **medio** kilo de queso. (Ich möchte ein halbes Kilo Käse.)
- **Medio** litro de leche, por favor. (Einen halben Liter Milch, bitte.)
- ¿Me podría traer **media** botella de vino? (Könnten Sie mir eine halbe Flasche Wein bringen?)

Vor **medio/-a** wird im Gegensatz zum Deutschen nie der unbestimmte Artikel gebraucht.

5. Die Demonstrativpronomen

maskulin	*feminin*	*maskulin*	*feminin*
este vestido	**esta** falda	**ese** vestido	**esa** falda
estos vestidos	**estas** faldas	**esos** vestidos	**esas** faldas

Este/-a/-os/-as verweisen auf Personen oder Sachen, die sich in unmittelbarer Nähe des Sprechers befinden (im Deutschen etwa «dieser/diese»).

Ese/-a/-os/-as verweisen auf Personen oder Sachen, die vom Sprecher etwas weiter entfernt sind (im Deutschen etwa «jener/jene»).

- Me gusta **este bañador**. (Mir gefällt dieser Badeanzug.)
- **Éste** es el bañador de Ana. (Dies ist Anas Badeanzug.)

Die Demonstrativpronomen können vor einem Substantiv oder allein stehen. Wenn sie allein stehen, wird der Anfangsbuchstabe mit Akzent geschrieben.

6. *Poder* (können)

(yo)	puedo
(tú)	puedes
(él/ella/usted)	puede
(nosotros/-as)	podemos
(vosotros/-as)	podéis
(ellos/-as/ustedes)	pueden

Poder gehört zu der Gruppe der Verben, die bei den Singularformen und der 3. Person Mehrzahl das *-o-* des Stammes in *-ue-* ändern.

7. Das Fragepronomen ¿quién?, ¿cuánto/-a/os/-as?

- ¿**Quién** lleva una minifalda? (Wer trägt einen Minirock?)
- ¿**Quién** es ese señor? (Wer ist der Herr dort?)
- ¿**Quiénes** son esos señores? (Wer sind die Herren dort?)

Wenn man nach mehreren Personen fragt (und diese in der Frageform bereits genannt werden), benutzt man ¿**quiénes?**

- ¿**Cuántas** naranjas quieres? (Wie viele Apfelsinen möchtest du?)

¿**Cuánto/-a/-os/-as?** richtet sich in Geschlecht und Zahl nach dem Substantiv, das vor dem Verb steht.

- ¿**Cuánto** cuesta el jersey? (Wie viel kostet der Pullover?)
- ¿**Cuánto** cuestan las naranjas? (Wie viel kosten die Apfelsinen?)

Vor einem Verb ist **cuánto** unveränderlich.

Lección 7

1. Tageszeitangaben

- La farmacia abre **a las 9 de la mañana**. (Die Apotheke öffnet um 9 Uhr vormittags/morgens.)
- La taquilla del cine abre **a las 4 de la tarde**. (Die Kinokasse öffnet um 4 Uhr nachmittags.)

Wenn man Tageszeiten mit einer bestimmten Uhrzeit angibt, verwendet man die Uhrzeit + *de* + die Tageszeit.

- La farmacia está abierta **por la mañana**. (Die Apotheke ist morgens/vormittags geöffnet.)
- El bar está abierto **por la noche**. (Die Bar ist abends/nachts geöffnet.)

Wenn man Tageszeiten ohne eine bestimmte Uhrzeit angibt, verwendet man *por* + die Tageszeit.

2. Übersicht über die verschiedenen Verbkonjugationen

Wie Sie bereits wissen, gibt es im Spanischen

a. regelmäßige Verben auf -ar, -er oder -ir wie z.B. *trabajar, comer, vivir*.
   Diese Verben bilden alle Formen entsprechend dem Schema.

b. unregelmäßige Verben auf -ar, -er oder -ir wie z. B. *estar, ser, ir*.
   Diese Verben sind bei vielen Formen unregelmäßig.
   (Auf S. 230 finden Sie eine Übersicht.)

c. Verben auf -ar, -er oder -ir, bei denen sich der Stammvokal ändert, wenn die Betonung auf dem Wortstamm liegt (bei den Singularformen und bei der 3. Person Plural).

Diese Verben lassen sich in Gruppen zusammenfassen, die jeweils die gleichen Unregelmäßigkeiten aufweisen.

Verben der Gruppe *e > ie*

	cerrar	querer	preferir
(yo)	cierro	quiero	prefiero
(tú)	cierras	quieres	prefieres
(él/ella/usted)	cierra	quiere	prefiere
(nosotros/-as)	cerramos	queremos	preferimos
(vosotros/-as)	cerráis	queréis	preferís
(ellos/-as/ustedes)	cierran	quieren	prefieren

Verben der Gruppe *e > i*

	seguir
(yo)	sigo
(tú)	sigues
(él/ella/usted)	sigue
(nosotros/-as)	seguimos
(vosotros/-as)	seguís
(ellos/-as/ustedes)	siguen

Verben der Gruppe *o > ue*

	volver	dormir
(yo)	vuelvo	duermo
(tú)	vuelves	duermes
(él/ella/usted)	vuelve	duerme
(nosotros/-as)	volvemos	dormimos
(vosotros/-as)	volvéis	dormís
(ellos/-as/ustedes)	vuelven	duermen

Verben der Gruppe *u > ue*

	jugar
(yo)	juego
(tú)	juegas
(él/ella/usted)	juega
(nosotros/-as)	jugamos
(vosotros/-as)	jugáis
(ellos/-as/ustedes)	juegan

G7

3. Reflexive Verben

Reflexive Verben sind Ihnen bereits in der ersten Lektion begegnet.

○ ¿Cómo **te llamas**? (Wie heißt du? *wörtlich:* Wie nennst du dich?)
□ **Me llamo** Paloma. (Ich heiße/nenne mich Paloma.)

Viele Verben, die im Spanischen reflexiv sind, sind es im Deutschen nicht (aber auch umgekehrt).

Die Konjugation von **levantarse** (aufstehen, *wörtlich:* sich erheben)

(yo)	me levanto	(mich)
(tú)	te levantas	(dich)
(él/ella/usted)	se levanta	(sich)
(nosotros/-as)	nos levantamos	(uns)
(vosotros/-as)	os levantáis	(euch)
(ellos/-as/ustedes)	se levantan	(sich)

Reflexive Verben werden wie alle anderen Verben konjugiert. Es gibt also regelmäßige (z.B. *llamarse, levantarse*), unregelmäßige und Gruppenverben (z.B. *acostarse, o > ue*).

G7

○ Pedro **se** levanta a las 7. (Pedro steht um 7 Uhr auf.)

Das Reflexivpronomen steht vor dem konjugierten Verb.

○ Voy a levantar**me** a las 7. = **Me** voy a levantar a las 7.

Wird das reflexive Verb in einem Satz im Infinitiv benutzt, so wird das Pronomen entweder an den Infinitiv angehängt oder es steht vor dem konjugierten Verb.

○ Paloma **no** se levanta antes de las 7. (Paloma steht nicht vor 7 Uhr auf.)

Die Verneinung **no** steht vor dem Pronomen und dem Verb.

4. *Salir* (aus-, weggehen)

(yo)	salgo
(tú)	sales
(él/ella/usted)	sale
(nosotros/-as)	salimos
(vosotros/-as)	salís
(ellos/-as/ustedes)	salen

Salir ist in der 1. Person Singular unregelmäßig. Die anderen Formen des Präsens entsprechen dem regelmäßigen Schema.

5. Zeitangaben mit *todo/todos*

Bei diesen Zeitangaben verändert sich die Bedeutung, je nachdem ob sie im Singular oder im Plural verwendet werden.
Todo/todos steht immer vor dem bestimmten Artikel + Substantiv.

- todo **el** día = den ganzen Tag
- toda **la** semana = die ganze Woche
- todo **el** año = das ganze Jahr

- todos **los** días = jeden Tag
- todas **las** semanas = jede Woche
- todos **los** años = jedes Jahr

6. Wochentage

- **El sábado** voy al cine.
  (Am Samstag gehe ich ins Kino.)

- **Los sábados** voy al cine.
  (Samstags gehe ich ins Kino.)

- el lunes - los lunes
- el martes - los martes

Wochentage werden immer mit dem bestimmten Artikel gebraucht.

Der Wochentag im Plural drückt aus, dass etwas jede Woche am gleichen Tag geschieht.

Endet das Wort für einen Wochentag auf -*s*, bleibt es im Plural unverändert.

7. Das Datum

- 9–2 = el nueve de febrero
- 1–8 = el uno de agosto/el primero de agosto

Das Datum wird mit den Grundzahlen angegeben, außer beim Monatsersten, bei dem beide Möglichkeiten üblich sind.

Lección 8

1. Pläne und Absichten ausdrücken

Pläne und Absichten werden ausgedrückt mit

> *ir a*
> *pensar* + Infinitiv
> *querer*

- El domingo **voy a ir** a la playa. (Am Sonntag werde ich an den Strand gehen.)
- El domingo **pienso ir** a la playa. (Am Sonntag habe ich vor an den Strand zu gehen.)
- El domingo **quiero ir** a la playa. (Am Sonntag will ich zum Strand gehen.)

2. Der Gebrauch von *ya* (schon) und *todavía no* (noch nicht)

○ ¿**Ya** sabes qué vas a hacer el domingo? (Weißt du schon, was du am Sonntag machen wirst?)
○ No, **todavía no** lo sé. (Nein, ich weiß es noch nicht.)

3. *Quedar* (sich verabreden/verbleiben) und *quedarse* (bleiben)

○ ¿**Quedamos** para el sábado?
(Verabreden wir uns für Samstag?)
○ **Me quedo** en casa. (Ich bleibe zu Hause.)

Im Spanischen gibt es eine Reihe von Verben, die nichtreflexiv und reflexiv gebraucht werden; dadurch verändert sich die Bedeutung.

4. Die betonten Objektpronomen in Verbindung mit Präpositionen

○ Este vaso es **para ti**. (Dieses Glas ist für dich.)

In Verbindung mit Präpositionen wie z.B. *para* werden die betonten Objektpronomen verwendet. In Verbindung mit der Präposition *con* sind die 1. + 2. Person Singular unregelmäßig.

(yo)	para mí	**conmigo**
(tú)	para ti	**contigo**
(él/ella/usted)	para él, ella,	con él, ella, usted
(nosotros/-as)	para nosotros/-as	con nosotros/-as
(vosotros/-as)	para vosotros/-as	con vosotros/-as
(ellos/-as/ustedes)	para ellos/-as, ustedes	con ellos/-as, ustedes

5. *¿Por qué?*, *porque* und *es que*

○ ¿**Por qué** no vienes?
(Warum kommst du nicht?)
□ **Porque** no tengo tiempo.
(Weil ich keine Zeit habe.)

Die Antwort auf eine Frage mit *¿por qué?* kann mit *porque* eingeleitet sein. Die beiden Wörter unterscheiden sich durch die Bedeutung, die Schreibweise und die Betonung.

○ ¿Vamos a tomar algo?
□ No, no puedo. **Es que** tengo que trabajar.
(Gehen wir etwas trinken?
Nein, ich kann nicht. Ich muss nämlich arbeiten.)

Die Begründung mit *es que* ist eine Art Erklärung, Rechtfertigung, Entschuldigung.

Lección 9

1. Das Indefinido der regelmäßigen Verben (el pretérito indefinido)

	bail**ar**	com**er**	abr**ir**
(yo)	bail**é**	com**í**	abr**í**
(tú)	bail**aste**	com**iste**	abr**iste**
(él/ella/usted)	bail**ó**	com**ió**	abr**ió**
(nosotros/-as)	bail**amos**	com**imos**	abr**imos**
(vosotros/-as)	bail**asteis**	com**isteis**	abr**isteis**
(ellos/-as/ustedes)	bail**aron**	com**ieron**	abr**ieron**

2. Der Gebrauch des Indefinido

○ Ayer **comí** en un restaurante. (Gestern aß ich in einem Restaurant.)
○ El año pasado Alberto **visitó** la Catedral de Toledo. (Im letzten Jahr besuchte Alberto die Kathedrale von Toledo.)
○ En 1995 **compraron** un coche. (1995 kauften sie ein Auto.)

Das Indefinido wird gebraucht, um über Ereignisse zu sprechen, die in der Vergangenheit zu einem bestimmten Zeitpunkt stattgefunden haben und abgeschlossen sind.
Das Indefinido steht deshalb häufig mit Zeitausdrücken wie *ayer, la semana pasada, en* + Jahreszahl usw.

3. Das Indefinido von *ser* und *ir*

	ser	ir
(yo)	fui	fui
(tú)	fuiste	fuiste
(él/ella/usted)	fue	fue
(nosotros/-as)	fuimos	fuimos
(vosotros/-as)	fuisteis	fuisteis
(ellos/-as/ustedes)	fueron	fueron

Die Formen von *ser* und *ir* sind gleich. Durch den Zusammenhang, in dem sie gebraucht werden, versteht man, welches Verb gemeint ist.

○ La fiesta de Julia **fue** muy divertida. (Das Fest von Julia war sehr lustig.)
○ Ayer Pablo **fue** a Toledo. (Gestern fuhr Pablo nach Toledo.)

4. Das Indefinido der unregelmäßigen Verben

	estar	hacer	decir			
(yo)	estuve	hice	dije			-e
(tú)	estuviste	hiciste	dijiste	venir →	vin	-iste
(él/ella/usted)	estuvo	hizo	dijo	poder →	pud	-o
(nosotros/-as)	estuvimos	hicimos	dijimos	poner →	pus	-imos
(vosotros/-as)	estuvisteis	hicisteis	dijisteis	querer →	quis	-isteis
(ellos/-as/ustedes)	estuvieron	hicieron	dijeron			-ieron/jeron

Unregelmäßige Verben haben im Indefinido einen unregelmäßigen Wortstamm, die Endungen sind bei allen gleich.

5. Das Indefinido einiger Gruppenverben auf *-ir*

Gruppenverben auf *-ir* erhalten in der 3. Person Singular und Plural:

-i- (Verben der Gruppe e > ie) wie z.B. **preferir**
-u- (Verben der Gruppe o > ue) wie z.B. **dormir**

(yo)	preferí	dormí
(tú)	preferiste	dormiste
(él/ella/usted)	prefirió	durmió
(nosotros/-as)	preferimos	dormimos
(vosotros/-as)	preferisteis	dormisteis
(ellos/-as/ustedes)	prefirieron	durmieron

Lección 10

1. Der Vergleich und die Steigerung der Adjektive

Komparativ		*Superlativ*
Gleichheit	*Ungleichheit*	
tan + Adjektiv + **como**	**más** + Adjektiv + **que** **menos** + Adjektiv + **que**	bestimmter Artikel + Substantiv + **más** + Adjektiv

○ El tren es **tan** rápido **como** el coche. (Der Zug ist genauso schnell wie das Auto.)
○ El avión es **más** rápido **que** el tren. (Das Flugzeug ist schneller als der Zug.)
○ El tren es **menos** rápido **que** el avión. (Der Zug ist weniger schnell als das Flugzeug.)
○ El avión es **el** transporte **más** rápido. (Das Flugzeug ist das schnellste Verkehrsmittel.)

2. Verben der Gruppe c > zc

	conocer (kennen)
(yo)	conozco
(tú)	conoces
(él/ella/usted)	conoce
(nosotros/-as)	conocemos
(vosotros/-as)	conocéis
(ellos/-as/ustedes)	conocen

Verben, die auf -cer (außer *hacer*) oder -cir enden, erhalten im Präsens in der 1. Person Singular die Endung -zco; alle anderen Formen entsprechen dem bekannten Schema.

3. Das direkte Objekt (Akkusativ)

Das direkte Objekt wird mit der Präposition **a** angeschlossen, wenn es eine Person darstellt.

- ¿Conoces **a** mi amigo Alberto? (Kennst du meinen Freund Alberto?)
- ¿Conoces el museo? (Kennst du das Museum?)
- Ayer visité **a** Alberto. (Gestern besuchte ich Alberto.)
- Ayer visité el museo. (Gestern besuchte ich das Museum.)

Ausnahme: *tener*
- Tengo dos hijos. (Ich habe zwei Kinder.)
- Tengo un coche nuevo. (Ich habe ein neues Auto.)

3. Besonderheiten bei der Schreibweise einiger Verben im Indefinido

- empezar = empe**c**é, empezaste, …
- sacar = sa**qu**é, sacaste, …
- llegar = lle**gu**é, llegaste, …

Um die Aussprache zu erhalten verändert sich die Schreibweise bei Verben, deren Stamm auf -z, -c oder -g endet.

Lección 11

1. Der Konditional (el condicional)

	comprar	comer	dormir
(yo)	compraría	comería	dormiría
(tú)	comprarías	comerías	dormirías
(él/ella/usted)	compraría	comería	dormiría
(nosotros/-as)	compraríamos	comeríamos	dormiríamos
(vosotros/-as)	compraríais	comeríais	dormiríais
(ellos/-as/ustedes)	comprarían	comerían	dormirían

Die Endungen des Konditionals sind für alle Verben gleich. Sie werden an den Infinitiv angehängt.

2. Unregelmäßige Formen des Konditionals

decir	→ **diría**	saber	→ **sabría**
hacer	→ **haría**	salir	→ **saldría**
poder	→ **podría**	tener	→ **tendría**
poner	→ **pondría**	venir	→ **vendría**
querer	→ **querría**		

Einige Verben haben beim Konditional einen unregelmäßigen Wortstamm, an den die regelmäßigen Endungen angehängt werden.

3. Der Gebrauch des Konditionals

Der Konditional wird gebraucht

a. um höfliche Bitten auszusprechen.
- ¿Sería posible hacer una reserva?
  (Wäre es möglich, eine Reservierung zu machen?)
- ¿Podría ver el piso?
  (Könnte ich die Wohnung sehen?)

b. um Ratschläge zu geben
- Yo en tu lugar alquilaría el piso.
  (An deiner Stelle würde ich die Wohnung mieten.)

c. um auszudrücken, was man tun würde / wie etwas sein könnte …
- ¿Qué harías en esta situación?
  (Was würdest du in dieser Lage tun?)
- Me quedaría en casa.
  (Ich würde zu Hause bleiben.)
- ¿Cómo debería ser un piso de vacaciones?
  (Wie müsste eine Ferienwohnung sein?)

G11

4. Vergleich und Steigerung des Adverbs *mucho*

- La casa cuesta **mucho**. (Das Haus kostet *viel*.)
- La casa cuesta **tanto como** el piso. (Das Haus kostet *genauso viel wie* die Wohnung.)
- La casa cuesta **mucho más** que el piso. (Das Haus kostet *viel mehr* als die Wohnung.)

5. Der unpersönliche Gebrauch von *se*

- **Se habla** alemán. (Man spricht Deutsch./ Es wird Deutsch gesprochen.)
- ¿Dónde **se pone** la barbacoa? (Wo stellt man den Grill hin?/Wo wird der Grill hingestellt?)
- **Se alquilan** apartamentos. (Man vermietet Apartments./Es werden Apartments vermietet.)

Die unpersönliche Form «man» wird oft durch *se* + Verb in der 3. Person ausgedrückt. Ob das Verb in der Singular- oder der Pluralform gebraucht wird, richtet sich danach, ob das Objekt im Singular oder Plural steht.

6. Das Fragepronomen *¿cuál?* (welche/r/s?)

○ **¿Cuál** es el anuncio del diálogo? (Welches ist die Anzeige aus dem Dialog?)

¿cuál?/¿cuáles? wird anstelle eines Substantivs verwendet. Der adjektivische Gebrauch von «welche/r/s» wird mit **qué** + Substantiv ausgedrückt. (vgl. L. 1)

Lección 12

1. Die Possessivpronomen

mi	(mein)
tu	(dein)
su	(sein, ihr, Ihr)
nuestro/-a	(unser)
vuestro/-a	(euer)
su	(ihr, Ihr)

Die Possessivpronomen stehen vor dem Substantiv. Sie richten sich in der Zahl nach dem Bezugswort. In der 1. und 2. Person Plural richten sie sich darüber hinaus nach dem Geschlecht des Bezugswortes.
Der Plural wird durch *-s* gebildet.

○ **Mis** hermanos estudian. (Meine Brüder/Geschwister studieren.)
○ **Nuestra** abuela vive en Málaga. (Unsere Großmutter lebt in Málaga.)
○ Señora Garrido, ¿dónde viven **sus** hijos? (Frau Garrido, wo leben Ihre Kinder?)

G12

2. Das Gerundium

hablar	→	habl**ando**
comer	→	com**iendo**
vivir	→	viv**iendo**

Das Gerundium wird gebildet durch Anhängen von **-ando** bei Verben auf *-ar* bzw. **-iendo** bei Verben auf *-er/-ir* an den Verbstamm.

dormir	→	durmiendo
venir	→	viniendo
decir	→	diciendo

Die Gruppenverben auf *-ir* (*e > i, e > ie, o > ue*) haben im Gerundium einen unregelmäßigen Wortstamm.

leer	→	le**yendo**
ir	→	**yendo**

Endet der Stamm auf einen Vokal, wird die Endung *-iendo* zu **-yendo**.

3. *Estar* + Gerundium (Verlaufsform)

○ Alfredo **está cocinando**.
(Alfredo kocht gerade. *wörtlich:* A. ‹ist am Kochen›.)

Estar + Gerundium drückt aus, was gerade geschieht.

4. Der Gebrauch von *creer que*

○ **¿Crees que** Ana viene? (Glaubst du, (dass) Ana kommt?)
□ **Creo que sí.** (Ich glaube ja.)
□ **Creo que no.** (Ich glaube nicht/nein.)

○ **Creo que** mi marido está durmiendo.
(Ich glaube, mein Mann schläft gerade.)

Hinter *creer* muss immer *que* stehen.

Lección 13

1. Die Komparativformen von *grande* und *pequeño*

Für die Adjektive *grande* und *pequeño* gibt es zwei Komparativformen mit unterschiedlicher Bedeutung.

grande	**más grande**	= größer (Ausdehnung, Umfang)
	mayor	= größer/älter (Alter)
pequeño	**más pequeño**	= kleiner (Ausdehnung, Umfang)
	menor	= kleiner/jünger (Alter)

○ Esta casa es **más grande que** la otra.
(Dieses Haus ist größer als das andere.)
○ Mi hermana es **mayor que** yo.
(Meine Schwester ist älter als ich.)

Besonderer Gebrauch:
○ El señor López es una persona **mayor**.
(Herr López ist alt.)
○ **los mayores** = die Erwachsenen
○ **los menores** = die Jugendlichen/Minderjährigen

2. Der Gebrauch von *ser* und *estar*

○ Pedro es alto. (Pedro ist groß.)
○ Manuela es simpática. (Manuela ist sympathisch.)

Ser + Adjektiv drückt eine bleibende Eigenschaft aus.

○ Pedro está nervioso. (Pedro ist nervös.)
○ Manuela está enferma. (Manuela ist krank.)

Estar + Adjektiv drückt eine veränderliche Eigenschaft oder einen Zustand aus.

○ Pedro es moreno. (Pedro ist dunkel.) = Haut/Haarfarbe

○ Después de una semana en la costa Pedro está moreno. (Nach einer Woche an der Küste ist Pedro braun.) = geworden

○ Ana es guapa. (Ana ist hübsch.)

○ Hoy Ana está muy guapa. (Heute ist Ana sehr hübsch.) = zurecht gemacht/angezogen

○ Santiago es delgado. (Santiago ist schlank.)

○ Santiago hizo una dieta. Ahora está delgado. (Santiago hat eine Diät gemacht. Jetzt ist er schlank.) = geworden

Viele Adjektive können mit **ser** oder mit **estar** benutzt werden; es verändert sich dadurch die Bedeutung.

Lección 14

1. Das Imperfekt (el pretérito imperfecto)

	pas*ar*	com*er*	viv*ir*
(yo)	pasaba	comía	vivía
(tú)	pasabas	comías	vivías
(él/ella/usted)	pasaba	comía	vivía
(nosotros/-as)	pasábamos	comíamos	vivíamos
(vosotros/-as)	pasabais	comíais	vivíais
(ellos/-as/ustedes)	pasaban	comían	vivían

Die Formen des Imperfekts werden bei allen Personen auf der gleichen Silbe betont. Die Endungen der Verben auf *-er* und *-ir* sind gleich.

2. Der Gebrauch des Imperfekts

- Antes **vivía** en una granja. (Früher lebte ich auf einem Bauernhof.)
- **Teníamos** muchos animales. (Wir hatten viele Tiere.)
- Cuando **era** pequeña, **pasabamos** las vacaciones en el campo.
  (Als ich klein war, verbrachten wir die Ferien [immer] auf dem Land.)

Das Imperfekt wird gebraucht, um zu erzählen was war, wie es war oder um über gewohnheitsmäßige Handlungen in der Vergangenheit zu sprechen. Oft werden dabei Zeitangaben wie *antes, siempre, nunca, normalmente* usw. benutzt.

G 14

3. Unregelmäßige Verbformen des Imperfekts

	ser	ir	ver
(yo)	era	iba	veía
(tú)	eras	ibas	veías
(él/ella/usted)	era	iba	veía
(nosotros/-as)	éramos	íbamos	veíamos
(vosotros/-as)	erais	ibais	veíais
(ellos/-as/ustedes)	eran	iban	veían

Nur drei Verben haben unregelmäßige Formen.

4. Der Gebrauch von Imperfekt und Indefinido

○ Cuando **estaba** en octavo, **llegó** un nuevo profesor.
  länger andauernde Handlung   neu einsetzende Handlung
  (Als ich in der 8. Klasse war, kam ein neuer Lehrer.)
○ Cuando **tenía** 10 años, **pasó** las vacaciones en Italia.
  Begleitumstände   einmalige Handlung
  (Als sie 10 Jahre alt war, verbrachte sie ihre Ferien in Italien.)
○ **Llovía** mucho cuando **fui** al cine.
  Hintergrund   einmalige Handlung
  (Es regnete sehr, als ich ins Kino ging.)
○ No **compré** el libro porque no **tenía** dinero.
  einmalige Handlung   Begründung
  (Ich kaufte das Buch nicht, weil ich kein Geld hatte.)

Mit dem *Imperfekt* werden Begleitumstände, Hintergrundhandlungen, länger andauernde Handlungen (Beginn und Ende der Handlung ist irrelevant) oder Begründungen dargestellt.
Mit dem *Indefinido* werden einmalige oder neu einsetzende Handlungen ausgedrückt.
Als Unterscheidungshilfe kann man für das *Imperfekt* die Frage «was war?» stellen, für den *Indefinido* «was passierte?».

5. Die Komparativformen von *bueno* und *malo*

bueno	→	**mejor**
malo	→	**peor**

○ Antes la vida era **mejor** (que hoy). (Früher war das Leben *besser* (als heute).)
○ Hoy la vida es **peor** (que antes). (Heute ist das Leben *schlechter* (als früher).)

Lección 15

1. Der Imperativ (el imperativo)

a. bejahte Formen

	tom*ar*	beb*er*	dorm*ir*
tú	toma	bebe	duerme
usted	tome	beba	duerma
ustedes	tomen	beban	duerman

Der bejahte Imperativ für *tú* entspricht in der Regel der Präsensform der 3. Person Singular. Bei der Höflichkeitsform wird -*a* der Präsensform zu -*e* und -*e* der Präsensform zu -*a*.

b. verneinte Formen

	tom*ar*	beb*er*	dorm*ir*
tú	no tomes	no bebas	no duermas
usted	no tome	no beba	no duerma
ustedes	no tomen	no beban	no duerman

Bei der verneinten Imperativform für *tú* wird *-a* zu *-es*, *-e* zu *-as*. Die verneinte Höflichkeitsform ist die gleiche wie die bejahte.

Der Imperativ der 2. Person Plural (*vosotros/-as*) wird selten gebraucht; man bildet ihn, indem man beim Infinitiv anstelle des *-r* ein *-d* anhängt (**tomar** = **tomad**). Statt der Imperativform wird oft der Infinitiv benutzt.

¡**Tomad** estas pastillas! = ¡**Tomar** estas pastillas!

2. Der Imperativ von unregelmäßigen Verben

	tú		*usted*	
	bejaht	verneint	bejaht	verneint
decir	di	no digas	diga	no diga
hacer	haz	no hagas	haga	no haga
ir	ve	no vayas	vaya	no vaya
poner	pon	no pongas	ponga	no ponga
salir	sal	no salgas	salga	no salga
tener	ten	no tengas	tenga	no tenga
venir	ven	no vengas	venga	no venga

Die Endungen der verneinten und der höflichen Formen werden an den Stamm des Verbs der 1. Person Singular angehängt:
hago = ich mache
¡**No hagas**! = Mach nicht!

G15

3. Imperativ und Pronomen

	tú		*usted*	
quedarse	quédate	no **te** quedes	quédese	no **se** quede
meterse	métete	no **te** metes	métase	no **se** meta
escribirme	escríbeme	no **me** escribas	escríbame	no **me** escriba
decirme	dime	no **me** digas	dígame	no **me** diga

Reflexivpronomen und Objektpronomen werden an den bejahten Imperativ angehängt und dem verneinten vorangestellt. Um die Wortbetonung beizubehalten, muss bei vielen Verben ein Akzentzeichen auf die betonte Silbe gesetzt werden.

4. Der Gebrauch des Imperativs

- Si tienes fiebre, ¡**métete** en la cama! (Wenn du Fieber hast, geh ins Bett.)
- **Tome** estas pastillas tres veces por día. (Nehmen Sie diese Tabletten dreimal am Tag.)
- Por favor, **dime** qué vas a hacer. (Bitte sag mir, was du tun wirst.)
- ¡**Ven** aquí! (Komm her!)

Der Imperativ wird gebraucht bei Ratschlägen, Anweisungen, Bitten und Befehlen.

Lección 16

1. Das Perfekt (el pretérito perfecto)

	estar	aprender	dormir
(yo)	he estado	he aprendido	he dormido
(tú)	has estado	has aprendido	has dormido
(él/ella/usted)	ha estado	ha aprendido	ha dormido
(nosotros/-as)	hemos estado	hemos aprendido	hemos dormido
(vosotros/-as)	habéis estado	habéis aprendido	habéis dormido
(ellos/-as/ustedes)	han estado	han aprendido	han dormido

Das Perfekt wird (im Gegensatz zum Deutschen) immer mit den Formen von **haber** und dem Partizip (participio) gebildet.
Das Partizip wird bei den Verben auf -*ar* mit der Endung **-ado**, bei den Verben auf -*er* und -*ir* mit der Endung **-ido** gebildet, die jeweils an den Stamm angehängt wird.

- Hasta ahora no **he visto** a Ana. (Bis jetzt habe ich Ana noch nicht gesehen.)

Die Formen von **haber** und das Partizip dürfen nie getrennt werden. Die Verneinung wird vorangestellt.

2. Unregelmäßige Partizipien

decir	→	**dicho**	ver	→	**visto**
hacer	→	**hecho**	volver	→	**vuelto**
poner	→	**puesto**			

3. Der Gebrauch des Perfekts

- ¿Qué **has hecho** hoy? (Was hast du heute gemacht?)
- Este año **he estado** en Perú. (Dieses Jahr bin ich in Peru gewesen.)
- ¿**Has escalado** una montaña alguna vez? (Hast du irgendwann einmal einen Berg bestiegen?)
- Susana todavía no **ha vuelto**. (Susana ist noch nicht zurückgekommen.)
- Nunca **hemos bailado** flamenco. (Wir haben noch nie Flamenco getanzt.)

Das Perfekt ist eine Vergangenheitsform, die in enger Beziehung zur Gegenwart steht. Es wird deshalb mit Zeitangaben wie *hoy, esta mañana, este año* usw. benutzt. Außerdem wird mit dem Perfekt eine Zeitspanne, die von einem (beliebigen) Punkt der Vergangenheit bis in die Gegenwart reicht, ausgedrückt.

4. Die betonten Possessivpronomen

Singular		*Plural*	
el mío	la mía	los míos	las mías
el tuyo	la tuya	los tuyos	las tuyas
el suyo	la suya	los suyos	las suyas
el nuestro	la nuestra	los nuestros	las nuestras
el vuestro	la vuestra	los vuestros	las vuestras
el suyo	la suya	los suyos	los suyos

G 16

Man gebraucht die betonten Possessivpronomen,

wenn man ein vorher genanntes Substantiv nicht wiederholen möchte. Das Pronomen wird dann mit dem bestimmten Artikel benutzt.

- ¿Puede describir *sus maletas*? (Können Sie Ihre Koffer beschreiben?)
- **La mía** es negra y **la suya** es marrón. (Meiner ist schwarz und seiner/ihrer ist braun.)

wenn man über den Besitzer einer Sache spricht; das Pronomen steht dann ohne Artikel.

- ¿*De quién* es la maleta negra? (Wem gehört der schwarze Koffer?)
- Es **mía**. (Das ist meiner.)

wenn man von einer Person oder Sache aus einer Gruppe von mehreren spricht. Das Pronomen steht dann ohne Artikel hinter dem Substantiv.

- Paloma es una compañera **mía**. (Paloma ist eine meiner Koleginnen.)

Lección 17

1. Der Gebrauch der Zeiten

Die Ereignisse eines Lebens (z. B. in einer Biografie) werden im *Indefinido* erzählt.

○ ¿Cuándo **naciste**? (Wann wurdest du geboren?)
□ **Nací** en 1970. (Ich wurde 1970 geboren.)
○ ¿Dónde **se murió** el abuelo? (Wo starb der Großvater?)
□ **Se murió** en Argentina. (Er starb in Argentinien.)

Werden in einem Text/Gespräch verschiedene Zeitebenen dargestellt, gelten für den Gebrauch der Zeiten folgende Regeln:

Presente: Was ist jetzt?
○ Ahora **trabajo** en una agencia de publicidad.

Perfecto: Was war/ist in einer Zeitspanne, die von irgendeinem Zeitpunkt in der Vergangenheit bis in die Gegenwart reicht?

○ Yo siempre **he sido** fiel. (Ich bin immer treu gewesen.)
○ ¿Qué **has hecho** todos estos años? (Was hast du all die Jahre gemacht?)

Imperfecto: Wie waren die Begleitumstände, wie war es immer/eine längere Zeit?

○ Cuando **estaba** embarazada, asistí a unos cursos.
   (Als ich schwanger war, besuchte ich einige Kurse.)
○ Antes **vivía** en las afueras.
   (Früher lebte ich am Stadtrand.)

Indefinido: Was passierte? Was passierte dann?

○ Cuando estaba embarazada, **asistí** a unos cursos.
○ El año pasado **decidimos** mudarnos.
   (Letztes Jahr entschlossen wir uns umzuziehen.)

2. Zeitangaben mit *hace*, *desde* und *desde hace*

hace + Zeitspanne = vor
○ Me mudé **hace 3 años**. (Ich bin vor 3 Jahren umgezogen.)

desde + Zeitpunkt = seit
○ Vivo en este barrio **desde enero**. (Ich wohne seit Januar in diesem Viertel.)

desde hace + Zeitspanne = seit
○ Vivo en este barrio **desde hace 5 meses**. (Ich lebe seit 5 Monaten in diesem Viertel.)

Lección 18

1. Das Futur (el futuro)

	cambiar	ser	vivir
(yo)	cambiaré	seré	viviré
(tú)	cambiarás	serás	vivirás
(él/ella/usted)	cambiará	será	vivirá
(nosotros/-as)	cambiaremos	seremos	viviremos
(vosotros/-as)	cambiaréis	seréis	viviréis
(ellos/-as/ustedes)	cambiarán	serán	vivirán

Die Endungen des Futur sind für alle Verben gleich. Sie werden an den Infinitiv angehängt.

2. Unregelmäßige Formen des Futurs

decir	→	diré
hacer	→	haré
poder	→	podré
poner	→	pondré
querer	→	querré
saber	→	sabré
salir	→	saldré
tener	→	tendré
venir	→	vendré

Die gleichen Verben wie beim Konditional haben beim Futur einen unregelmäßigen Wortstamm, an den die regelmäßigen Endungen angehängt werden.

G 18

3. Der Gebrauch des Futurs

Das Futur wird verwendet, um über zukünftige Handlungen oder Ereignisse zu sprechen. Hinzu kommen Zeitangaben der Zukunft wie z. B. *mañana, la semana que viene, el próximo año, en el año 2020, en el futuro*.

Die Formen wichtiger unregelmäßiger Verben

Infinitivo	Presente	Indefinido	Gerundio
dar	doy	di	dando
(geben)	das	diste	*Participio*
	da	dio	dado
	damos	dimos	
	dais	disteis	
	dan	dieron	
decir	digo	dije	*Gerundio*
(sagen)	dices	dijiste	diciendo
	dice	dijo	*Participio*
	decimos	dijimos	dicho
	decís	dijisteis	*Cond./Fut.*
	dicen	dijeron	dir-ía/-é
estar	estoy	estuve	*Gerundio*
(sein/sich	estás	estuviste	estando
befinden)	está	estuvo	*Participio*
	estamos	estuvimos	estado
	estáis	estuvisteis	
	están	estuvieron	
hacer	hago	hice	*Gerundio*
(machen)	haces	hiciste	haciendo
	hace	hizo	*Participio*
	hacemos	hicimos	hecho
	hacéis	hicisteis	*Cond./Fut.*
	hacen	hicieron	har-ía/-é
ir	voy	fui	*Gerundio*
(gehen/fahren)	vas	fuiste	yendo
	va	fue	*Participio*
	vamos	fuimos	ido
	vais	fuisteis	*Imperfecto*
	van	fueron	iba, ibas …
oír	oigo	oí	*Gerundio*
(hören)	oyes	oíste	oyendo
	oye	oyó	*Participio*
	oímos	oímos	oido
	oís	oísteis	
	oyen	oyeron	

poder (können)	puedo puedes puede podemos podéis pueden	pude pudiste pudo pudimos pudisteis pudieron	*Gerundio* pudiendo *Participio* podido *Cond./Fut.* podr-ía/-é
poner (setzen/stellen/ legen)	pongo pones pone ponemos ponéis ponen	puse pusiste puso pusimos pusisteis pusieron	*Gerundio* poniendo *Participio* puesto *Cond./Fut.* pondr-ía/-é
querer (wollen)	quiero quieres quiere queremos queréis quieren	quise quisiste quiso quisimos quisisteis quisieron	*Gerundio* queriendo *Participio* querido *Cond./Fut.* querr-ía/é
saber (wissen)	sé sabes sabe sabemos sabéis saben	supe supiste supo supimos supisteis supieron	*Gerundio* sabiendo *Participio* sabido *Cond./Fut.* sabr-ía/-é
salir (weggehen)	salgo sales sale salimos salís salen	salí saliste salió salimos salisteis salieron	*Gerundio* saliendo *Participio* salido *Cond./Fut.* saldr-ía/-é
ser (sein)	soy eres es somos sois son	fui fuiste fue fuimos fuisteis fueron	*Gerundio* siendo *Participio* sido *Imperfecto* era, …, éramos

tener (haben)	tengo tienes tiene tenemos tenéis tienen	tuve tuviste tuvo tuvimos tuvisteis tuvieron	*Gerundio* teniendo *Participio* tenido *Cond./Fut.* tendr-ía/-é
traer (bringen)	traigo traes trae traemos traéis traen	traje trajiste trajo trajimos trajisteis trajeron	*Gerundio* trayendo *Participio* traído
venir (kommen)	vengo vienes viene venimos venís vienen	vine viniste vino vinimos vinisteis vinieron	*Gerundio* viniendo *Participio* venido *Cond./Fut.* vendr-ía/-é
ver (sehen)	veo ves ve vemos veis ven	vi viste vio vimos visteis vieron	*Gerundio* viendo *Participio* visto *Imperfecto* veía, veías, …

Liste der verwendeten Grammatikausdrücke

Grammatikausdruck	spanisch	deutsch	Beispiel
Adjektiv	adjetivo	Eigenschaftswort	gut, schön
Adverb	adverbio	Umstandswort	normalerweise
Artikel	artículo	Geschlechtswort	der, ein
Demonstrativpronomen	demostrativo	hinweisendes Fürwort	dieser, jener
Diphthong	diptongo	Doppelselbstlaut	ei, eu
feminin	femenino	weiblich	Freundin
Futur	futuro	Zukunft	(Zeitform)
Gerundium	gerundio	(Verlaufsform)	redend
Imperativ	imperativo	Befehlsform	Sprich!
Imperfekt	imperfecto	Vergangenheit	(Zeitform)
Infinitiv	infinitivo	Grundform des Verbs	sprechen
Komparativ	comparativo	Vergleich- und Steigerungsform	so ... wie, mehr ... als
Konditional	condicional	Bedingungsform	könnte
Konjugation	conjugación	Beugung des Verbs	ich kann, du kannst ...
Konsonant	consonante	Mitlaut	b, c, f, g, ...
maskulin	masculino	männlich	Freund
Objekt	objeto	Ergänzung des Verbs	Ich kaufe *ein Brot*.
Objektpronomen	pronombre de objeto	Fürwort als Satzergänzung	Ich kaufe *es*. Ich schenke *es ihm*.
Partizip	participio	Mittelwort	gekauft, gegangen
Perfekt	perfecto	vollendete Gegenwart	(Zeitform)
Plural	plural	Mehrzahl	Büch*er*, Freund*e*
Possessivpronomen	posesivo	besitzanzeigendes Fürwort	mein, dein, ...
Präposition	preposición	Verhältniswort	in, auf, um ...
Präsens	presente	Gegenwart	(Zeitform)
Pronomen	pronombre	Fürwort	ich, du, mir, ihm, ...
reflexiv	reflexivo	rückbezüglich	ich wasche *mich*
Singular	singular	Einzahl	Buch, Freund
Subjekt	sujeto	Satzgegenstand	*Ich* kaufe ein. *Der Laden* ist geöffnet.
Subjektpronomen	pronombre de sujeto	Fürwort als Satzgegenstand	ich, du, er ...
Substantiv	sustantivo	Hauptwort	Buch, Freund, Liebe
Superlativ	superlativo	höchste Steigerungsform	der schnellste ...
Verb	verbo	Zeitwort	sprechen, grüßen,
Vokal	vocal	Selbstlaut	a, e, i, o, u

Liste von Ländern und Nationalitäten

país	masculino	femenino
Alemania	alemán	alemana
Austria	austríaco	austríaca
Bélgica	belga	belga
Dinamarca	danés	danesa
España	español	española
Finlandia	finlandés	finlandesa
Francia	francés	francesa
Grecia	griego	griega
Holanda	holandés	holandesa
Inglaterra	inglés	inglesa
Italia	italiano	italiana
Luxemburgo	luxemburgués	luxemburguesa
Noruega	noruego	noruega
Portugal	portugués	portuguesa
Suecia	sueco	sueca
Suiza	suizo	suiza
Turquía	turco	turca
Argentina	argentino	argentina
Bolivia	boliviano	boliviana
Chile	chileno	chilena
Colombia	colombiano	colombiana
Costa Rica	costarricense	costarricense
Cuba	cubano	cubana
Ecuador	ecuatoriano	ecuatoriana
El Salvador	salvadoreño	salvadoreña
Guatemala	guatemalteco	guatemalteca
Honduras	hondureño	hondureña
México	mexicano	mexicana
Nicaragua	nicaragüense	nicaragüense
Panamá	panameño	panameña
Paraguay	paraguayo	paraguaya
Perú	peruano	peruana
Puerto Rico	puertorriqueño	puertorriqueña
República Dominicana	dominicano	dominicana
Uruguay	uruguayo	uruguaya
Venezuela	venezolano	venezolana
Brasil	brasileño	brasileña
Canadá	canadiense	canadiense
los Estados Unidos	estadounidense	estadounidense
Rusia	ruso	rusa

Lektionswortschatz

Lección 1

¡Mucho gusto! — Angenehm!

1
Para empezar — zum Anfangen
¡Hola! — Hallo!
¡Buenos días! — Guten Morgen, Guten Tag!
¡Buenas tardes! — Guten Tag!
¡Buenas noches! — Guten Abend! Gute Nacht!

2
¿cómo te llamas? — wie heißt du?
¿cómo? — wie?
te llamas — du heißt
llamarse — heißen
¿qué tal? — wie geht's?
¿y tú? — und du?
y — und
tú — du
¿de dónde eres? — woher bist du?
¿de dónde? — woher?
(tú) eres (*inf.* ser) — du bist
ser — sein
soy peruana — ich bin Peruanerin
(yo) soy (*inf.* ser) — ich bin
de — von, aus
soy español — ich bin Spanier
yo — ich

3
¿cómo se llama usted? — wie heißen Sie?
se llama — *hier:* Sie heißen
usted — Sie
(yo) me llamo — ich heiße
¿de dónde es? — woher kommen Sie?
es (*inf.* ser) — *hier:* Sie sind
soy venezolano — ich bin Venezolaner
española — Spanierin
sí — ja

4
España — Spanien
español/-a — spanisch; Spanier/in
venezolano/-a — venezolanisch; Venezolaner
Perú — Peru
peruano/-a — peruanisch; Peruaner/in
Alemania — Deutschland
alemán, alemana — deutsch; Deutsche/r
Austria — Österreich
austríaco/-a — österreichisch; Österreicher/in
Suiza — Schweiz
suizo/-a — schweizerisch; Schweizer/in
Inglaterra — England
inglés, inglesa — englisch; Engländer/in

5
Para practicar — zum Üben

6
Para escuchar — zum Zuhören

7
el señor Moreno — Herr Moreno
la señora García — Frau García
¿cómo está? — wie geht es Ihnen?
estar — sein, sich befinden
Bien, gracias. — Gut, danke.
Le presento a … — Ich möchte Ihnen … vorstellen.
Mucho gusto. — Angenehm.
Encantado/-a. — Sehr erfreut.

9
ésta es … — das ist … (bei Frauen)
es (*inf.* ser) — er/sie ist
mi madre — meine Mutter
¿cómo estás? — wie geht es dir?
muy bien — sehr gut
mira (*inf.* mirar) — sieh mal, schau mal
mamá — Mama, Mutter
éste es … — das ist … (bei Männern)

10
el marido — Ehemann
la mujer — (Ehe)Frau
el esposo — Ehemann/Gatte
la esposa — Ehefrau/Gattin
el amigo — Freund
la amiga — Freundin
el padre — Vater

13
despedirse — sich verabschieden
¡Adiós! — Auf Wiedersehen!
¡Chao! — Tschüss! Ciao!
¡Hasta la próxima! — Bis zum nächsten Mal!
¡Hasta luego! — Bis dann! Bis später!

Y además	Und außerdem
1	
números	Zahlen
2	
¿Qué número de teléfono tiene?	Welche Telefonnummer hat er/sie, haben Sie?
¿qué ...?	welche/r/s ...? was für ein/e ...?
el número	Nummer
el teléfono	Telefon
tiene (*inf.* tener)	er/sie hat/Sie haben
tener	haben
3	
(tú) tienes	du hast
(yo) tengo	ich habe
más despacio	langsamer
por favor	bitte
De nada.	Keine Ursache. (*Antwort auf einen Dank*)
¿Tiene usted teléfono?	Haben Sie Telefon?
¿cómo?	*hier:* wie bitte?
Lo siento, no tengo teléfono.	Es tut mir leid, ich habe kein Telefon.
4	
el/la compañero/-a	Kollege/-in, Mitschüler/in
el curso de español	Spanischkurs
el nombre	Name

Lección 2

¿Qué haces?	Was machst du?
¿qué?	was?
hacer	machen
1	
el hospital	Krankenhaus
la oficina de seguros	Versicherungsbüro
la oficina	Büro
el banco	Bank
el bar	Bar
el/la médico/-a	Arzt/Ärztin
el ama (*f.*) de casa	Hausfrau
el/la camarero/-a	Kellner/in
la secretaria	Sekretärin
el/la profesor/a	Lehrer/in
el/la arquitecto/-a	Architekt/in
el/la programador/a	Programmierer/in
la enfermera	Krankenschwester
2	
En una fiesta	Auf/bei einem Fest
la fiesta	Fest
de Argentina	aus Argentinien
el/la fotógrafo/-a	Fotograf/in
trabajar	arbeiten
en una agencia de publicidad	in einer Werbeagentur
¡Qué bien!	Wie gut!
el/la estudiante	Student/in
estudiar	studieren
el arte (*f.*)	Kunst
además	außerdem
la guía de turismo	Touristenführerin
el/la guía	(Fremden)Führer/in
¿hablas idiomas?	sprichst du (Fremd)Sprachen?
hablar	sprechen
el idioma	Sprache
por supuesto	natürlich, selbstverständlich
francés	Französisch
un poco de alemán	ein wenig Deutsch
el/la ingeniero/-a	Ingenieur/in
4	
¿dónde?	wo?
en una oficina	im Büro/in einem Büro
la escuela	Schule
en casa	zu Hause
la casa	Haus, Wohnung
6	
la consulta	Arztpraxis
el hombre	Mann
el mecánico	Mechaniker
7	
italiano	italienisch
ruso	russisch
holandés	holländisch
no	nein
8	
Para leer	zum Lesen
Señoras y señores:	Sehr geehrte Damen und Herren,
la empresa de exportación	Exportfirma
la empresa	Firma, Unternehmen
desde hace seis años	seit sechs Jahren
desde hace	seit
el año	Jahr
e	und (*vor einem Wort mit i-*)
conocimientos de francés	Französischkenntnisse
vivo en ...	ich lebe in ...
vivir	leben
estoy casada	ich bin verheiratet
tengo una hija	ich habe eine Tochter

el/la hijo/-a	Sohn/Tochter
busco un trabajo	ich suche eine Arbeit
buscar	suchen
el trabajo	Arbeit
de media jornada	halbtags
porque	weil
allí	dort
tres meses	drei Monate
Espero su respuesta.	Ich erwarte Ihre Antwort.
Atentamente	Hochachtungsvoll (*Briefschluss*)

9

escribir	schreiben

Y además

4

¿Cuántos años tienen?	Wie alt sind sie?
¿cuántos?	wie viele?
Tiene… años.	Er/sie ist … Jahre alt.

5

¡Adivina!	Rate mal!
adivinar	raten
más	mehr
menos	weniger

Lección 3

¡Qué hambre!	Welch ein Hunger!

1

la cerveza	Bier
la botella	Flasche
el vino tinto	Rotwein
el vino	Wein
un bocadillo de jamón	Schinkenbrötchen
el bocadillo	belegtes Brötchen
el jamón	Schinken
la tortilla	Omelett
el vaso	Glas
el vino blanco	Weißwein
el coñac	Kognak, Weinbrand
el café con leche	Milchkaffee
el café	Kaffee
la leche	Milch
el té	(schwarzer) Tee

2

la bebida	Getränk
la comida	Gericht, Speise

3

el café solo	Espresso, kleiner schwarzer Kaffee
el café descafeinado	koffeinfreier Kaffee
el limón	Zitrone
la manzanilla	Kamille(ntee)
la tila	Lindenblütentee
la infusión	(Kräuter)Tee
el carajillo	Kaffee mit Weinbrand
la caña	*hier:* (ein kleines) Bier (vom Fass)
la doble	*hier:* (großes) Bier vom Fass
la cerveza sin alcohol	alkoholfreies Bier
la copa	(Stiel)Glas
el aperitivo	Aperitif
el agua (f) mineral	Mineralwasser
el refresco	Erfrischungsgetränk
el zumo de naranja	Orangensaft
la naranja	Orange, Apfelsine
la piña	Ananas
la tapa	Tapa, (= *eine Kleinigkeit zum Essen*)
la ración	Portion
la aceituna	Olive
las patatas fritas	Pommes frites, Kartoffelchips
la empanadilla	(kleine) Fleischpastete
la ensaladilla rusa	russischer Salat
el pincho de tortilla	ein Stück Tortilla
el chorizo	Paprikawurst
las gambas cocidas	gekochte Garnelen
los calamares	Tintenfische
los boquerones en vinagre	Sardinen in Essig
el vinagre	Essig
el queso	Käse
el tomate	Tomate
el atún	Thunfisch
¿Vamos a tomar algo?	Wollen wir etwas trinken?
tomar	nehmen, *hier:* verzehren, essen, trinken
ir a	*hier:* werden, wollen
oye (*inf.* oír)	hör mal
¡qué hambre tengo!	Was für ein Hunger!
el hambre (*f.*)	Hunger
aquí	hier
Vale.	Einverstanden.
¿Qué vas a beber?	Was wirst du trinken?
beber	trinken
pues	nun
a ver qué hay para comer	mal sehen, was es zu essen gibt
hay	es gibt
comer	essen
también	auch

5

el plato	Teller
el cuchillo	Messer
el tenedor	Gabel
la cuchara	Löffel
la cucharilla	Teelöffel
la servilleta	Serviette
el pan	Brot
la sal	Salz
el aceite	Öl
la mesa	Tisch

6

¡Perdón, falta un vaso!	Entschuldigung, es fehlt ein Glas.
¡Perdón!	Entschuldigung!
faltar	fehlen
enseguida	sofort
¿podría traer más pan por favor?	könnten Sie bitte noch etwas Brot bringen?
Sí, claro.	Selbstverständlich.

8

el restaurante	Restaurant
cenar	(zu Abend) essen
hoy	heute
el asado de cordero	Lammbraten
la especialidad de la casa	Spezialität des Hauses
las almejas a la marinera	Muscheln auf Seemannsart
yo quiero	ich möchte
querer (e>ie)	wollen, mögen
de primero	als Vorspeise
la sopa	Suppe
el ajo	Knoblauch
de segundo	als Hauptgericht
con patatas	mit Kartoffeln
la ensalada	Salat
para dos	für zwei
sin gas	ohne Kohlensäure
el menú	Menü, Speisekarte
entradas	*hier:* Vorspeisen
los entremeses variados	gemischte Vorspeisen
la ensalada mixta	gemischter Salat
los espárragos con mahonesa	Spargel mit Majonäse
las judías verdes	grüne Bohnen
patatas bravas	Kartoffeln mit einer scharfen Soße
el pescado	(Speise)Fisch
la crema de ave	Geflügelkremsuppe
el gazpacho	(kalte) Gemüsesuppe
la carne	Fleisch
el escalope	Schnitzel
la ternera	Kalbfleisch
el solomillo	Filet, Lendenstück
el champiñón	Champignon
el pollo	Hähnchen
pollo al ajillo	Knoblauchhähnchen
la merluza	Seehecht
al horno	aus dem Backofen
el lenguado	Seezunge
a la plancha	vom Grill
calamares a la romana	panierte Tintenfischringe
chipirones en su tinta	kleine Tintenfische im eigenen Saft
el postre	Dessert, Nachtisch
la tarta helada	Eistorte
el flan	Vanillekrem mit Karamelsoße
la nata	Sahne
el sorbete	Halbgefrorenes
la frambuesa	Himbeere
el helado	(Speise)Eis
la vainilla	Vanille
el chocolate	Schokolade

10

la cuenta	Rechnung
pero	aber
¿Quieren algo más?	Möchten Sie noch etwas?

12

las cigalas	Kronenhummer
el salmón	Lachs
la langosta	Languste
las codornices rellenas	gefüllte Wachteln
la tarta nupcial	Hochzeitstorte
el champán	Champagner, Sekt

Lección 4

Ocio	Freizeit

1

montar en bicicleta	Fahrrad fahren
la bicicleta	Fahrrad
jugar al tenis	Tennis spielen
el tenis	Tennis
jugar	spielen
bailar	tanzen
escuchar música	Musik hören
la música	Musik
nadar	schwimmen
el fútbol	Fußball

2

¿Te gusta?	Gefällt es dir?
te	dir
¿Qué te gusta hacer en tu tiempo libre?	was machst du gerne in deiner Freizeit?
a mí me gusta jugar al tenis	ich spiele gerne Tennis

a mí	mir	ni ... ni	weder ... noch
me	mir	los planes	die Pläne
¿y a ti?	und dir?	para el futuro	für die Zukunft
el jardín	Garten	Pues, suerte.	Nun, viel Glück.

3

leer	lesen
ver la televisión	fernsehen
ver	sehen
la televisión	Fernsehen
ir al cine	ins Kino gehen
ir	gehen
el cine	Kino
hacer deporte	Sport treiben
el deporte	Sport
caminar	wandern
cocinar	kochen
dormir (o>ue)	schlafen
ir de compras	Einkaufen gehen

4

la entrevista	Interview
¿Qué le gusta hacer?	Was machen Sie gerne?
a mí me gusta mucho el teatro	mir gefällt Theater sehr
normalmente	normalerweise
(yo) voy (*inf.* ir)	ich gehe
con mi esposo	mit meinem Mann
nos gusta ...	uns gefällt ...
no me gusta ir al cine	ich gehe nicht gerne ins Kino
prefiero ver las películas en la tele	ich ziehe es vor, Filme im Fernsehen zu schauen
preferir (e>ie)	vorziehen, lieber (tun)

5

la radio	Radio

7

la pregunta	Frage
«El Pedales»	«Der Pedale» (*Spitzname*)
el/la ciclista	Fahrradfahrer/in
por	*hier:* von
muchas personas tienen como hobby	viele Personen haben als Hobby
el hobby	Hobby
tu profesión	dein Beruf
bueno	gut
para ganar carreras hay que entrenar muchas horas	um Rennen zu gewinnen, muss man viele Stunden trainieren
algo diferente	etwas anderes
toco el piano	ich spiele Klavier
tocar	(ein Instrument) spielen
un campeón pianista	«ein Meisterpianist»
el campeón	(im Sport) Meister
el pianista	Pianist, Klavierspieler
¿por qué no?	warum nicht?
de momento	im Moment, zur Zeit

8

tus gustos	deine Vorlieben
a mí me gustan	mir gefallen
las películas americanas	Hollywoodfilme
a mí también	mir auch
a mí no	mir nicht
el arte moderno	moderne Kunst
a mí tampoco	mir auch nicht
a mí sí	mir (aber) doch
los libros de ciencia ficción	Sciencefictionbücher
las películas de acción	Actionfilme
las novelas policíacas	Kriminalromane
los cómics	Comics
los musicales	Musicals
las telenovelas	(Fernseh)Seifenopern
el rock	Rockmusik
la música clásica	klassische Musik

9

¿Conoces a tu media naranja?	Kennst du deine bessere Hälfte?
conocer (-zco)	kennen
le gusta la cocina de su mujer	er mag die Art, wie seine Frau kocht

Y además

1

¿Qué hora es?	Wie viel Uhr ist es?
la hora	Stunde
Es la una.	Es ist ein Uhr.
Son las tres.	Es ist drei Uhr.
las tres y cuarto	viertel nach drei
las tres y media	halb vier
las cuatro menos cuarto	viertel vor vier
en punto	genau (bei der vollen Stunde)
las ocho de la mañana	acht Uhr morgens
la mañana	Morgen
las ocho de la tarde	acht Uhr abends
la tarde	Nachmittag, (früher) Abend
las tres de la noche	drei Uhr nachts
la noche	Nacht
las cinco de la madrugada	fünf Uhr (früh) morgens
la madrugada	Morgenfrühe

2

¿A qué hora abre …?	Um wie viel Uhr öffnet …?
¿a qué hora?	um wie viel Uhr?
abrir	öffnen
dentro de veinte minutos	in zwanzig Minuten
a las siete y media	um halb acht
Muchas gracias.	Vielen Dank.
¿cuándo?	wann?
el partido de fútbol	Fußballspiel
¡Sólo faltan diez minutos!	Bis dahin sind es nur noch zehn Minuten!

3

las noticias	Nachrichten

Lección 5

¿Está cerca?	Ist es in der Nähe?
cerca (de)	in der Nähe (von)

1

el país	Land, Staat
Latinoamérica	Lateinamerika
el norte	Norden
Sudamérica	Südamerika
el sudeste	Südosten
el noroeste	Nordwesten
el sur	Süden
Centroamérica	Mittelamerika
entre	zwischen
el sudoeste	Südwesten
el centro	Zentrum
la isla	Insel
el mar	Meer
el Caribe	Karibik

2

la ciudad	Stadt
bastante provinciano/-a	ziemlich provinziell
¿no?	nicht wahr?
No, ¡qué va!	Überhaupt nicht!
grande	groß
moderno/-a	modern
la avenida	Allee
muchos/-as	viele
el parque	Park
más de 130.000 habitantes	mehr als 130.000 Einwohner
el/la habitante	Einwohner/in
universitario/-a	Universitäts-
la universidad	Universität
muy	sehr
famoso/-a	berühmt
entonces seguro que hay …	dann gibt es sicher …
la gente	die Leute
joven	jung
latinoamericano/-a	lateinamerikanisch
el ambiente	Stimmung, Atmosphäre
alegre	fröhlich, heiter
juvenil	jugendlich

3

viejo/-a	alt
el pueblo	Dorf
pequeño/-a	klein
la plaza	Platz
bonito/-a	schön
la iglesia	Kirche
antiguo/-a	antik, alt
el edificio	Gebäude
la zona	Gebiet, Zone
industrial	industriell, Industrie-
la calle	Straße
tranquilo/-a	ruhig

5

el mercado	Markt, Markthalle
por aquí	hier in der Nähe
Oiga (inf. oír)	Hören Sie
no soy de aquí	ich bin nicht von hier
Disculpe.	Entschuldigen Sie bitte.
¿Sabe si …?	Wissen Sie, ob …?
lejos	weit
A unos diez minutos.	Es sind ungefähr zehn Minuten.
Mire, … (inf. mirar)	Schauen Sie …
cruzar	überqueren
seguir (e>i)	(Weg) verfolgen, fortsetzen
Vd. sigue por la calle …	Sie gehen die … Straße entlang
al final	am Ende
llegar	ankommen
tiene que girar	Sie müssen abbiegen
a la derecha	rechts
tener que	müssen
girar	abbiegen
ya	schon
a la izquierda	links
primero	*hier:* zuerst
todo recto	geradeaus
pasar por	gehen, kommen durch
otra vez	noch einmal
hasta	bis (zu)
luego	dann, danach

6

derecho	geradeaus
primero/-a	erste/r
segundo/-a	zweite/r
tercero/-a	dritte/r

7

el coche	Auto
detrás de	hinter

el hotel	Hotel	la cebolla	Zwiebel
enfrente de	gegenüber von	el yogur	Joghurt
la farmacia	Apotheke	el melocotón	Pfirsich
en la esquina	an der Ecke	el plátano	Banane
junto a	nahe, an	la mantequilla	Butter
el semáforo	Ampel	el pimiento	Paprika
al lado de	neben	el ajo	Knoblauch
delante de	vor	el huevo	Ei
la parada de autobús	Bushaltestelle	la mermelada	Marmelade
		la lechuga	Kopfsalat
		la miel	Honig

9

A mira esta página. — A schaut auf diese Seite.
la estación — Bahnhof
Pregunta a tu compañero/-a por … — Frag deine/n Kollegen/-in nach …
la oficina de correos — Post
el supermercado — Supermarkt
el teatro — Theater
la oficina de turismo — Touristeninformation
el museo — Museum

el azúcar — Zucker
el salchichón — Dauerwurst
el chorizo — Paprikawurst
la mortadela — Mortadella
la fruta — Obst, Frucht
la verdura — Gemüse
los embutidos — Wurstwaren
los alimentos — Lebensmittel

2

la nevera — Kühlschrank

10

la conversación — Unterhaltung, Gespräch

3

¿A quién le toca? — Wer ist an der Reihe?
¿quién? — wer?
tocar — *hier:* an der Reihe sein
¿Qué le pongo? — *hier:* Was darf es sein?
poner — *hier:* geben; setzen, stellen, legen

Y además

1

la dirección — Adresse
el código postal — Postleitzahl
sin número — ohne Nummer
el apartado — Postfach

medio kilo (de) — ein halbes Kilo
medio/-a — halb
maduro/-a — reif
¿Desea algo más? — Möchten Sie noch etwas?
desear — wünschen
el gramo — Gramm
cortar — schneiden
la loncha — (Käse/Wurst) Scheibe
fino/-a — dünn
¿es todo? — ist das alles?
la barra de pan — Stangenbrot
meter — (hinein)legen, -stecken
la bolsa — (Einkaufs)Tüte

2

la sorpresa — Überraschung
Si viajas por … tienes que informarte sobre la orientación local. — Wenn du durch … reist, musst du dich über die Orientierungsweise informieren.
por ejemplo — zum Beispiel
determinar — festlegen, bestimmen
los puntos cardinales — Himmelsrichtungen
el sindicato — Gewerkschaft
la cuadra (LA) — Häuserblock
hacia abajo — bis unten
alguno/-a — einige, manche
el orden — Ordnung
en la mayoría de — in der Mehrzahl von
uno se orienta — man orientiert sich

4

comprar — kaufen
el arroz — Reis

5

la caja (de) — Schachtel
la galleta — Keks, Plätzchen
el paquete (de) — Paket, Packung
la lata (de) — (Konserven)Dose
la docena (de) — Dutzend

Lección 6

De compras — Beim Einkaufen

7

verde — grün
rojo/-a — rot
azul — blau

1

la manzana — Apfel
la naranja — Apfelsine, Orange

amarillo/-a	gelb
marrón	braun
gris	grau
blanco/-a	weiß
negro/-a	schwarz
de lunares	gepunktet
a rayas	gestreift
a cuadros	kariert
la lana	Wolle
el algodón	Baumwolle
el cuero	Leder
la seda	Seide
llevar	tragen, anhaben
la chaqueta	Jacke, Sakko
los vaqueros	Jeans
el pantalón/ los pantalones	Hose
la camisa	Hemd
la minifalda	Minirock
la blusa	Bluse
el vestido	Kleid
los zapatos	Schuhe
el jersey	Pullover
el traje	Anzug
gris oscuro	dunkelgrau
la corbata	Krawatte
le encanta/n	sie ist begeistert von …
el bañador	Badeanzug

8

¿Qué color te gusta más?	Welche Farbe gefällt dir am besten?
el color	Farbe
la ropa	Kleidung
favorito/-a	Lieblings-

10

el modelo	Modell
la talla	Größe
el abrigo	Mantel
la piel	(Nappa)Leder
largo/-a	lang
como nuevo	wie neu
comprada en	gekauft bei
grande	groß
el vestido de baile	Ballkleid
último/-a	neueste/r, letzte/r
la pedrería	Edelstein
la Comunión	Kommunion
el traje de niño	Kinderanzug

11

la falda	Rock
ése/ésa	diese/r (da)
¿Me la puedo probar?	Kann ich ihn anprobieren?
poder (o>ue)	können
el probador	Umkleidekabine
al fondo	(dort) hinten (am Ende)

¿Y cómo le queda?	Und wie passt er Ihnen?
quedar	*hier:* passen
¿Cuánto cuesta?	Wie viel kostet (es)?
caro/-a	teuer
la oferta	(Sonder)Angebot
sólo	nur
barato/-a	billig
Me la llevo.	Ich nehme ihn.
llevarse	mitnehmen
Bien, pase por caja.	Gut, gehen Sie zur Kasse.

12

¿Quién lo dice?	Wer sagt das?
el/la cliente	Kunde/-in
o	oder
el/la dependiente	Verkäufer/in
de tonos diferentes	in verschiedenen (Farb) Tönen
pagar con tarjeta	mit Karte bezahlen
la tarjeta (de crédito)	(Kredit) Karte
demasiado	zu viel, zu, zu sehr

13

corto/-a	kurz
estrecho/-a	eng

14

en efectivo	bar

Y además

1

la tienda	Laden, Geschäft
la cosa	Sache, Ding
la carnicería	Metzgerei, Fleischerei
el estanco	Tabakladen
la pescadería	Fischgeschäft
la frutería	Obstladen
el sello	Briefmarken
el solomillo de ternera	Rinderfilet
la aspirina	Aspirin

2

por ciento	Prozent

Lección 7

1

por la mañana	vormittags, morgens
por la tarde	nachmittags
por la noche	abends, nachts
antes de	vor
después de	nach
posible	möglich
la información	Information

2

elegir (e>i)	auswählen
el horario	Öffnungszeit, Stunden-/Fahrplan
cerrar (e>ie)	schließen
estar abierto/-a	geöffnet sein
estar cerrado/-a	geschlossen sein
desde las ... hasta las ...	von ... Uhr bis ... Uhr
de ... a ...	von ... bis

3

interesante	interessant
el horario de trabajo	Arbeitzeit
bueno/-a	gut
empezar (e>ie)	beginnen
terminar	(be)enden
alguno/-a	(irgend)eine/r, einige, ein paar
la cafetería	Cafeteria
¡Qué poco tiempo ...!	Wie wenig Zeit ...!
siempre	immer
necesitar	brauchen, gebrauchen
volver (o>ue)	zurückkehren, zurückkommen
sobre las ocho	gegen acht Uhr
el/la chico/-a	Junge/Mädchen, (junge/r) Mann/Frau, Typ

4

la jornada de trabajo	Arbeitstag

5

el día	Tag
normal	normal, gewöhnlich
levantarse	aufstehen
temprano	früh
dormir (o>ue) una siesta	Mittagsschlaf, Nickerchen machen
el periódico	Zeitung
salir (salgo)	aus-, weggehen
la cena	Abendessen
acostarse (o>ue)	ins/zu Bett gehen
tarde	spät

6

el panadero	Bäcker
el empleado de gasolinera	Tankwart
el taxista	Taxifahrer

7

¿con qué frecuencia?	wie oft?
la frecuencia	Häufigkeit, Frequenz
la actividad	Tätigkeit
la costumbre	Gewohnheit
todos los días	jeden Tag
2 ó 3 veces por semana	2 oder 3 mal pro Woche
a veces	manchmal
nunca	nie, niemals

8

¡Qué día!	Was für ein Tag!
a mediodía	mittags
el curso de informática	Informatikkurs
la reunión	Treffen, Zusammenkunft
los padres	Eltern

9

el correo electrónico	E-mail
desde Londres	aus London
Querido/-a ...	Liebe/r (*Briefanfang*)
el saludo	Gruß
aprender	lernen
ir a clase	zum Unterricht gehen
la clase	Unterricht
pero	aber
la dificultad	Schwierigkeit
¡Imagínate que cenamos ...!	Stell dir vor, wir essen ...!
reunirse	sich treffen, versammeln
el «pub»	Pub, (englische) Kneipe
divertirse	sich (gut) unterhalten, sich amüsieren
¡esto no es España!	das ist nicht Spanien!
mucho más temprano	sehr viel früher
Un abrazo	Sei umarmt/Ich drück dich (*Briefschluß*)

Y además

1

el calendario	Kalender
el lunes	Montag
el martes	Dienstag
el miércoles	Mittwoch
el jueves	Donnerstag
el viernes	Freitag
el sábado	Samstag
el domingo	Sonntag
enero	Januar
febrero	Februar
marzo	März
abril	April
mayo	Mai
junio	Juni
julio	Juli
agosto	August
septiembre	September
octubre	Oktober
noviembre	November
diciembre	Dezember
el mes	Monat

2

la fecha	Datum
la carta	der Brief

Lección 8

¿Cómo quedamos?	Wie verbleiben wir?
quedar	verbleiben, verabreden

1

si hace buen tiempo	wenn gutes Wetter ist
el tiempo	Wetter
dar un paseo (por)	einen Spaziergang machen (durch)
la entrada	Eintrittskarte, Eintritt
el concierto	Konzert
el/la niño/-a	Kind
el zoo	Zoo

2

la playa	Strand
¿Diga? (*inf.* decir)	(am Telefon) Hallo, Ja, bitte
llamar	(an)rufen
saber (sé)	wissen
el plan	Plan
para mañana	für morgen
la barbacoa	Grill
porque	weil
venir (vengo, e>ie)	kommen
ya sabes que ...	du weißt ja, dass ...
¿por qué?	warum?
la idea	Idee
si hace mal tiempo	wenn schlechtes Wetter ist
pensar (e>ie)	denken
el circo	Zirkus
quedarse en casa	zu Hause bleiben
¡todo organizado!	alles organisiert!

3

descansar	ausruhen
encontrarse con amigos	sich mit Freunden treffen
ir de copas	etwas trinken gehen, ausgehen

4

pasado mañana	übermorgen
el próximo lunes	nächsten Montag
la semana	Woche
el lunes que viene	nächsten Montag
Todavía no lo sé.	Ich weiß es noch nicht.

5

es que ...	denn ..., (das ist) weil ...
tener ganas de	Lust haben auf
apetecer	Lust haben auf, zusagen
¿qué te parece?	was hältst du davon?
¿qué tal sobre ...?	wie wäre es gegen ... Uhr?
venir a buscar	abholen

6

así	so, auf diese Weise
ponerse moreno/-a	braun werden

8

¿te gustaría ...?	würdest du gern ...?

Y además

1

la estación	Jahreszeit
la primavera	Frühling, Frühjahr
el verano	Sommer
el otoño	Herbst
el invierno	Winter

2

viajar	(ver)reisen

3

la (tarjeta) postal	Postkarte
espero que bien	ich hoffe, gut
la línea	Zeile, Linie
decir	sagen
visitar	besuchen
dime (*inf.* decir)	sag mir
mostrar	zeigen
¡Contéstame pronto!	Antworte schnell!
contestar	antworten
Espero tus noticias.	Ich warte auf deine Nachricht.
el beso	Kuss
estupendo/-a	fabelhaft, prima

Lección 9

Ayer	gestern

3

estuve (*inf.* estar)	ich war, ich bin gewesen
¿Qué tal el fin de semana?	Wie war das Wochenende?
fue (*inf.* ser)	es war, es ist gewesen
divertido/-a	unterhaltsam, lustig
Anda, ¡cuenta!	Komm schon, erzähl!
contar (o>ue)	erzählen
conocí a ...	ich habe ... kennengelernt
cantar	singen
charlar	reden, plaudern
total, que el domingo ...	also, und am Sonntag ...
la cama	Bett
fui (*inf.* ir)	ich ging, ich bin gegangen
ayudar a recoger	aufräumen helfen
ayudar	helfen
recoger	aufräumen

nada especial	nichts Besonderes

5
la catedral	Kathedrale
hacer fotos	fotografieren, Fotos machen
la foto	Foto(grafie)
la sinagoga	Synagoge

6
aburrido/-a	langweilig
monótono/-a	monoton, eintönig

7
creer (que)	glauben
hacer camping	campen, Camping machen
ir al campo	aufs Land fahren
en realidad	in Wirklichkeit

8
por última vez	zum letzten Mal
anteayer	vorgestern
el lunes pasado	letzten, vergangenen Montag
la semana pasada	letzte, vergangene Woche
el otro día	neulich

9
el titular	Überschrift, Schlagzeile
el artículo	(Zeitungs)Artikel
la fiesta benéfica	Wohltätigkeitsfest
el público	Publikum, Öffentlichkeit
la presentación	Präsentation
nuevo/-a	neu
el disco	Platte
el fin luminoso	«strahlendes» Ende
la feria	Jahrmarkt, Kirmes
agradó (*inf.* agradar)	ihm/ihr gefiel
registrar	registrieren
multitudinario/-a	Massen-
la asistencia	Teilnahme
el acto	Feier
la colaboración	Mitarbeit
el Ayuntamiento	Stadtverwaltung
invitar	einladen
gratuitamente	gratis
los chipioneros	Bewohner von Chipiona
los visitantes	Besucher
asistir	teilnehmen
la zarzuela	(*spanisches Singspiel*)
poner en escena	aufführen
algo más de …	etwas mehr als …
pasar	verbringen
jueves festivo	Donnerstag-Feiertag
el patio	Innenhof
el colegio	Schule
contar	rechnen
sobrepasar	übersteigen
alcanzar	erreichen
la recaudación	Einnahmen
mayores	Erwachsene
el acontecimiento	Ereignis
tener lugar	stattfinden
la bodega	Bodega, Weinstube
los jóvenes	Jugendliche
los adultos	Erwachsene
colaborar	zusammenarbeiten
la organización	Organisation
el festejo	Festlichkeit
resultar	resultieren
el éxito	Erfolg
tradicional	traditionell
el lunes de resaca	«der blaue Montag»
convertirse	sich verwandeln
aunque	*hier:* wenn auch
más moderado que	moderater als
el (día) anterior	der vorherige (Tag)

Y además

1
¿Qué tiempo hace?	Wie ist das Wetter?
llueve	es regnet
nieva	es schneit
hace sol	es ist sonnig, die Sonne scheint
hace frío	es ist kalt
hace calor	es ist warm
hace viento	es ist windig
hace 20 grados	es ist 20°

3
maravilloso/-a	wunderbar
¡Qué suerte tuvimos …!	Was für ein Glück hatten wir …!
el puente	Brücke, *hier:* langes Wochenende
quizás	vielleicht
la costa	Küste
sin parar	ohne Unterlass
horrible	schrecklich, fürchterlich
¡qué mala suerte!	Was für ein Pech!
casi	fast, beinahe
la piscina	Schwimmbad

4
¡Qué tiempo tan horrible!	Was für ein fürchterliches Wetter!

Lección 10

ir en tren	mit dem Zug fahren
el tren	Zug

1

desde	von … aus
el avión	Flugzeug
el barco	Schiff
la moto	Motorrad

2

el taxi	Taxi
el tranvía	Straßenbahn
el metro	Metro, U-Bahn
a pie	zu Fuß
ir a clase	zum Unterricht gehen/ fahren

3

la posibilidad	Möglichkeit
depende	es kommt darauf an
el viaje	Reise
rápido/-a	schnell
cómodo/-a	bequem
el AVE	(Hochgeschwingigkeitszug zw. Madrid und Sevilla)
más barato	billiger
tardar mucho más	länger dauern
lento/-a	langsam
dar miedo	Angst einflößen
dar (doy)	geben
la clase	*hier:* Klasse, Kategorie
ida y vuelta	Hin- und Rückfahrt
Voy a pensármelo.	Ich werde es mir überlegen.

4

la ventaja	Vorteil
la desventaja	Nachteil
diferente	unterschiedlich
el medio de transporte	Transportmittel

5

comparar	vergleichen
incómodo/-a	unbequem

6

seguro/-a	sicher
peligroso/-a	gefährlich
ecológico/-a	ökologisch, umweltbewusst

7

volar (o>ue)	fliegen
residir	wohnen
vía	über
Nochebuena	Heiligabend
acercarse	sich nähern, *hier*: herantreten
la mesa de facturación	Abfertigungs-, Eincheckschalter
el asiento	Sitzplatz
la lista de espera	Warteliste
mirar a los ojos	in die Augen schauen
la equivocación	Irrtum, Verwechslung
vaya …	gehen Sie …
la oficina de atención al cliente	Kundendienstbüro
exponer	darlegen, erklären
ocurrir	sich ereignen, geschehen
el encargado	Sachbearbeiter
el servicio	Service, Dienstleistung
explicar	erklären
por eso	deshalb
en la mano	in der Hand
precavido/-a	vorsichtig
con tiempo	frühzeitig
de mal gusto	von schlechtem Geschmack
permitir	erlauben
el vuelo	Flug
legal	legal, rechtmäßig
la línea aérea	Fluglinie, Fluggesellschaft
la forma	Art und Weise
asombrosamente	erstaunlicherweise
a tiempo	pünktlich
embarcar	an Bord gehen, (*in ein Flugzeug*) einsteigen
era	war
por tanto	folglich, deswegen, also
el/la único/-a	der/die Einzige
el/la canario/-a	(Bewohner/in der Kanarischen Inseln)
quedarse en tierra	auf dem Boden bleiben

9

acordarse (o>ue)	sich erinnern
con puntualidad	pünktlich
¿adónde?	wohin?

10

la afirmación	Behauptung
comprobar (o>ue)	überprüfen, feststellen
el horario de trenes	Fahrplan
el tren directo	durchgehender Zug
con transbordo	mit Umsteigen
el tren de cercanías	Nahverkehrszug
llevar retraso	Verspätung haben

Y además

1

la avería	Panne
pasar	*hier:* zustoßen, passieren
tener mala suerte	Pech haben
salir de viaje	abfahren, auf Reisen gehen
la gasolinera	Tankstelle
echar gasolina	tanken

la gasolina	Benzin
a los 30 kilómetros	nach ungefähr 30 Kilometern
pincharse una rueda	einen Platten haben
sacar la rueda de repuesto	das Reserverad auspacken
cambiar la rueda	Reifen wechseln
poco después	wenig später
el motor	Motor
el ruido	Geräusch, Lärm
extraño/-a	sonderbar, seltsam
el taller	Werkstatt
decidir	entscheiden
vender	verkaufen

3

romperse	kaputtgehen, brechen

4

llevar	*hier:* (hin)bringen

Lección 11

Se alquila	Zu vermieten
alquilar	mieten, vermieten

1

el piso	Wohnung
vacío/-a	leer
la habitación	Zimmer, Raum
los muebles	Möbel
la cocina	Küche; Herd
el dormitorio	Schlafzimmer
el cuarto de baño	Badezimmer
el pasillo	Flur, Diele
la terraza	Terrasse
el salón	Wohnzimmer
el armario	Schrank
la estantería	Regal
el sillón	Sessel
la silla	Stuhl
la lámpara	Lampe
el sofá	Sofa, Couch
el espejo	Spiegel
el horno	Backofen

3

estar libre	frei sein
ahora	jetzt
exactamente	genau
el sitio	Platz, Raum
el sofá-cama	Schlafsofa
me parece bien	es scheint in Ordnung zu sein
la reserva	Reservierung
por escrito	schriftlich

el adelanto	Anzahlung
el comedor	Esszimmer
el trastero	Abstellraum
el patio	Innenhof, Patio
la lavadora	Waschmaschine
equipado/-a	ausgestattet
por quincenas	für 14 Tage, für zwei Wochen
el precio	Preis
razonable	vernünftig, angemessen
la azotea	Dachterrasse
soleado/-a	sonnig
el apartamento	Apartment, kleine Wohnung
sólo por temporada	nur zeitweise

4

estar interesado/-a	interessiert sein
la fórmula de cortesía	Höflichkeitsformel, -floskel

5

deber	sollen, müssen
la casa de vacaciones	Ferienhaus
las vacaciones	Ferien, Urlaub

6

limpiar	säubern, putzen
la sábana	Betttuch, Bettwäsche
la toalla	Handtuch
el tendedero	Wäscheleine
para secar la ropa	zum Wäsche trocknen
la bombona de gas	Gasflasche
el contenedor de basura	Mülltonne, Müllcontainer
la basura	Müll

7

funcionar	funktionieren
encontrar (o>ue)	finden
la llave	Schlüssel
el/la vecino/-a	Nachbar/in
reclamar	sich beschweren, reklamieren
la recepción	Empfang, Rezeption

8

así que	so dass
aprovechar	ausnutzen
informar	informieren
con respecto a ...	in Hinblick auf ...
la verdad es que ...	die Wahrheit ist dass
el terreno	Gelände, Grundstück
tanto como	genauso viel wie
el garaje	Garage
difícil	schwierig
aparcar	parken
por otro lado	auf der anderen Seite
aconsejar	raten, empfehlen

la urbanización	Siedlung, Satellitenstadt
las afueras	Außenbezirke
construir	bauen
ya sabes lo que significa	du weißt ja, was das bedeutet
claro/-a	klar, deutlich
en su lugar	an seiner Stelle

9
la propiedad	Eigentum
optar	wählen, sich entscheiden für
el piso de alquiler	Mietwohnung
el alquiler	Miete
la vivienda	Wohnung

Y además

1
la habitación doble	Doppelzimmer
la habitación individual	Einzelzimmer
la ducha	Dusche
la cama de matrimonio	Doppelbett
el desayuno	Frühstück
estar incluido	inklusive, inbegriffen sein
ser aparte	extra, nicht inbegriffen sein
Está bien.	Es ist gut./ Es ist in Ordnung.
subir	*hier:* hinauftragen
el equipaje	Gepäck
el carnet (de identidad)	(Personal)Ausweis
el pasaporte	(Reise)Pass
ofrecer (-zco)	anbieten

3
la reclamación	Beschwerde
el agua caliente	warmes Wasser
la percha	Kleiderbügel
la manta	(Bett) Decke
la ventana	Fenster

Lección 12

La familia	Familie

1
el/la abuelo/-a	Großvater/Großmutter
el/la tío/-a	Onkel/Tante
el/la nieto/-a	Enkel/in
el/la hermano/-a	Bruder/Schwester
el/la sobrino/-a	Neffe/Nichte
el/la primo/-a	Cousin/e

2
los abuelos	Großeltern
los padres	Eltern
los hermanos	Geschwister

3
Es de hace diez años.	Es ist von vor zehn Jahren.
¿no me reconoces?	erkennst du mich nicht?
la flor	Blume
mayor	älter
el señor de las gafas	der Herr mit der Brille
las gafas	Brille
por parte de mi madre	mütterlicherseits
rubio/-a	blond

4
los familiares	Angehörige
dibujar	zeichnen
el árbol genealógico	Stammbaum

5
¿Estás cocinando?	Kochst du gerade?
ducharse	duschen
el/la amiguito/-a	kleine/r Freund/in
tocar la trompeta	Trompete spielen
los miembros de la familia	Familienmitglieder

8
jugar a las cartas	Karten spielen
la guitarra	Gitarre

9
Variaciones, combinaciones y permutaciones	Variationen, Kombinationen und Veränderungen
la pareja	Paar
vivir juntos	zusammenleben
casarse	heiraten
por lo civil	standesamtlich
por la iglesia	kirchlich
Como Dios manda	Wie Gott es will
el/la economista	Volkswirt/in
ambos	beide
declararse	sich bekennen
católicos practicantes	praktizierende Katholiken
Ellos mismos admiten que ...	Sie geben selbst zu, dass ...
el prototipo	Prototyp
Mundos Unidos	Vereinigte Welten
a la semana	*hier:* nach einer Woche
la boda	Hochzeit
creyente	gläubig
sudanés	Sudanese
el musulmán	Moslem
pertenecer	angehören
el mundo de la farándula	Gauklerwelt

el músico	Musiker
la actriz	Schauspielerin
Mecano	Metallbaukasten (*Kinderspielzeug*)
compartir	sich teilen, teilhaben lassen
el historiador	Historiker
las aficiones	*hier:* Hobbys, Steckenpferde
la montaña	Berg, Gebirge
la alegría	Freude
la obligación	Verpflichtung

Y además

1

¡Feliz cumpleaños!	Herzlichen Glückwunsch zum Geburtstag!
el cumpleaños	Geburtstag
¡Muchas felicidades!	Herzliche Glückwünsche!
el jefe de departamento	Abteilungsleiter
¡Enhorabuena!	Glückwunsch!

2

¡Felicidades!	Glückwünsche!
¡Feliz día de tu santo!	Herzlichen Glückwunsch zum Namenstag!
el día del santo	Namenstag
¡Felices Navidades!	Frohe Weihnachten!
la navidad	Weihnachten
¡Feliz Año Nuevo!	Ein frohes neues Jahr!
(el día) del Año Nuevo	Neujahr(stag)

4

el regalo	Geschenk
recibir regalos	Geschenke bekommen
regalar	schenken
cumplir años	Geburtstag haben
aunque cada vez menos	wenn auch immer weniger
celebrar	feiern
onomástica	Namenstag
u	oder (*vor einem Wort mit o-*)
el detalle	Kleinigkeit
la primera comunión	Erstkommunion
el aniversario	Gedenktag
aparte de	außer, neben
repartir	verteilen, übergeben
la Nochebuena	Heiligabend
la mayoría de ...	die meisten, die Mehrzahl
los Reyes Magos	die Heiligen Drei Könige
el juguete	Spielzeug
el perfume	Parfüm
la joya	Schmuck
la obra de arte	Kunstwerk
el objeto	Gegenstand
soler (o>ue)	(zu tun) pflegen
el ramo de flores	Blumenstrauß
los bombones	Pralinen
los pasteles	Gebäck

Lección 13

guapo/-a	hübsch

1

alto/-a	groß, hoch
bajo/-a	klein, niedrig
gordo/-a	dick
delgado/-a	dünn, schlank
el pelo	Haar
estar calvo	kahl sein
moreno/-a	dunkelhaarig
los ojos	Augen
castaño/-a	(kastanien)braun
la barba	Bart
feo/-a	häßlich
una persona mayor	Senior, alt
el bigote	Schnurrbart
estar jubilado/-a	pensioniert, in Rente sein
las gafas de sol	Sonnenbrille

2

describir	beschreiben

3

la diferencia	Unterschied

4

el/la novio/-a	Freund/-in; Verlobte/r
simpático	sympathisch
caer bien	sympathisch sein
abierto/-a	offen
de acuerdo	einverstanden
serio/-a	ernst

5

sincero/-a	aufrichtig, ehrlich
tímido/-a	ängstlich
antipático/-a	unsympathisch
inteligente	intelligent

6

solo/-a	allein
el/la acompañante	Begleiter/in

7

la amistad	Freundschaft
soltero/-a	ledig
atractivo/-a	attraktiv
romántico/-a	romantisch

formal	formell
el amor	Liebe
la vida	Leben
educado/-a	(wohl)erzogen
el/la deportista	Sportler/in
la correspondencia	Korrepondenz
elegante	elegant
viajero/-a	*hier:* reiselustig
la relación	Beziehung, Verbindung
con trabajo fijo	mit fester Arbeit
el culturismo	Bodybuilding
honrado/-a	ehrlich, rechtschaffen
cariñoso/-a	liebevoll, zärtlich
en caso de ausencia	wenn ich nicht da bin
dejar	*hier:* zurücklassen
aproximado/-a	ungefähr
animarse	Mut fassen, sich aufraffen

8

nervioso/-a	nervös, aufgeregt
el examen final	Abschlussexamen
cansado/-a	müde
enfermo/-a	krank
concentrarse	sich konzentrieren
¡Qué mala pata!	«Du Pechvogel!»
¡Mucha suerte!	Viel Glück!
malo	schlecht

9

triste	traurig
enfadado/-a	ärgerlich, verärgert
pasar el examen con éxito	das Examen (mit Erfolg) bestehen
esperar	warten

Y además

1

estar harto/-a de	(es) satt sein, überdrüssig sein
la dieta	Diät
el plato	Gericht
fresco/-a	frisch
adelgazar	schlank werden
el secreto	Geheimnis
la juventud	Jugend
el truco	Trick
el ingrediente	Zutat
el pepino	(Salat)Gurke
la rodaja	Scheibe
el perejil	Petersilie
decorar	dekorieren
escaldar	überbrühen
retirar la piel	Haut/Schale abziehen
la batidora eléctrica	(elektr.) Mixer
triturar	zerkleinern
añadir	hinzufügen
batir	schlagen
guardar	aufheben
picado/-a	kleingehackt
servir	servieren
la revista	Zeitschrift, Illustrierte
pretender	vorgeben, so tun als ob
deprimido/-a	deprimiert
engordar	zunehmen
mantenerse (en forma)	(in Form) bleiben
tratar de	versuchen zu
ligero/-a	leicht, fettarm
la grasa	Fett

Lección 14

Antes era diferente	Früher war es anders

1

la oveja	Schaf
el gato	Katze
el pájaro	Vogel
la gallina	Huhn
el caballo	Pferd
la vaca	Kuh
el perro	Hund
la cabra	Ziege
la granja	Bauernhof
el toro	Stier
el cerdo	Schwein
el árbol	Baum

2

cuando era pequeño/-a	als ich klein war
de niño/-a	als Kind
pasar las vacaciones	die Ferien verbringen
el animal	Tier
¡Qué envidia!	Wie ich dich beneide!
el espacio	Platz
dar envidia	neidisch machen

4

la máquina de escribir	Schreibmaschine
el ordenador	Computer
pobre	arm
ganar	verdienen, gewinnen
el dinero	Geld
viajar en autoestop/ autostop	per Anhalter reisen
el/la vegetariano/-a	Vegetarier/in

5

la lotería	Lotterie

6

mejor	besser
la biblioteca	Bücherei, Bibliothek

8

la excursión	Ausflug
igual	gleich, gleichförmig
el albergue	(Jugend)Herberge
el programa	Programm
en octavo	*hier:* in der achten Klasse
organizar	organisieren
alojarse	Unterkunft beziehen, wohnen
pasarlo bien	es sich gut gehen lassen, sich amüsieren

9

la rutina	Routine, Gewohnheit
la infancia	Kindheit
el hecho excepcional	außergewöhnliches Ereignis
una vez	einmal

10

algún	irgendein/er (vor mask. Subst.)
soñar (o>ue) (con)	träumen (von)
el colegio	(in Spanien allgemeinbildende) Schule
aunque	obwohl
el descampado	freier Platz
un poco más allá	ein bisschen weiter weg
separado/-a	getrennt
de repente	plötzlich
sentir	fühlen, spüren
un pelotazo	Stoß/Treffer mit einem Ball
darse la vuelta	sich umdrehen
rápidamente	schnell
la pelota	Ball

Y además

1

la Constitución	Verfassung
el castellano	Kastilisch
oficial	offiziell
el deber	Pflicht
el derecho	Recht
usar	gebrauchen
las demás lenguas	die anderen Sprachen
la lengua	Sprache
el estatuto	Statut
el gallego	Galicisch
el catalán	Katalanisch
de origen románico	romanischen Ursprungs
el vasco	Baskisch
desconocido/-a	unbekannt

2

¿Y cómo es eso?	Und woher kommt das?/Was ist der Grund?
simplemente	einfach
oficialmente	offiziell
obligatorio/-a	obligatorisch, Pflicht-
la asignatura	Schulfach
la biología	Biologie
la historia	Geschichte
la prensa	Presse

Lección 15

¡Tome estas pastillas!	Nehmen Sie diese Tabletten!
la pastilla	Tablette

1

la cabeza	Kopf
la oreja	Ohr
la nariz	Nase
la boca	Mund
el estómago	Magen; Leib, Bauch
el brazo	Arm
la mano	Hand
el dedo	Finger
la espalda	Rücken
la pierna	Bein
el pie	Fuß
la fiebre	Fieber
el dolor	Schmerz
estar resfriado/-a	erkältet sein
el dolor de oídos	Ohrenschmerzen
el dolor de garganta	Halsschmerzen
la garganta	Rachen
el dolor de muelas	Zahnschmerzen
la muela	Backenzahn
la tos	Husten
¡Ponte ropa de abrigo!	Zieh dir warme Kleidung an!
ponerse	anziehen
el/la dentista	Zahnarzt/-ärztin
caliente	warm, heiß

3

¿Qué le pasa?	Was ist mit Ihnen?, Was haben Sie?
mareado/-a	übel
la diarrea	Durchfall
las náuseas	Übelkeit
doler (o>ue)	weh tun, schmerzen
calmar	beruhigen
antes de cada comida	vor jeder Mahlzeit
cada	jede/r

4
encontrarse mal	sich schlecht fühlen
fumar	rauchen

6
recomendar (e>ie)	empfehlen

7
contradecir	widersprechen

8
la salud	Gesundheit
el cartel	Plakat, Poster
la Junta de Andalucía	die Regierung von Andalusien
comportarse	sich benehmen, verhalten
respetar	achten auf
las señales de peligrosidad	Gefahrenhinweise
el banderín	Fahne
el peligro	Gefahr
conservar	konservieren, halten
limpio/-a	sauber
dejar	hier: wegwerfen
los desperdicios	Abfälle
el vidrio	Glas
la colilla	Zigarettenstummel, -kippe
el papel	Papier
la papelera	Papierkorb
el contenedor de residuos	Abfallbehälter
utilizar	benutzen, gebrauchen
la esterilla	(Strand)Matte
la arena	Sand
evitar	vermeiden
la insolación	Sonnenstich
la quemadura solar	Sonnenbrand
el protector solar	Sonnenschutz

Y además

1
el mundo se queja	die Welt/Erde beklagt sich
quejarse	sich beklagen
el planeta	Planet
la contaminación	Verschmutzung
la destrucción	Zerstörung
el bosque	Wald
el agujero	Loch
la capa de ozono	Ozonhülle
el cambio climático	Klimaveränderung
el clima	Klima
la desertización	Versteppung, Verwüstung
la atmósfera	Atmosphäre
proteger	schützen
el rayo	Strahl
el basurero	Müllkippe
perder (e>ie)	verlieren
emitir	ausstoßen
diariamente	täglich
el gas nocivo	schädliches Gas
con capacidad	mit der Fähigkeit
alterar	ändern
el suelo	Boden
a causa de	aufgrund
la sobreexplotación	extensive Ausbeutung

2
mejorar	bessern, verbessern
el medio ambiente	Umwelt
la medida	Mittel
tirar basura	Müll wegwerfen
el contenedor de vidrio	Glascontainer
la naturaleza	Natur
ahorrar	sparen
reciclable	recyclebar
la bolsa de plástico	Plastiktüte
seleccionar	aussortieren, hier: trennen
el papel reciclado	Umweltpapier

3
la alergia	Allergie
la rebelión	Rebellion, Aufstand
el cuerpo	Körper
el polen	Pollen
los ácaros del polvo	Staubmilben
los principales agentes alergénicos	Hauptallergieauslöser
los aditivos alimentarios	Lebensmittelzusätze
agresivo/-a	aggressiv
debilitado/-a	geschwächt

Lección 16

Trotamundos	Weltenbummler

1
hacer buceo	tauchen
hacer montañismo	bergsteigen
¿Acabas de llegar a ...?	Bist du gerade angekommen?
acabar de (hacer)	soeben getan haben
orientarse	sich orientieren
¿cuántos días llevas aquí?	wie viele Tage bist du schon hier?
fantástico/-a	fantastisch
recomendable	empfehlenswert

4

la encuesta	Umfrage
el volcán	Vulkan
hacer un crucero	eine Kreuzfahrt machen
la corrida de toros	Stierkampf
el extranjero	Ausland
hacer vela	segeln
hacer surf	surfen
escalar una montaña	einen Berg besteigen
¿tenéis experiencias en común?	habt ihr gemeinsame Erfahrungen?

5

los preparativos de viaje	Reisevorbereitungen
hacer la maleta	Koffer packen
vaciar	leeren

7

el equipo	Ausrüstung
la mochila	Rucksack
el saco de dormir	Schlafsack
la raqueta de tenis	Tennisschläger
la linterna	Taschenlampe
el anorak	Anorak, Windjacke
las botas de montaña	Bergschuhe
la tienda	Zelt
el camping gas	Campingkocher
la cámara	Kamera, Fotoapparat

8

fundar	gründen
el valle	Tal
el nivel del mar	Meeresspiegel
la capital	Hauptstadt
el Imperio Inca	das Inkareich
la aristocracia	Aristokratie, Oberschicht
el agua corriente	fließendes Wasser
la época de esplendor	Blütezeit
el camino	Weg
la red de comunicación	Verkehrsnetz, Wegenetz
el comercio	Handel
turnarse	sich ablösen
el corredor	Läufer, Bote
transportar	transportieren
el mensaje	Nachrichten, Mitteilung
de esta forma	auf diese Art und Weise
hoy en día	heutzutage
la atracción turística	Touristenattraktion

Y además

1

el aeropuerto	Flughafen
el vuelo	Flug
intentar	versuchen
de tela	aus Stoff
la cinta	Gurt
la etiqueta	*hier:* Anhänger

3

el robo	Raub, Überfall
sofisticado/-a	verfeinert, ausgefeilt
el fraude	Betrug
denunciar	anzeigen
al menos	wenigstens, mindestens
el teléfono móvil	Mobiltelefon, Handy
arrebatar	entreißen
el propietario	Eigentümer
mientras	während
la vía pública	Bürgersteig
extender	ausweiten
de forma preocupante	in einem Besorgnis erregendem Ausmaß
de fácil salida	leichtverkäuflich
el autor	*hier:* Täter
la calle de negocio más transitado/-a	Einkaufsstraße viel befahren, bevölkert
la capital	Hauptstadt
"modus operandi"	«Vorgehensweise»
consistir	bestehen
la víctima	Opfer
elegir	auswählen
la carga	Last, Ladung
colocarse	sich hinstellen
actuar	handeln
alertar	warnen, alarmieren
falsificar	fälschen
dispararse	(in die Höhe) schießen
novedoso/-a	neuartig
desvalijar	ausplündern, ausrauben
la cuenta corriente	Girokonto
la colaboración	Zusammenarbeit
instalar	installieren, anbringen
el lector	*hier:* Lesegerät
la ranura de entrada	«Öffnungsschlitz»
el cajero automático	Kassenautomat
el tamaño	Größe
la uña	Fingernagel
enfocando al tablero	auf die Tastatur fokussiert
operar	(sein Geschäft) tätigen
ser desplumado/-a	ausgeplündert werden
la memoria	Gedächtnis, 'Speicher'
el ladrón	Dieb
por su cuenta	auf eigene Rechnung
investigar	ermitteln, untersuchen
el timo	Schwindel, Betrug
a escala mundial	im Weltmaßstab
llevar a cabo	vollbringen, durchführen
en síntesis	zusammengefasst
el correo electrónico	E-Mail
indiscriminado/-a	wahllos
el usario	Nutzer
anunciar	ankündigen
el Gordo de la Lotería Nacional de España	*(Name für die Weihnachtslotterie in Spanien)*

W16

la Lotería Primitiva	«Lotto» (6 aus 49)
el destinatario	Adressat, Empfänger
indicar	hinweisen auf
el premio	Preis
respectivo/-a	betreffend, bezüglich
enviar	schicken
la cantidad	Menge
cubrir	(ab)decken
el trámite	Formalität, Instanz
sembrar	sich verbrieten, streuen
dar la voz de alarma	die Alarmglocken läuten
el afectado	Betroffener
la constancia	*hier:* Bestätigung

Lección 17

1

los datos biográficos	biografische Angaben
el aprendiz de mecánico	Mechanikerlehrling
nacer	geboren werden
entrar a trabajar	anfangen zu arbeiten
empezar la escuela	in die Schule kommen
mudarse de casa	umziehen

2

la guerra	Krieg
la mina	Bergwerk, Mine
la fábrica de conservas	Konservenfabrik
el/la cocinero/-a	Koch/Köchin
durante la Guerra Civil	während des (span.) Bürgerkriegs
poner un restaurante	ein Restaurant aufmachen
morirse (o>ue)	sterben

3

inventar	erfinden
la biografía	Biografie

5

¡Cuánto tiempo sin verte!	Wie lange haben wir uns nicht gesehen!
¿Qué es de tu vida?	Wie ist es dir ergangen?
desde hace un año	seit einem Jahr
de nuevo	erneut
el barrio	(Stadt) Viertel
¡Pues cuánto me alegro!	Wie ich mich freue!
fiel	treu
dejar de	aufgeben
el Centro Cultural	Kulturzentrum
hace 7 años	vor 7 Jahren
estar embarazada	schwanger sein
asistir a un curso	an einem Kurs teilnehmen
el jardín de infancia	Kindergarten
desde enero	seit Januar
estar en paro	arbeitslos sein

6

los marcadores temporales	Zeitangaben

7

lograr	erreichen
el torero	Stierkämpfer
la corrida	Stierkampf
el público	Publikum, Öffentlichkeit
admirar	bewundern
aceptar	akzeptieren
afortunado/-a	erfolgreich
boicotear	boykottieren
desilusionado/-a	enttäuscht
el machismo	Männlichkeitskult, Machismo
desde niño/a	seit der Kindheit
la Plaza de Toros	Stierkampfarena
los matadores	*im Stierkampf:* Matador
los banderilleros	*im Stierkampf:* Banderillero
bajar	hinuntergehen
el gimnasio	Sport-, Turnhalle
el capote	Umhang
la muleta	*im Stierkampf:* Stab mit rotem Tuch
los chavalines	junge Burschen
enseñar	zeigen, lehren
Así comenzó todo.	So fing alles an.
las demás	die anderen
por juego	zum Spiel, Spaß
el primer becerro y el último	das erste Kalb und das letzte
recordar	erinnern, wieder denken an
loco/-a	verrückt
dedicarse a una profesión	einen Beruf ausüben

Y además

1

la carta de solicitud	Bewerbungsbrief
precisar	*hier:* suchen
se requiere	es wird erwartet
amplios conocimientos de	umfassende Kenntnisse
la experiencia en hostelería	Erfahrung im Hotelwesen
la remuneración atractiva	attraktives Gehalt
enviar	schicken, senden
el curriculum vitae	Lebenslauf
reciente	*hier:* neu
en referencia	mit Bezug
publicado	veröffentlicht
el diario	Tageszeitung
por ello	deswegen
ponerse en contacto	Kontakt aufnehmen
residir	den Wohnsitz haben

cursar los estudios	Studium absolvieren	curar	heilen
la recepcionista	Empfangsdame	el Sida	AIDS
durante 6 meses	6 Monate lang	el cáncer	Krebs
el curso de perfeccionamento	Weiterbildungskurs	la guerra	Krieg
		el consumo	Verbrauch
correctamente	korrekt	recuperarse	sich erholen
la disposición	Verfügung	géneticamente manipulado/-a	gentechnisch verändert
en el caso	für den Fall		
seleccionado/-a	ausgewählt		
el anexo	Anlage (im Brief)	**4**	
el lugar de nacimiento	Geburtsort	cotidiano/-a	(all)täglich, Alltags-
el estado civil	Familienstand	el plato preparado	Fertiggericht
el domicilio	Wohnort	la videollamada	Telefongespräch mit einem Bildtelefon
		la guardería	Kindergarten

Lección 18

1

		6	
sentirse a gusto	sich gut fühlen	de mayores	als Erwachsene
digital	digital	los avances tecnológicos	technologische Fortschritte
el DVD	DVD-Player, DVD (Ton-/Bildträger)	en equipo	im Team
el televisor	der Fernseher, das Fernsehgerät	respetar	respektieren
		la filosofía	Philosophie
la pantalla plana	Flachbildschirm	la enseñanza	Unterricht, Unterweisung, Lehre
multimedia	Multimedia-, multimedial	la formación	Ausbildung
el (ordenador) portátil	Laptop, Notebook	tendente a	mit dem Ziel
comunicar	kommunizieren	potenciar	potenzieren, vergrößern
el correo electrónico	E-Mail	la creatividad	Kreativität
navegar por Internet	im Internet surfen	el liderazgo	Führung, Führungsrolle
bajar	*hier:* herunterladen	la comunicación	Kommunikation
la red	Netz, hier: Internet	la toma de decisión	das Treffen von Entscheidungen
la página web	Internetseite		
propio/-a	eigene/r	**7**	
el resultado	Resultat, Ergebnis	los peces (*Sing.* el pez)	Fische
¡bienvenido/-a!	herzlich willkommen!	el cielo	Himmel
		el papalote (LA)	Windvogel, Drachen
2		la tierra	Erde
el escritor	Schriftsteller	las risas	Lachen
el/la periodista	Journalist/in	las alcatraces	Pelikane
la visión del futuro	Zukunftsvision	el río	Fluss
limitarse a	sich beschränken auf	transparente	durchsichtig, klar
analizar	analysieren	el olor	Geruch
el presente	Gegenwart	abundar	reichlich vorhanden sein
el/la optimista	Optimist/in	sufrir	leiden
la enfermedad	Krankheit	volar	fliegen (lassen)
la agricultura	Landwirtschaft	¿dónde diablos …?	wo zum Teufel …?
la alimentación	Nahrung	pudrirse	faulen, vergehen, sterben
provocar	provozieren	no hay lugar	es gibt keinen Platz
congénito/-a	angeboren, Erb-	estar a punto de	im Begriff sein
aumentar	erhöhen, ansteigen	partirse en dos	zerbrechen
nada	nichts	roto	zerstört
		el llanto	Klagen
3		vomitar	erbrechen
comentar	kommentieren	sin cesar	ohne aufzuhören
el paro	Arbeitslosigkeit		
		8	
		la generación	Generation

W18

255

Alphabetisches Wörterverzeichnis

Die erste Zahl (fett) gibt die Nummer der Lektion an, die zweite Zahl den Lernschritt. Die mit (y) gekennzeichneten Wörter befinden sich in ‹Y además›.

a causa de **15** 1 (y)
a cuadros **6** 7
a la derecha **5** 5
a la izquierda **5** 5
a la plancha **3** 8
a la semana **12** 9
a las ocho **4** 2 (y)
a mí **4** 2
a pie **10** 2
¿a qué hora? **4** 2 (y)
a rayas **6** 7
a tiempo **10** 7
a veces **7** 7
a ver **3** 3 · **5** 5
abierto/-a **7** 2 · **13** 4
abrazo **7** 10
abrigo **6** 10
abril **7** 1 (y)
abrir **4** 2 (y) · **7** 2
abuelo/-a **12** 1
abundar **18** 7
aburrido/-a **9** 6
acabar de **16** 3
ácaros del polvo **15** 3 (y)
aceite **3** 5
aceituna **3** 3
aceptar **17** 7
acercarse **10** 7
acompañante **13** 6
aconsejar **11** 8
acontecimiento **9** 9
acordarse (o>ue) **10** 9
acostarse (o>ue) **7** 5
actividad **7** 7
acto **9** 9
actriz **12** 9
actuar **16** 3 (y)
adelanto **11** 3
adelgazar **13** 1 (y)
además **2** 2
¡adiós! **1** 13
aditivo alimentario **15** 3 (y)
adivinar **2** 5 (y)
admirar **17** 7
admitir **12** 9
adónde **10** 9
adultos **9** 9
aeropuerto **16** 1 (y)
afectado **16** 3 (y)
aficiones **12** 9

afirmación **10** 10
afortunado/-a **17** 7
afueras **11** 8
agencia de publicidad **2** 2
agente alergénico **15** 3 (y)
agosto **7** 1 (y)
agradecer **9** 9
agresivo/-a **15** 3 (y)
agricultura **18** 2
agua caliente **11** 3 (y)
agua corriente **16** 8
agua mineral **3** 3
agujero **15** 1 (y)
ahora **11** 3
ahorrar **15** 2 (y)
ajo **3** 8 · **6** 1
al final **5** 5
al fondo **6** 11
al horno **3** 8
al lado de **5** 7
al menos **16** 3 (y)
albergue **14** 8
alcanzar **9** 9
alcohol **3** 3
alegrarse **17** 5
alegre **5** 2
alegrías **12** 9
alemán, alemana **1** 4
Alemania **1** 4
alergia **15** 3 (y)
alertar **16** 3 (y)
algo **4** 7
algo más **3** 10 · **6** 3
algodón **6** 7
algún **14** 10
alguno/-a **5** 2 (y) / **7** 3
alimentación **18** 2
alimentos **6** 1
allá **14** 10
allí **2** 8 · **5** 5
almejas **3** 8
alojarse **14** 8
alquilar **11** 1
alquiler **11** 10
alterar **15** 1 (y)
alto/-a **13** 1
ama de casa **2** 1
amarillo **6** 7
ambiente **5** 2

ambos **12** 9
amigo/-a **1** 10
amistad **13** 7
amor **13** 7
amplio/-a **17** 1 (y)
añadir **13** 1 (y)
analizar **18** 2
ancho/-a **5** 2
anexo **17** 1 (y)
animal **14** 2
aniversario **12** 4 (y)
año **2** 8
Año Nuevo **12** 2 (y)
anteayer **9** 8
anterior **9** 9
antes **14** 1
antes de **7** 1
antiguo/-a **5** 3
antipático/-a **13** 5
anual **17** 1 (y)
anunciar **16** 3
anuncio **6** 10
aparcar **11** 8
apartado **5** 1 (y)
apartamento **11** 3
aparte **11** 1 (y)
aparte de **12** 4 (y)
aperitivo **3** 3
apetecer **8** 5
aprender **7** 10
aprendiz **17** 1
aprovechar **11** 8
aproximado/-a **13** 7
aquel **14** 9
aquí **3** 3
árbol **14** 1
árbol genealógico **12** 4
arena **15** 8
Argentina **2** 2
aristocracia **16** 8
armario **11** 1
arquitecto/-a **2** 1
arrebatar **16** 3
arroz **6** 4
arte **2** 2
arte moderno **4** 8
artículo **9** 9
asado de cordero **3** 8
así **8** 6
así que **11** 8
asiento **10** 7
asignatura **14** 2 (y)
asistencia **9** 9
asistir **9** 9
asistir a un curso **17** 5

asombrosamente **10** 7
aspirina **6** 7
atención al cliente **10** 7
atentamente **2** 8
atmósfera **15** 1 (y)
atracción **16** 8
atractivo/-a **13** 7
atún **3** 3
aumentar **18** 2
aunque **9** 9 · **14** 10
ausencia **13** 7
Austria **1** 4
austríaco/-a **1** 4
auto(e)stop **14** 4
autobús **5** 7
avances tecnológicos **18** 6
avenida **5** 2
avería **10** 1 (y)
avión **10** 1
ayer **9** 1
ayudar **15** 3 (y)
Ayuntamiento **9** 9
azotea **11** 3
azúcar **6** 1
azul **6** 7
bailar **4** 1
bajar **18** 1
bajo/-a **13** 1
bañador **6** 7
banco **2** 1 · **5** 7
banderillero **17** 7
banderín **15** 8
bar **2** 1
barato/-a **6** 11
barba **13** 1
barbacoa **8** 2
barco **10** 1
barra de pan **6** 3
barrio **17** 5
bastante **5** 2
basura **11** 6
basurero **15** 1 (y)
batidora eléctrica **13** 1 (y)
batir **13** 1 (y)
beber **3** 3
bebida **3** 2
beso **8** 3 (y)
biblioteca **14** 6
bicicleta **4** 1
bien **1** 7
¡bienvenido/-a! **18** 1
bigote **13** 1
billete **10** 7

biografía **17** 1
biología **14** 2 (y)
blanco/-a **6** 7
blusa **6** 7
boca **15** 1
bocadillo **3** 1
boda **12** 9
bodega **9** 9
boicotear **17** 7
bolsa **6** 3
bolsa de plástico **15** 2 (y)
bombona de gas **11** 6
bombones **12** 4 (y)
bonito/-a **5** 3
boquerones **3** 3
bosque **15** 1 (y)
botas de montaña **16** 7
botella **3** 1
brazo **15** 1
buceo **16** 1
buen **8** 1
¡buenas noches! **1** 1
¡buenas tardes! **1** 1
bueno/-a **4** 7 · **7** 3
¡buenos días! **1** 1
buscar **2** 8
caballo **14** 1
cabeza **15** 1
cabra **14** 1
cada **15** 3
cada vez **12** 4 (y)
caer bien **13** 4
café **3** 1
cafetería **7** 3
caja **6** 5
cajero automático **16** 3
calamares **3** 3
calefacción **11** 3 (y)
calendario **7** 1 (y)
caliente **15** 1
calle **5** 3
calmar **15** 3
calor **9** 1 (y)
calvo **13** 1
cama **9** 3
cama de matrimonio **11** 1 (y)
cámara **16** 7
cámara fotográfica **16** 3 (y)
camarero/-a **2** 1
cambiar **10** 1 (y)
cambio climático **15** (y)
caminar **4** 3
camino **16** 8
camisa **6** 7
campeón **4** 7
camping gas **16** 7

campo **14** 1
caña **3** 3
cáncer **18** 3
cansado/-a **13** 8
cantar **9** 3
cantidad **16** 3 (y)
capa de ozono **15** 1 (y)
capital **16** 3 (y)
capote **17** 7
carajillo **3** 3
carga **16** 3 (y)
cariñoso/-a **13** 7
carne **3** 8
carnet **11** 1 (y)
carnicería **6** 1 (y)
caro/-a **6** 11
carrera de motos **17** 1
carreras **4** 7
carta **7** 2 (y)
carta de solicitud **17** 1 (y)
cartel **15** 8
casa **2** 4
casa de vacaciones **11** 5
casado/-a **2** 8
casarse **12** 9
casi **9** 3 (y)
castaño/-a **13** 1
castellano **14** 1 (y)
catalán **14** 1 (y)
catedral **9** 5
católico practicante **12** 9
cebolla **6** 1
celebrar **12** 4 (y)
cena **7** 5
cenar **3** 8
centro **5** 1
Centroamérica **5** 1
cerca (de) **5** 1
cerdo **14** 1
cerrar (e>ie) **7** 2
cerveza **3** 1
cesar **18** 7
champiñón **3** 8
chaqueta **6** 7
charlar **9** 3
chavalines **17** 7
chico/-a **7** 3
chipirones **3** 8
chocolate **3** 8
chorizo **3** 3
ciclista **4** 7
cielo **18** 7
ciencia ficción **4** 8
cigalas **3** 12
cine **4** 3
cinta **16** 1 (y)
circo **8** 2
ciudad **5** 2
¡claro! **3** 6 · **5** 2

claro/-a **6** 7
clase **7** 10
cliente **6** 12
clima **15** 1 (y)
coche **5** 7
cocina **4** 9 · **11** 1
cocinar **4** 3
cocinero **17** 2
código postal **5** 1 (y)
codornices **3** 12
colaboración **9** 9
colaborar **9** 9 · **16** 3
colegio **9** 9 · **14** 10
colilla **15** 8
colocarse **16** 3 (y)
color **6** 7
comedor **11** 3
comentar **18** 3
comenzar (e>ie) **17** 7
comer **3** 3
comercio **16** 8
cómics **4** 8
comida **3** 2
como **6** 10
¿cómo? **1** 2
cómodo/-a **10** 3
compañero/-a **1** 4 (y)
comparar **10** 5
compartir **12** 9
comportarse **15** 8
compra **6** 6
comprar **6** 4
comunicar **18** 1
Comunión **6** 10
con **4** 4
con respecto a ... **11** 8
coñac **3** 1
concentrarse **13** 8
concierto **8** 1
congénito/-a **18** 2
conmigo **8** 6
conocer (-zco) **4** 9
conocimientos **2** 8 · **17** 1 (y)
conservar **15** 8
consistir **16** 3 (y)
constancia **16** 3 (y)
Constitución **14** 1 (y)
construir **11** 8
consulta **2** 6
consumo **18** 3
contaminación **15** 1 (y)
contar (o>ue) **9** 3 · **9** 9
contenedor de basura **11** 6
contenedor de residuos **15** 8
contenedor de vidrio **15** 2 (y)

contestar **8** 3 (y)
contigo **8** 6
contradecir **15** 7
conversación **14** 10
convertirse **9** 9
copa **3** 3
corbata **6** 7
corredor **16** 8
correo electrónico **7** 9
correos **5** 9
correspondencia **13** 7
corrida **17** 7
cortar **6** 3
corto/-a **6** 13
costa **9** 3 (y)
costar (o>ue) **6** 11
cotidiano/-a **18** 4
creatividad **18** 6
creer **9** 7
crema de ave **3** 8
creyente **12** 9
cruzar **5** 5
¿cuál/es? **12** 3
cuando **14** 2
¿cuándo? **4** 2 (y)
¿cuánto? **6** 11
¿cuántos? **2** 4 (y)
cuarto **4** 1 (y)
cuarto de baño **11** 1
cubrir **16** 3
cuchara **3** 5
cucharilla **3** 5
cuchillo **3** 5
cuenta **3** 10
cuenta corriente **16** 3 (y)
cuero **6** 7
cuerpo **15** 3 (y)
culturismo **13** 7
cumpleaños **12** 1 (y)
cumplir años **12** 4 (y)
curar **18** 3
curriculum vitae **17** 1 (y)
cursar los estudios **17** 1 (y)
curso **1** 4 (y)
curso de informática **7** 8
dar **11** 3
dar miedo **10** 3
dar un paseo **8** 1
darse la vuelta **14** 10
datos personales **17** 1
de **1** 2
de ... a ... **7** 2
de acuerdo **13** 4
¿de dónde? **1** 2
de esta forma **16** 8
de lunares **6** 7
de mayores **18** 6

257

de media jornada **2** 8
de momento **4** 7
¡de nada! **1** 3 (y)
de niño/-a **14** 2
de nuevo **17** 5
de primero **3** 8
de repente **14** 10
de repuesto **10** 1 (y)
de segundo **3** 8
de tela **16** 1 (y)
debilitado/-a **15** 3 (y)
decidir **10** 1 (y)
decir **8** 3 (y)
declararse **12** 9
decorar **13** 1 (y)
dedicarse a una profesión **17** 7
dedo **15** 1
dejar **13** 7 · **15** 8
dejar de **17** 5
delante de **5** 7
delgado/-a **13** 1
demasiado **6** 12
dentista **15** 1
dentro de **4** 2 (y)
denunciar **16** 3 (y)
depende **10** 3
dependiente **6** 12
deporte **4** 3
deportista **13** 7
deprimido/-a **13** 1 (y)
derecho **14** 1 (y) · **5** 6
desaparecer (-zco) **16** 3 (y)
desayuno **11** 1 (y)
descafeinado **3** 3
descampado **14** 10
descansar **8** 3
descodificador de televisor **18** 1
desconocido/-a **14** 1 (y)
describir **13** 2
desde (enero) **17** 5
desde (Londres) **7** 10
desde ... hasta **7** 2
desde hace **2** 8 · **17** 5
desde niña **17** 7
desear **6** 3
desertización **15** 1 (y)
desilusionado/-a **17** 7
despacio **1** 3 (y)
despedirse (e>ie) **1** 13
desperdicios **15** 8
después de **7** 1
destinatario **16** 3 (y)
destrucción **15** 1 (y)
desvalijar **16** 3 (y)
desventaja **10** 4
detalle **12** 4 (y)

determinar **5** 2 (y)
detrás de **5** 7
día **7** 5
día del santo **12** 2 (y)
diariamente **15** 1 (y)
diario **17** 1 (y)
diarrea **15** 3
dibujar **12** 4
diciembre **7** 1 (y)
dieta **13** 1 (y)
diferencia **13** 3
diferente **4** 7 · **10** 4
difícil **11** 8
dificultad **7** 10
¿diga? **8** 2
dinero **14** 4
Dios **12** 9
dirección **5** 1 (y)
disco **9** 9
¡disculpe! **5** 5
dispararse **16** 3 (y)
disposición **17** 1 (y)
divertido/-a **9** 3
docena **6** 5
doler (o>ue) **15** 3
dolor de cabeza **15** 1
dolor de muelas **15** 1
dolor de oídos **15** 1
domicilio **17** 1 (y)
domingo **7** 1 (y)
¿dónde? **5** 6
dormir (o>ue) **4** 3
dormir una siesta **7** 5
dormitorio **11** 1
ducha **11** 1 (y)
ducharse **12** 5
durante **17** 2
e **2** 8
echar gasolina **10** 1 (y)
ecológico **10** 6
economista **12** 9
edificio **5** 3
educado/-a **13** 7
efectuar **10** 7
elegante **13** 7
elegir **16** 3 (y)
embarcar **10** 7
embutidos **6** 1
emitir **15** 1 (y)
empanadilla **3** 3
empezar (e>ie) **1** 1 · **7** 3
empleado de gasolinera **7** 6
empresa **2** 8
en casa **4** 7
en caso de **13** 7
en común **16** 4
en efectivo **6** 14
en el caso de **17** 1 (y)

en equipo **18** 6
en propiedad **11** 10
en punto **4** 1 (y)
en realidad **9** 7
en referencia **17** 1 (y)
en tren **10** 1
en una fiesta **2** 2
encantado/-a **1** 7
encantar **6** 7
encargado **10** 7
encontrar (o>ue) **11** 7
encontrarse (o>ue) **8** 3
encontrarse mal **15** 4
encuesta **16** 4
enero **7** 1 (y)
enfadado/-a **13** 10
enfermedad **18** 2
enfermera **2** 1
enfermo/-a **13** 8
enfrente de **5** 7
engordar **13** 1 (y)
¡enhorabuena! **12** 1 (y)
ensalada **3** 8
ensaladilla rusa **3** 3
enseguida **3** 6
enseñar **17** 7
entonces **5** 2
entrada **3** 8 · **8** 1
entrar a **17** 1
entre **5** 1
entremeses **3** 8
entrenar **4** 7
entrevista **4** 4
enviar **16** 3 (y) · **17** 1 (y)
envidia **14** 2
época de esplendor **16** 8
equipado/-a **11** 3
equipaje **11** 1 (y)
equipo **16** 7
equivocación **10** 7
es que **8** 5
escalar **16** 4
escaldar **13** 1 (y)
escalope **3** 8
escribir **8** 4 (y)
escritor **18** 2
escuchar **1** 6 · **4** 1
escuela **2** 4
ese/esos/esa/s **6** 11
eso **14** 2 (y)
espacio **14** 2
espalda **15** 1
España **1** 4
español/-a **1** 4
espárragos **3** 8
especial **9** 3
especialidad de la casa **3** 8
espejo **11** 1

esperar **13** 9
esposo/-a **1** 10
esquina **5** 7
estación **10** 7
estación **5** 9
estado **14** 1 (y)
estado civil **17** 1 (y)
estanco **6** 1 (y)
estantería **11** 1
estar **1** 7 · **5** 1
estar a punto de **18** 7
estar embarazada **17** 5
estar en paro **17** 5
estatuto **14** 1 (y)
éste/-a **1** 9
este/estos/-a/s **6** 11
esterilla **15** 8
estómago **15** 1
estrecho/-a **6** 13
estudiante **2** 2
estudiar **2** 2
estupendo/-a **8** 3 (y)
etiqueta **16** 1 (y)
evitar **15** 8
exactamente **11** 3
examen **13** 8
excepcional **14** 9
excursión **14** 8
éxito **9** 9 · **13** 9
experiencia **16** 4
explicar **10** 7
exponer **10** 7
extender **16** 3 (y)
extranjero **16** 4
extraño/-a **10** 1 (y) · **14** 1
fábrica de conservas **17** 2
fácil **16** 3
falda **6** 11
falsificar **16** 3 (y)
faltar **3** 6
familia **12** 1
familiares **12** 4
famoso/-a **5** 2
fantástico/-a **16** 3
farmacia **5** 7
favorito/-a **6** 7
febrero **7** 1 (y)
fecha **7** 2 (y)
fecha de nacimiento **17** 1 (y)
¡felicidades! **12** 1 (y)
¡feliz cumpleaños! **12** 1 (y)
feo/-a **13** 1
feria **9** 9
festejo **9** 9
festivo **9** 9
fiebre **15** 1

fiel **17** 5
fiesta **2** 2
fiesta benéfica **9** 9
filosofía **18** 6
fin de semana **8** 1
fino/-a **6** 3
flan **3** 8
flor **12** 3
forma **10** 7
formal **13** 7
foto **9** 5
fotógrafo/-a **2** 2
frambuesa **3** 8
francés **2** 2
fraude **16** 3 (y)
frecuencia **7** 7
fresco/-a **13** 1 (y)
frío/-a **9** 1 (y)
fruta **6** 1
frutería **6** 1 (y)
fumar **15** 4
funcionar **11** 3 (y)
fundar **16** 8
fútbol **4** 1
futuro **4** 7
gafas **12** 3
gafas de sol **13** 1
gallego **14** 1 (y)
galleta **6** 5
gallina **14** 1
gambas **3** 3
ganar **4** 7 · **14** 4
garaje **11** 8
garganta **15** 1
gas **15** 1 (y)
gasolina **10** 1 (y)
gasolinera **10** 1 (y)
gato **14** 1
gazpacho **3** 8
generación **18** 8
géneticamente manipulado/-a **18** 3
gente **5** 2
gimnasio **17** 7
girar **5** 5
gordo/-a **13** 1
gracias **1** 3 (y)
grado **9** 1 (y)
gramo **6** 3
grande **5** 2
granja **14** 1
grasa **13** 1 (y)
gratuitamente **9** 9
gris **6** 7
guapo/-a **13** 1
guardar **13** 1 (y)
guardería **18** 4
guerra **17** 2 · **18** 3
guía **2** 2

guía de turismo **2** 2
guitarra **12** 8
gustar **4** 2
gustos **4** 8
haber **16** 3
habitación **11** 1
habitación doble **11** 1 (y)
habitación individual **11** 1 (y)
habitante **5** 2
hablar **2** 2
hace 7 años **12** 3 · **17** 5
hacer **2** 1
hacer deporte **4** 3
hacer la maleta **16** 5
hacer un crucero **16** 4
hacia abajo **5** 2 (y)
hambre **3** 3
harto/-a **13** 1 (y)
hasta **5** 5
hasta ahora **16** 3
¡hasta la próxima! **1** 13
¡hasta luego! **1** 13
hay **3** 3
hecho **14** 9
helado **3** 8
hermano/-a **12** 1
hermanos **12** 2
hijo/-a **2** 8
historia **14** 2 (y)
historiador **12** 9
hobby **4** 7
hola **1** 1
holandés **2** 7
hombre **2** 6
honrado/-a **13** 7
hora **4** 7
horario **7** 2
horario de trabajo **7** 3
horario de trenes **10** 10
horno **11** 1
horrible **9** 3 (y)
hospital **2** 1
hostelería **17** 1 (y)
hotel **5** 7
hoy **3** 8
hoy en día **16** 8
huevo **6** 1
ida y vuelta **10** 3
idea **8** 2
idioma **2** 2
iglesia **5** 3
igual **14** 8
imaginarse **7** 10
Imperio **16** 8
importante **13** 8
incluido/-a **11** 1 (y)
incómodo/-a **10** 5

indicar **16** 3
indiscriminado/-a **16** 3 (y)
industrial **5** 3
infancia **14** 9
información **7** 1
informar **11** 8
informarse **5** 2 (y)
infusión **3** 3
ingeniero/-a **2** 2
Inglaterra **1** 4
inglés, inglesa **1** 4
ingrediente **13** 1 (y)
insolación **15** 8
instar **16** 3
inteligente **13** 5
intentar **16** 1 (y)
interesado/-a **11** 4
interesante **7** 3
inventar **17** 3
investigar **16** 3 (y)
invierno **8** 1 (y)
invitar **9** 9
invitar a comer **12** 4 (y)
ir **4** 3
ir a (+inf.) **3** 3
ir a clase **7** 10
ir al campo **9** 7
ir de compras **4** 3
ir de copas **8** 3
isla **10** 1
italiano **2** 7
jamón **3** 1
jardín **4** 2
jardín de infancia **17** 5
jefe de departamento **12** 1 (y)
jersey **6** 7
jornada de trabajo **7** 4
joven **5** 2
joya **12** 4 (y)
jubilado/-a **13** 1
judías verdes **3** 8
jueves **7** 1 (y)
jugar (u>ue) **4** 1
juguete **12** 4 (y)
julio **7** 1 (y)
junio **7** 1 (y)
Junta **15** 8
junto a **5** 7
juvenil **5** 2
juventud **13** 1 (y)
kilo (de) **6** 3
kilómetro **10** 1 (y)
ladrón **16** 3 (y)
lámpara **11** 1
lana **6** 7
langosta **3** 12
largo/-a **6** 10

las demás **17** 7
lata **6** 5
Latinoamérica **5** 1
latinoamericano/-a **5** 2
lavadora **11** 3
leche **3** 1
lechuga **6** 1
lector **16** 3
leer **2** 8 · **4** 3
legal **10** 7
lejos **5** 5
lengua **14** 1 (y)
lenguado **3** 8
lento/-a **10** 3
levantarse **7** 5
libre **11** 3
libro **4** 8
liderazgo **18** 6
ligero/-a **13** 1 (y)
limitarse a **18** 2
limón **3** 3
limpiar **11** 6
limpio/-a **15** 8
línea **8** 3 (y)
línea aérea **10** 7
linterna **16** 7
lista **10** 8
lista de espera **10** 7
litro **6** 5
llamar **8** 2
llamarse **1** 2
llanto **18** 7
llave **11** 7
llegar **5** 5
llevar **6** 7
llevar a cabo **16** 3 (y)
llevarse **6** 11
llover (o>ue) **9** 1 (y)
lo siento **1** 3 (y) · **5** 5
lo único **16** 3 (y)
loco/-a **17** 7
lograr **17** 7
loncha **6** 3
lotería **14** 5
luego **5** 5
lugar de nacimiento **17** 1 (y)
luminoso/-a **9** 9
lunes **7** 1 (y)
machismo **17** 7
madre **1** 9
madrugada **4** 1 (y)
maduro/-a **6** 3
mahonesa **3** 8
mal/o/-a **8** 2 · **13** 8
maleta **16** 5
mamá **1** 9
mañana **4** 1 (y)
mano **15** 1

259

manta **11** 3 (y)
mantenerse **13** 1 (y)
mantequilla **6** 1
manzana **6** 1
manzanilla **3** 3
máquina de escribir **14** 4
mar **5** 1
maravilloso/-a **9** 3 (y)
marco **3** 3 (y)
mareado/-a **15** 3
marido **1** 10
marrón **6** 7
martes **7** 1 (y)
marzo **7** 1 (y)
más **2** 5 (y)
más ... que **9** 9
máscara **18** 4
matador **17** 7
mayo **7** 1 (y)
mayor **12** 3 · **13** 3
mayores **9** 9
mayoría de **5** 2 (y) · **12** 4 (y)
mecánico **2** 6
mecano **12** 9
media naranja **4** 9
médico/-a **2** 1
medida **15** 2 (y)
medio ambiente **15** 2 (y)
medio de transporte **10** 4
medio/-a **4** 1 (y) · **6** 3
mediodía **7** 8
mejor **14** 6
mejorar **15** 2 (y)
melocotón **6** 1
memoria **16** 3 (y)
menor **13** 3
menos **2** 5 (y)
mensaje **16** 8
menú **3** 8
mercado **5** 5
merluza **3** 8
mermelada **6** 1
mes **2** 8 · **7** 1 (y)
mesa **3** 5
mesa de facturación **10** 7
meter **6** 3
metro **10** 2
microondas **18** 1
miel **6** 1
miembros de la familia **12** 5
mientras **16** 3 (y)
miércoles **7** 1 (y)
mina **17** 2
minifalda **6** 7

minutos **4** 2 (y)
mirar **1** 9 · **5** 5
mismo/-a **10** 7
mochila **16** 7
modelo **6** 10
moderado **9** 9
moderno/-a **5** 2
monótono **9** 6
montaña **12** 9 · **16** 4
montañismo **16** 1
montar en bicicleta **4** 1
moreno/-a **13** 1
morirse **17** 2
mortadela **6** 1
mostrar **8** 3 (y)
moto **10** 1
motor **10** 1 (y)
¡mucha suerte! **13** 8
muchas gracias **4** 2 (y)
¡mucho gusto! **1** 1
mucho más **10** 3
mucho/-a/os/-as **4** 4 · **5** 2
mudarse de casa **17** 1
muebles **11** 1
muela **15** 1
mujer **1** 10
muleta **17** 7
multidudinario/-a **9** 9
mundo **12** 9 · **15** 1 (y)
museo **5** 9
música **4** 1
musical **4** 8
músico **12** 9
musulmán **12** 9
muy **5** 2
muy bien **1** 9
nacer **17** 1
nada **9** 3
nadar **4** 1
naranja **3** 3
nariz **15** 1
nata **3** 8
naturaleza **15** 2 (y)
naturalmente **10** 3
náuseas **15** 3
navegar por Internet **18** 1
Navidad **12** 2 (y)
necesitar **7** 3
negro/-a **6** 7
nervioso/-a **13** 8
nevar (e>ie) **9** 1 (y)
nevera **6** 2
ni ... ni ... **13** 1
nieto/-a **12** 1
niño/-a **8** 1
nivel del mar **16** 8
noche **4** 1 (y)

Nochebuena **10** 7
nocivo **15** 1 (y)
nombre **1** 4 (y)
normal **7** 5
normalmente **4** 4
noroeste **5** 1
norte **5** 1
noticias **4** 3 (y)
novedoso/-a **16** 3
novela policíaca **4** 8
noviembre **7** 1 (y)
novio/-a **13** 4
nuevo/-a **6** 10 · **9** 9
número **1** 1 (y)
nunca **7** 7
o **6** 12
objetos para la casa **12** 4 (y)
obligaciones **12** 9
obligatorio/-a **14** 2 (y)
obra de arte **12** 4 (y)
ocio **4** 1
octubre **7** 1 (y)
ocurrir **10** 7
oferta **6** 11
oficial **14** 1 (y)
oficialmente **14** 2 (y)
oficina **2** 1
oficina de correos **5** 9
oficina de seguros **2** 1
oficina de turismo **5** 9
oídos **15** 1
¡oiga! (inf. oír) **5** 5
ojo **13** 1
olor **18** 7
onomástica **12** 4 (y)
operar **16** 3 (y)
optar **11** 10
optimista **18** 2
orden **5** 2 (y)
ordenador **14** 4
ordenador portátil **18** 1
oreja **15** 1
organización **9** 9
organizar **14** 8
orientación **5** 2 (y)
orientarse **5** 2 (y) · **16** 3
origen **14** 1 (y)
otra vez **5** 5
oveja **14** 1
¡oye! (inf. oír) **3** 3
padre **1** 10
padres **7** 8
pagar **6** 12
página **5** 9
página web **18** 1
país **5** 1
pájaro **14** 1
pan **3** 5

panadero **7** 6
pantalla plana **18** 1
pantalón **6** 7
papel **15** 8
papel reciclado **15** 2 (y)
papelera **15** 8
paquete **6** 5
para **1** 1
parada de autobús **5** 7
parar **9** 3 (y)
parecer (-zco) **8** 5 · **13** 4
pareja **12** 9
paro **18** 3
parque **5** 2
partido de fútbol **4** 2 (y)
partirse en dos **18** 7
pasado mañana **8** 4
pasado/-a **9** 8
pasajero **10** 7
pasaporte **11** 1 (y)
pasar **9** 9 · **10** 1 (y)
pasar el examen **13** 9
pasar las vacaciones **14** 2
pasar por **5** 5
pasarlo bien **14** 8
pasillo **11** 1
pasteles **12** 4 (y)
pastilla **15** 1
patata **6** 1
patatas fritas **3** 3
patio **9** 9 · **11** 3
peces (sing. el pez) **18** 7
pedrería **6** 10
película **4** 4
película de acción **4** 8
peligro **15** 8
peligrosidad **15** 8
peligroso **10** 6
pelo **13** 1
pelota **14** 10
pelotazo **14** 10
pensar (e>ie) **8** 2
pepino **13** 1 (y)
pequeño/-a **5** 3
percha **11** 3 (y)
perder (e>ie) **15** 1 (y)
¡perdón! **3** 6
perejil **13** 1 (y)
perfeccionamiento **17** 1 (y)
perfume **12** 4 (y)
periódico **7** 5
periodista **18** 2
pero **3** 10
perro **14** 1
persona **4** 7
pertenecer (-zco) **12** 9
Perú **1** 4
peruano/-a **1** 4

pescadería **6** 1 (y)
pescado **3** 8
peseta **3** 3 (y)
pianista **4** 7
piano **4** 7
picado **13** 1 (y)
pie **15** 1
piel **6** 10
pierna **15** 1
pimiento **6** 1
piña **3** 3
pincharse una rueda **10** 1 (y)
pincho de tortilla **3** 3
piscina **9** 3 (y)
piso **11** 1
plan **4** 7 · **8** 2
planeta **15** 1 (y)
plátano **6** 1
plato **3** 5
plato preparado **18** 4
playa **8** 2
plaza **5** 3
pobre **14** 4
poco **7** 3
poder (ue) **6** 11
polen **15** 3 (y)
pollo **3** 8
poner **6** 3
ponerse **8** 6
por **4** 7
por aquí **5** 5
por ciento **6** 2 (y)
por ejemplo **5** 2 (y)
por escrito **11** 3
por eso **17** 5
por favor **1** 3 (y)
por juego **17** 7
por la mañana **7** 1
por la noche **7** 1
por la tarde **7** 1
por otro lado **11** 8
por parte de **12** 3
¿por qué? **8** 2
por supuesto **2** 2
por tanto **10** 7
por última vez **9** 8
porque **2** 8 · **8** 2
posibilidad **10** 3
posible **7** 1
positivo **18** 2
postal **8** 3 (y)
postre **3** 8
potenciar **18** 6
practicar **1** 5
precavido **10** 7
precisar **17** 1 (y)
preferir (e>ie) **4** 4
pregunta **4** 7

preguntar por **5** 9
premio **16** 3 (y)
prensa **14** 2 (y)
preocupante **16** 3
preparado/-a **18** 1
preparar **13** 1 (y)
preparativos de viaje **16** 5
presentación **9** 9
presentar **1** 7
presente **18** 2
pretender **13** 1 (y)
primavera **8** 1 (y)
primera comunión **12** 4 (y)
primero/-a **5** 5
primo/-a **12** 1
probablemente **18** 1
probador **6** 11
profesión **4** 7
profesor/a **2** 1
programa **14** 8
programador/a **2** 1
pronto **8** 3 (y)
propietario **16** 3 (y)
propio/-a **18** 1
protector solar **15** 8
protegir **15** 1 (y)
prototipo **12** 9
provinciano/-a **5** 2
provocar **18** 2
próximo/-a **8** 4
publicado **17** 1 (y)
público **9** 9 · **17** 7
pudrirse **18** 7
pueblo **5** 3
puente **9** 3 (y)
pues **3** 3 · **4** 7
puntualidad **10** 9
¡qué mala pata! **13** 8
¿qué tal? **1** 2
¿qué? **1** 2 (y) · **2** 1
quedar **6** 11 · **8** 1
quedarse **8** 2
quejarse **15** 1 (y)
quemadura solar **15** 8
querer (e>ie) **3** 8
querido/-a **7** 10
queso **3** 3
¿quién/es? **6** 3
quincenas **11** 3
quizás **9** 3 (y)
ración **3** 3
radio **4** 5
ramo de flores **12** 4 (y)
rápidamente **14** 10
rápido **10** 3
raqueta de tenis **16** 7
rayo **15** 1 (y)

razonable **11** 3
rebelión **15** 3 (y)
recaudación **9** 9
recepción **11** 7
recepcionista **17** 1 (y)
recibir **12** 4 (y)
reciclable **15** 2 (y)
reciente **17** 1 (y)
reclamación **11** 3 (y)
reclamar **11** 7
recoger **9** 3
recomendable **16** 3
recomendar (e>ie) **15** 6
reconocer (-zco) **12** 3
recuperarse **18** 3
red **18** 1
red de comunicación **16** 8
refresco **3** 3
regalar **12** 4 (y)
regalo **12** 4 (y)
registrar **9** 9
relación **13** 7
remuneración **17** 1 (y)
reparar **18** 3
reserva **11** 3
resfriado/-a **15** 1
residir **10** 7
respectivo/-a **16** 3 (y)
respetar **15** 8
respirar **18** 4
respuesta **2** 8
restaurante **3** 8
resultar **9** 9
retraso **10** 10
reunión **7** 8
reunirse **7** 10
revista **13** 1 (y)
Reyes Magos **12** 4 (y)
río **18** 7
risa **18** 7
robar **16** 3 (y)
robo **16** 3 (y)
rodaja **13** 1 (y)
rojo/-a **6** 7
románico/-a **14** 1 (y)
romántico/-a **13** 7
romperse **10** 3 (y)
ropa **6** 7
ropa de abrigo **15** 1
rubio/-a **12** 3
rueda de repuesto **10** 1 (y)
ruido **10** 1 (y)
ruso/-a **2** 7
rutina **14** 9
sábado **7** 1 (y)
sábana **11** 6
saber **5** 5

sacar **10** 1 (y)
saco de dormir **16** 7
sal **3** 5
salchichón **6** 1
salir (salgo) **7** 5
salmón **3** 12
salón **11** 1
salud **15** 8
saludos **7** 10
se requiere **17** 1 (y)
secar **11** 6
secretaria **2** 1
secreto **13** 1 (y)
seda **6** 7
seguir **5** 5
segundo/-a **5** 6
seguro que **5** 2
seguro/-a **10** 6
seleccionar **15** 2 (y)
sello **6** 1 (y)
semáforo **5** 7
semana **8** 4
sembrar **16** 3 (y)
señala **15** 8
señor **1** 7
señora **1** 7
sentir **14** 10
sentirse a gusto **18** 1
separado/-a **14** 10
septiembre **7** 1 (y)
ser **1** 2
serio/-a **13** 4
servicio **10** 7
servilleta **3** 5
servir **13** 1 (y)
sí **1** 3
si **8** 1
Sida **18** 3
siempre **7** 3
significar **11** 8
silla **11** 1
sillón **11** 1
simpático/-a **13** 4
simplemente **14** 2 (y)
sin **3** 3
sinagoga **9** 5
sincero/-a **13** 5
sindicato **5** 2 (y)
sitio **11** 3
sobre **5** 2 (y)
sobrepasar **9** 9
sobrexplotación **15** 1 (y)
sobrino/-a **12** 1
sofá **11** 1
sofá-cama **11** 3
sofisticado/-a **16** 3 (y)
sol **9** 1 (y)
soleado/-a **11** 3
soler **12** 4 (y)

solicitud **17** 1 (y)
sólo **4** 2 (y)
solo/-a **13** 6 · **16** 3
solomillo **3** 8
soltero/-a **13** 7
soñar **14** 10
sopa **3** 8
sorbete **3** 8
sorpresa **5** 2 (y)
subir **11** 1 (y)
Sudamérica **5** 1
sudanés **12** 9
sudeste **5** 1
sudoeste **5** 1
suelo **15** 1 (y)
suerte **4** 7
sufrir **18** 7
Suiza **1** 4
suizo/-a **1** 4
supercómodo **10** 7
supermercado **5** 9
superrápido **10** 7
sur **5** 1
surf **16** 4
talla **6** 10
taller **10** 1 (y)
tamaño **16** 3 (y)
también **3** 3
tampoco **4** 8
tapas **3** 3
tardar **10** 3
tarde **4** 1 (y)
tarjeta (de crédito) **6** 12
tarta **3** 8
tarta nupcial **3** 12
taxi **10** 2
taxista **7** 6
té **3** 1
teatro **4** 4
tecnología **18** 1
teléfono **1** 2 (y)
teléfono móvil **16** 3
telenovela **4** 8
teletrabajo **18** 4
televisión **4** 3
televisor **18** 1
temporada **11** 3
temprano **7** 10
temprano **7** 5
tendedero **11** 6
tenedor **3** 5
tener **1** 2 (y)
tener clase **14** 2 (y)
tener ganas de **8** 5
tener lugar **9** 9
tener mala suerte **10** 1 (y)
tener que **5** 5
tenis **4** 1

tercero/-a **5** 6
terminar **7** 3
ternera **3** 8
terraza **11** 1
terreno **11** 8
tiempo **4** 2 · **9** 1 (y)
tiempo libre **4** 2
tienda **6** 1 (y)
tierra **10** 7
tímido/-a **13** 5
timo **16** 3
tío/-a **12** 1
típico **16** 3 (y)
tirar basura **15** 2 (y)
titular **9** 9
toalla **11** 6
tocar **4** 7 · **12** 5
todavía **10** 10
todavía no **8** 4
todo **6** 3
todo el día **7** 7
todo recto **5** 5
todos los días **7** 7
toma de decisión **18** 6
tomar **3** 3
tomate **3** 3
tono **10** 7
torear **17** 7
torero **17** 7
toro **14** 1
tortilla **3** 1
tos **15** 1
total **9** 3
trabajar **2** 2
trabajo **2** 8 · **7** 3
tradicional **9** 9
traer **3** 6
traje **6** 7
trámite **16** 3 (y)
tranquilo/-a **5** 3
transbordo **10** 10
transparente **18** 7
transportar **16** 8
tranvía **10** 2
trastero **11** 3
tratar de **13** 1 (y)
tren **10** 1
tren de cercanías **10** 10
tren directo **10** 10
triste **13** 9
triturar **13** 1 (y)
trotamundo **16** 1
truco **13** 1 (y)
turista **16** 3 (y)
turística **16** 8
turnarse **16** 8
último/-a **6** 10
un poco de **2** 2
una vez **14** 9

único/-a **10** 7
universidad **5** 2
universitario/-a **5** 2
uña **16** 3 (y)
urbanización **11** 8
usar **14** 1 (y)
usuario **16** 3 (y)
utilizar **15** 8
vaca **14** 1
vacaciones **11** 5
vaciar **16** 5
vacío **11** 1
vainilla **3** 8
¡vale! **3** 3
valle **16** 8
vaqueros **6** 7
vasco **14** 1 (y)
vaso **3** 1
vecino **11** 7
vegetariano/-a **14** 4
vela **16** 4
vender **10** 1 (y)
venezolano/-a **1** 4
venir **8** 2
ventaja **10** 4
ventana **11** 3 (y)
ver **4** 3
ver la televisión **4** 3
verdad **11** 8
verde **6** 7
verdura **6** 1
vestido **6** 7
vestido de baile **6** 10
via pública **10** 6 (y)
viajar **5** 2 (y) · **8** 2 (y)
viaje **10** 3
viajero/-a **13** 7
víctima **16** 3 (y)
vida **13** 7
videollamada **18** 4
vidrio **15** 8
viejo/-a **5** 3
viento **9** 1 (y)
viernes **7** 1 (y)
vinagre **3** 3
vino **3** 1
vino blanco **3** 1
vino tinto **3** 1
visión **18** 2
visitar **8** 3 (y)
vivienda **11** 10
vivir **2** 8
vivir junto **12** 9
volar **10** 7
volcán **16** 4
volver (o>ue) **7** 3
vomitar **18** 7
vuelo **10** 7
yogur **6** 1

zapatos **6** 7
zarzuela **9** 9
zona **5** 3
zoo **8** 1
zumo **3** 3

Schlüssel

Lösungen der Übungen im Arbeitsbuchteil

Lección 1

1

(Hola,) buenos días. Buenas tardes. Buenos días. Buenas tardes. Buenos días. Buenas noches.

2

1. llamo - Soy; 2. eres - Soy; 3. llama; 4. somos; 5. llamas; 6. son

3

1. alemana; 2. suizo; 3. inglés; 4. cubano: 5. italiano; 6. española; 7. inglesa; 8. argentina; 9. austríaco; 10. francés

4

1. ¡Hola!, ¿qué tal?
   ¡Hola!
2. ¿Cómo está usted?
   Bien, gracias.
3. ¿De dónde eres?
   De Austria.
4. Ésta es mi amiga Ana.
   Encantado.

5

1. qué; 2. Cómo; 3. De dónde; 4. Cómo: 5. De dónde

6

1. ¿De dónde eres? 2. ¿Eres suiza? 3. ¿Cómo te llamas? 4. ¿Cómo estás?

7

a. 2 DOS, 6 SEIS, 3 TRES, 4 CUATRO, 9 NUEVE, → SIETE
b. 7 SIETE, 4 CUATRO, 0 CERO, 2 DOS, → TRES
c. 0 CERO, 6 SEIS, 1 UNO, 8 OCHO, 2 DOS, → CINCO

8

1. gracias; 2. de nada; 3. más despacio, por favor; 4. ¿cómo?

9

1. <u>ho</u>la · a<u>mi</u>go · espa<u>ño</u>la · Fe<u>li</u>pe · me <u>lla</u>mo
te <u>lla</u>mas · <u>e</u>res
espa<u>ñol</u> · se<u>ñor</u> · mu<u>jer</u> · us<u>ted</u> · por fa<u>vor</u>
<u>nú</u>mero · <u>Má</u>laga · ale<u>mán</u> · es<u>tá</u> · a<u>diós</u> · te<u>lé</u>fono

Wörter die, auf a,e,i,o,u, oder n,s enden werden auf der zweitletzten Silbe betont.
Wörter, die auf einen der anderen Buchstaben enden, werden auf der letzten Silbe betont.

2. ch wie in Kuchen | g wie in Garten
Alejandro | Miguel
Juana | Diego
Jorge | Guillermo
Sergio | Gabriela
| Gustavo

Lección 2

1

1 CAMARERO, 2 ENFERMERA, 3 PROGRAMADOR, 4 ARQUITECTO, 5 SECRETARIA, 6 PROFESORA, → MEDICO

2

1. En un bar; 2. En un hospital; 3. En un banco / una oficina; 4. En una oficina; 5. En una oficina; 6. En una escuela/un colegio; 7. En un hospital

3

1. haces - Soy - Estudio; 2. hacen - es - trabaja; 3. hablamos; 4. hace - Soy; 5. habla

4

¿Cómo te llamas? - ¿De dónde eres? - ¿Qué haces? - ¿Qué estudias?

5

Me llamo Griselda, vivo en Valencia, soy programadora, estoy casada y tengo 3 hijos.
Me llamo Ana, vivo en Córdoba, soy fotógrafa, estoy casada, (no tengo hijos).
Me llamo Carlos, vivo en Montevideo, soy profesor, estoy casado y tengo una hija.
Ésta es Griselda, vive en Valencia, es programadora, está casada y tiene 3 hijos.
Ésta es Ana, vive en Córdoba, es fotógrafa, está casada, no tiene hijos.
Éste es Carlos, vive en Montevideo, es profesor, está casado y tiene una hija.

6

trabajar: trabajo, trabajas, trabaja, trabajamos, trabajáis, trabajan
estudiar: estudio, estudias, estudia, estudiamos, estudiáis, estudian
hablar: hablo, hablas, habla, hablamos, habláis, hablan
buscar: busco, buscas, busca, buscamos, buscáis, buscan
vivir: vivo, vives, vive, vivimos, vivís, viven

7

13; 25; 47; 14; 19; 58; 11

8

1. [k] : camarero, cuántos, banco, arquitecto
   [θ] : oficina, venezolano, Venezuela, Celia
   [tsch] : mucho
   [k]: ca, co, cu, que, qui
   [θ]: ce, ci, za, zo, zu
   [tsch] : cha, che, chi, cho, chu

2. cama<u>re</u>ro · profe<u>sor</u> · enfer<u>me</u>ra · fo<u>tó</u>grafo · o<u>fi</u>cina hosp<u>it</u>al · <u>a</u>ños · programa<u>do</u>ra · <u>ca</u>sa · profe<u>so</u>ra

Lección 3

1

el vino · la tortilla · la ración · el vaso · el café · la comida · la botella · el agua · la leche · la cerveza

2

¿Qué vas a beber?
Una cerveza. ¿Y tú?
Una cerveza también.
¿Y para comer?
Voy a comer un bocadillo de jamón.
Yo, una tortilla.

3

los vasos; la botella; los/las estudiantes; el bar; las raciones
Bei Wörtern, die mit einem Vokal (*a,e,i,o u*) enden, wird der Plural gebildet durch Anhängen von *-s*. Bei Wörtern, die mit einem Konsonanten enden, wird *-es* angehängt.

4

1. una; 2. un - una; 3. un; 4. un; 5. un

5

1. va; 2. vais; 3. voy; 4. van; 5. vas; 6. Vamos

6

Camarero: 1, 5, 7
Cliente: 2, 3, 4, 6, 8

7

1. quieren; 2. quiero; 3. Queréis; 4. quiere; 5. queremos

9

Mögliche Lösung:
Una cerveza, por favor.   De jamón.
Alemana.   Muchas gracias. La
¿Qué hay para comer?   cuenta, por favor.
Un bocadillo. ¿De qué son?

Lección 4

1

bailar; montar en bicicleta; ir de compras; leer; nadar; jugar al fútbol

2

a mí me; a ti te; a él le; a ella le; a usted le; a nosotros nos; a vosotros os; a ellos les; a ellas les; a ustedes les

3

1. me; 2. nos; 3. te; 4. les; 5. le; 6. os

4

A Pedro le gusta dormir.
A Mónica no le gusta cocinar.
A José no le gusta trabajar en el jardín.
A Celia le gusta ver la televisión.
A Fernando no le gusta caminar.
A María le gusta hacer deporte.

5

1. prefiero; 2. preferimos; 3. prefieres; 4. prefieren; 5. prefiere

6

1. gustan; 2. gusta; 3. gustan; 4. gustan; 5. gusta; 6. gusta

7

1. A mí también. 2. A mí tampoco. 3. A mí no.
4. A mí tampoco. 5. A mí sí.

8

1 Son las cuatro menos diez.
2 Es la una y media.
3 Son las ocho en punto.
4 Son las once y cinco.
4 Son las seis menos veinticinco.
5 Son las siete y cuarto.

9

2. <u>ra</u>dio · televi<u>sión</u> · pe<u>lí</u>cula · <u>mú</u>sica · bici<u>cle</u>ta de<u>por</u>te · no<u>ve</u>la · mi<u>nu</u>tos

Lección 5

1

1. Madrid está en el centro de España.
2. Santander está en el norte.
3. Barcelona está en el este/noreste.
4. Málaga está en el sur.
5. Cáceres está en el oeste.

2

La casa de mi padre es pequeña y vieja. Está en un pueblo muy bonito. El pueblo me gusta mucho porque es tranquilo. La ciudad donde vivo es muy famosa, las avenidas son anchas y los parques son grandes. Mi casa está cerca de la Plaza Mayor, es grande y antigua.

3

muy - muy - muchas - muy - muchos - muy

4

1. todo recto; 2. hasta; 3. a la izquierda; 4. segunda - a la derecha

5

6

Delante de la casa.
Detrás de la casa.
Al lado de la casa.
Enfrente de la casa.

7

1. hay - está; 2. está; 3. hay; 4. está; 5. hay

8

1. Disculpe. 2. Lo siento. 3. ¡Qué bien! 4. Oiga, por favor. 5. No, ¡qué va!

9

2. far<u>ma</u>cia · es<u>tá</u> · ciu<u>dad</u> · esta<u>ción</u> · tran<u>qui</u>lo de<u>lan</u>te

Lección 6

1

1. pan; 2. cebollas; 3. huevos; 4. pimientos; 5. limones

2

Dependiente: 2, 5, 6, 7
Cliente: 1, 3, 4, 8

3

1. le - Me; 2. les - Nos; 3. Os - nos; 4. Me; 5. te

4

1. los; 2. La; 3. Las; 4. Lo; 5. La

5

1. ... y yo los quiero maduros. 2. ... mi marido lo quiere tinto. 3. ... mi hija los quiere con fruta. 4. ...y mi madre las quiere pequeñas.

6

1. Paloma tiene pantalones marrones, azules y verdes.
2. Me gustan las faldas blancas y las chaquetas amarillas.
3. Pablo lleva un traje negro y una corbata roja.
4. Los zapatos azules son de Mónica.
5. Le gustan los bañadores amarillos.

7

Pablo lleva una chaqueta verde, pantalones rojos y una camisa blanca.
Felipe lleva una camisa verde, una chaqueta gris y pantalones blancos.
Gustavo lleva pantalones verdes, una chaqueta roja y una camisa gris.
Carlos lleva una chaqueta blanca, pantalones grises y una camisa roja.

8

1. Me gusta este jersey.
2. Esa falda cuesta 25 euros.
3. ¿Te gusta esta blusa?
4. Estos pantalones le quedan muy bien.
5. ¿Cuánto cuestan esos zapatos?
6. Juan va a llevar esa corbata.
7. ¿Me puedo probar este bañador?

9

negro; estrecho; barato; corto; pequeño

Lección 7

1

1. entre; 2. después; 3. por/toda; 4. antes; 5. hasta

2

1. Empiezo - vuelvo - empiezas - vuelvo;
2. empezamos - empezáis - volvéis;
3. empieza - vuelve

3

Mögliche Lösung:
A las siete Sebastián se levanta, empieza a trabajar a las nueve. A las dos come y a las seis de la tarde va a un bar. A las ocho vuelve a casa y sobre las nueve cena. Después de la cena sale con unos amigos. Normalmente se acuesta a las doce de la noche.

Me levanto a las siete, empiezo a trabajar a las nueve. A las dos como y a las seis de la tarde voy a un bar. A las ocho vuelvo a casa y sobre las nueve ceno. Después de la cena salgo con unos amigos. Normalmente me acuesto a las doce de la noche.

4

empezar: empiezo, empiezas, empieza, empezamos, empezáis, empiezan
cerrar: cierro, cierras, cierra, cerramos, cerráis, cierran
querer: quiero, quieres, quiere, queremos, queréis, quieren
acostarse: me acuesto, te acuestas, se acuesta, nos acostamos, os acostáis, se acuestan
volver: vuelvo, vuelves, vuelve, volvemos, volvéis, vuelven
dormir: duermo, duermes, duerme, dormimos, dormís, duermen
jugar: juego, juegas, juega, jugamos, jugáis, juegan

5

se - me - os - Os - nos - te - levantarme

6

1. martes; 2. mayo; 3. sábado; 4. enero; 5. jueves; 6. octubre

7

Después - Todos los - todo - siempre - de - hasta - Por la - por - veces - dentro

8

periódico, además, después, información, sábado, inglés

Lección 8

1

dar un paseo, tener entradas para un concierto, ver un partido de fútbol, ir a la playa, quedarse en casa, hacer una barbacoa

2

Llamo - planes - buen - tiempo - quedarme - entradas - vienes - buena - sabes - Entonces - mañana

3

1. quiere; 2. van - Pensamos; 3. Voy; 4. queremos; 5. va

4

Mögliche Lösung:
El martes no puedo; es que tengo que trabajar.
El miércoles no puedo; es que quiero ir al cine.
El jueves no puedo; es que quiero cenar con Paco.
El viernes no puedo; es que quiero ir al festival de flamenco.
El sábado no puedo; es que quiero ir a la fiesta de Ana.
El domingo no puedo; es que quiero hacer una barbacoa.

5

1. Qué; 2. Por qué; 3. Dónde; 4. Cuándo; 5. Cuántas

6

1. me quedo; 2. Quedamos; 3. quedamos; 4. me quedo; 5. te quedas

7

1. Es una buena idea.
2. No tengo ganas de … .
3. Todavía no lo sé.
4. ¿Qué te/le parece?

8

1. ¿Vienes a buscarme sobre las ocho?
2. Quiero visitaros la semana que viene.
3. Tengo que decirle que no puedo.
4. ¿Vas a contestarme?
5. Voy a mostrarles mi ciudad.

9

viene - va - gusta - es - vuelven - quieren - pienso - parece - voy

10

sábado - niños - parque

Lección 9

1

4; 2 ;5 ;1 ;3

2

quedó - hizo - recogió - comió - escuchó - escribió - llamó - Cenó - acostó

Ayer me quedé en casa. No hice nada especial. Por la mañana recogí la casa, a mediodía comí un bocadillo. Por la tarde escuché música, escribí una carta y llamé por teléfono. Cené en casa y me acosté temprano.

3

estuvimos - Fue - Visitamos - Hicimos - vimos

4

1. estuviste - Estuve - hiciste
2. fuiste - compraste - Compré
3. fuisteis - vimos - fue
4. conociste
5. hicisteis - Salimos - Cenamos

5

hablar: hablé, hablaste, habló, hablamos, hablasteis, hablaron
comer: comí, comiste, comió, comimos, comisteis, comieron
escribir: escribí, escribiste, escribió, escribimos, escribisteis, escribieron
estar: estuve, estuviste, estuvo, estuvimos, estuvisteis, estuvieron
ser/ir: fui, fuiste, fue, fuimos, fuisteis, fueron
hacer: hice, hiciste, hizo, hicimos, hicisteis, hicieron

6

1. llueve - calor - hace; 2. hace - hace; 3. mucho - nieva; 4. llueve - hace

7

ayer · fiesta · divertido · último · calor · especial

Lección 10

1

```
M O A L E P I
A C U L M R A
M O T O E A V
E C O B T L I
C H B A R C O
A E U R O E N
J X S T R E N
```

2

▼ Para ir a Oviedo, ¿qué posibilidades tengo?
● Puede ir en tren o en autobús.
▼ Quiero un viaje rápido.
● Entonces en autobús. El tren tarda mucho más.
▼ ¿Cuánto cuesta un billete de ida y vuelta?
● 21 euros.

3

1. ▼ El AVE es mucho más rápido que otros trenes, ¿no?
   ◆ Sí, pero también es más caro.
2. ▼ Vamos a ir en coche. Es más cómodo que ir en autobús.
   ◆ Sí, y es más rápido.
3. ▼ ¿Qué prefieres para viajar?
   ◆ Prefiero ir en moto; es más divertido que ir en coche.
   ▼ Pero también es más peligroso.

4

1. El viaje en autobús no es tan caro como el viaje en el AVE.
2. Tenerife no está tan lejos como Gomera.
3. Ir en coche no es tan divertido como ir en bicicleta.
4. El tren no es tan rápido como el avión.
5. Ir en tranvía no es tan caro como ir en taxi.

5

1. ▼ ¿Cómo vas al trabajo?
   ◆ Tengo que ir en autobús. Me gustaría más ir en metro, pero no hay una estación cerca. Y para ir a pie, la oficina está bastante lejos.
2. ▼ ¿Y tú?
   ◆ Normalmente voy en bicicleta a la agencia donde trabajo. Pero cuando llueve prefiero ir en coche.
3. ▼ En verano queremos ir a Francia en bicicleta.
   ◆ ¿En bicicleta? ¡Qué viaje tan largo!
   ▼ Bueno, hasta Irún vamos en coche, pero desde allí en bicicleta.

6

1 LEJOS, 2 VUELTA, 3 LENTO, 4 PELIGROSO, 5 EMPEZAR, 6 BARATO →LLEGAR

7

Voy a pensármelo.
El avión me da miedo.
Muchas gracias por la información.
¡Qué caro!

8

tren - Salgo - estación - andén - esperamos - retraso - llega - directo - llegamos

9

1. a; 2. ø; 3. ø; 4. a; 5. a; 6. ø

10

rápido · interesante · cómodo · aburrido · barato · ecológico

Lección 11

1

1. la nevera; 2. la terraza; 3. el trastero; 4. la cama; 5. el dormitorio; 6. la mesa; 7. la silla; 8. la cocina; 9. el pasillo; 10. el espejo; 11. el cuarto de baño; 12. el armario

2

Podría - Querría - Podría - Querría - Sería

3

Está - es - tiene - tiene - es - tiene - es - Es - tiene - es - tiene - está - Es

4

preferiría - Sería - sería - pasarías - harías - trabajaría - sería - ayudaría - levantaríamos - prepararía - haría - compraría - tendríamos - Saldríamos - comeríamos - conoceríamos

5
llamar: llamaría, llamarías, llamaría, llamaríamos, llamaríais, llamarían
comer: comería, comerías, comería, comeríamos, comeríais, comerían
escribir: escribiría, escribirías, escribiría, escribiríamos, escribiríais, escribirían

6
1. hacer; 2. salir; 3. poner; 4. poder; 5. tener; 6. venir

7
Se alquilan apartamentos para 1-6 personas. Se limpian los apartamentos dos veces por semana, se cambian las toallas y las sábanas cada dos días. Se habla alemán. Se organizan excursiones y barbacoas.

8
1. Frage 2. Frage 3. Aussage 4. Aussage

Lección 12

1

2
Mis - mi - sus - Nuestros - Nuestra - nuestro - Mis - mi - nuestra

3
1. está hablando; 2. Está preparando; 3. Estoy leyendo; 4. están jugando; 5. está durmiendo - está cenando; 6. están bailando; 7. Estoy comiendo

4
1. Miguel está montando en bicicleta.
2. Alba está viendo la tele.
3. Pedro está escribiendo una carta.
4. Carlos y Diego están jugando al fútbol.
5. Gustavo está tocando la trompeta.
6. Juana está visitando un museo.
7. Ricardo está nadando.
8. Rosa está escuchando música.

5
¡Feliz cumpleaños!
¿Cuántos años cumples?
¡Qué alegría!
¡Enhorabuena!
¡Feliz Año Nuevo!
¡Felices Navidades!

6
1 HERMANO, 2 BODA, 3 NOCHEBUENA,
4 ENHORABUENA, 5 JUGUETES, 6 NAVIDAD,
7 PARIENTES, 8 REGALO, 9 CAJA, 10 MADRE
→ NOCHEVIEJA

Lección 13

1
ser: feo, rubio, alto, delgado, moreno
tener: el pelo corto, los ojos castaños
llevar: gafas, barba
estar: calvo

2
Fernando es bastante alto y delgado. Es moreno y tiene el pelo largo. Tiene los ojos castaños y es muy guapo.

3
1. Carmen es mayor que Carlos.
2. Luis es más gordo que Pedro.
3. María es más baja que Paloma.
4. Rosita es menor que Julia.
5. Pepe es más alto que Alfredo.

4
1. parece - gusta - parece; 2. cae - gusta;
3. parecen - caen; 4. parece; 5. gustan - caen

5
Paloma está durmiendo, está en la playa, está nerviosa.
Felipe está durmiendo, está en la playa, está contento.
Nosotras estamos durmiendo, estamos en la playa, estamos cansadas.
Mis padres están durmiendo, están en la playa, están enfermos.

6
1. es - Es; 2. estás; 3. está - está; 4. Estoy - Es - es;
5. son - Son; 6. estás; 7. estás - estoy; 8. estás

7
1 - b; 2 - d; 3 - a; 4 - c

sincero · tímido · inteligente · antipático · divertido · abierto · simpático

Lección 14

1

gato perro
oveja cabra
vaca toro
caballo cerdo
gallina pájaro

2

● ¿Qué hacías antes de trabajar en esta empresa?
▼ Trabajaba en una agencia de turismo.
● Y, ¿qué tal?
▼ El trabajo me gustaba. Hablaba con mucha gente, los compañeros eran simpáticos, a veces podía viajar.
● Pero no estabas contento, ¿no?
▼ No. Ganaba poco dinero y tenía que trabajar muchas más horas.

3

pasábamos, Vivíamos, veíamos, era, levantábamos, íbamos, tomábamos, nadábamos, Comíamos, volvíamos, Dormíamos, leíamos, hacíamos, Cenábamos, jugábamos, tocábamos, cantábamos, gustaba, era

4

1. Normalmente iba en bicicleta a la oficina.
2. Antes tocaba el piano.
3. Nunca fumaba.
4. Antes era vegetariano.
5. Cuando era joven, salía mucho.
6. Siempre hacía deporte.
7. Todos los días veía a los amigos.
8. Cuando era niño, tenía un perro.

5

tomar: tomaba, tomabas, tomaba, tomábamos, tomabais, tomaban
tener: tenía, tenías, tenía, teníamos, teníais, tenían
escribir: escribía, escribías, escribía, escribíamos, escribíais, escribían
ser: era, eras, era, éramos, erais, eran
ver: veía, veías, veía, veíamos, veíais, veían
ir: iba, ibas, iba, íbamos, ibais, iban

6

1 - b llegó; 2 - c bebió; 3 - e hicieron;
4 - a nos quedamos; 5 - d estuve oder estuvo

7

Beschreibungen, wiederholte Handlungen	Einmalige Handlungen
era, vivía, era, teníamos, reuníamos, comíamos, discutíamos, conocía, parecía, había, podíamos	terminó, dejó, recomendé, llegó, cambió

Lección 15

1

```
L O S T R A N E
B R A Z O D A B
S E T A M E M O
I J O R D I A C
O A P I E R N A
N R I C D I O R
O L E S O J O E
```

2

tú: 1, 3, 6, 7
usted: 2, 4, 5

3

1. ¡Quédate en cama! 2. ¡Bebe leche caliente!
3. ¡Llama al médico! 4. ¡Come comida ligera!
5. ¡Duerme una siesta! 6. ¡Compra pastillas!

1. ¡Quédese en cama! 2. ¡Beba leche caliente!
3. ¡Llame al médico! 4. ¡Coma comida ligera!
5. ¡Duerma una siesta! 6. ¡Compre pastillas!

4

1. fumes; 2. comas; 3. acuestes; 4. trabajes; 5. tomes; 6. bebas

5

1. Quédate; 2. Regálale; 3. Espérame; 4. Escríbele; 5. Métete; 6. Levántate

6

ve - salgas - toma - Ponte - hagas - llama

7

1. ¡no los hagas! 2. ¡no la repitas! 3. ¡no lo escribas! 4. ¡no los pongas! 5. ¡no lo abras!

8

¡No tengas miedo! - ¡Ven aquí! - ¡Vaya al médico! - ¡Haga deporte! - ¡Sal del agua!

Lección 16

1
1. pasado - estado; 2. orientado - dado; 3. ido - viajado; 4. vuelto - visto; 5. hecho - tenido

2
1. has - he - ha; 2. habeis - hemos - han

3
A las siete se ha levantado, a las nueve ha visto la catedral, a las diez ha visitado el museo, a las doce ha hecho compras, a las dos ha comido, a las cuatro ha ido a la playa, a las siete ha vuelto al hotel y ahora está cenando.

4
1. últimamente - esta semana; 2. ya - Todavía no - hasta ahora - esta mañana; 3. alguna vez - nunca - este año

5
vacaciones: raqueta de tenis, gafas de sol, guía de viaje, cámara,
camping: saco de dormir, tienda, camping gas, linterna
mar: surf, buceo, crucero, vela

6
1. las mías; 2. las tuyas; 3. El mío - el tuyo

7
▼ Vengo a hacer una denuncia.
◆ ¿Que le ha pasado?
▼ Un chico me ha robado el bolso, con bastante dinero y la documentación: el carnet de conducir, las tarjetas de crédito ...
◆ ¿Y dónde ha sido?
▼ En la entrada del metro. El chico venía corriendo ... lo típico, el tirón ....
◆ Bueno, pues rellene este impreso.

8

letzte Silbe	zweitletzte Silbe	drittletzte Silbe
información	extranjero	cámara
anorak	linterna	turística
hotel	vacaciones	
autostop		

Lección 17

1
Nací en 1965. En 1971 empecé la escuela. En 1974 estuve en el hospital. En 1979 fui a la universidad. En 1984 terminé los estudios. En 1985 hice prácticas en un banco. En 1986 empecé a trabajar en una empresa francesa y en 1988 me casé.

2
1. La semana pasada Carmela volvió de viaje y tuvo mucho trabajo en la oficina. No pudo visitar a su familia.
2. Ayer dormí muy mal y me levanté muy cansada. Por la mañana tuve una reunión muy importante y salió mal.
3. El año pasado ahorramos todo el año y por fin fuimos todos de vacaciones a un hotel. Nos gustó mucho y volvimos muy contentos.

3
Cuando iba a la escuela, me levantaba temprano, tuve un accidente, jugaba al fútbol, hice una excursión a París.
Cuando tenía 18 años, vivía con la familia, fumaba mucho, compré una guitarra, terminé el bachillerato.
Cuando trabajaba en el restaurante, ganaba poco dinero, conocí a Pedro, siempre estaba cansado, dejé de fumar.

4
1. has hecho - me mudé - me casé - vivía
2. Has visto - vi
3. trabajabas - dejé
4. has estado - terminé - pude/podía

5
Se levantó y fue a la cocina. Preparó el café. No había pan. Entró en el cuarto de baño. Se puso los pantalones y la camisa. Tomó el bolso que estaba en el armario. Salió de casa y fue a la panadería que estaba enfrente. Compró pan y leche y volvió a casa. El café ya estaba listo y empezó a desayunar. Cuando terminó ya eran las ocho y media y tenía (tuvo) que irse.

6
desde hace - Hace - desde - Hace - desde hace

7
¡Cuánto me alegro!
¡Cuánto tiempo sin verte!
¿Qué es de tu vida?
¡Qué mala suerte!

8

Nací en ....
Cuando empecé la escuela ...
Cuando tenía 16 años ...
Antes leía mucho.
Mis padres se casaron después de la guerra.
El año pasado me mudé.

9

Pilar García nació en Jaén (Andalucía). Después de la guerra empezó a trabajar en una fábrica. En 1960 se fue a Perú. Allí trabajó en un hospital. Ahora está jubilada.

Lección 18

1

von oben nach unten:
ENFERMEDAD, AGRICULTURA, OPTIMISTA, SALUD, TEORIA, VISIONES

2

presentará - cambiará - será - aumentarán - provocarán - quedará - Asistirá

3

estará - mudarán - construiréis - leeré - casarán - asistirás - viajaremos

4

cambiar: cambiaré, cambiarás, cambiará, cambiaremos, cambiaréis, cambiarán
ser: seré, serás, será, seremos, seréis, serán
escribir: escribiré, escribirás, escribirá, escribiremos, escribiréis, escribirán
tener: tendré, tendrás, tendrá, tendremos, tendréis, tendrán
decir: diré, dirás, dirá, diremos, diréis, dirán

5

1. hacer; 2. tener; 3. salir; 4. saber; 5. poder; 6. decir

6

Mögliche Lösung:
Muy pronto conocerás a un hombre/una mujer interesante.
Dentro de un año harás un viaje.
En el futuro tendrás buena salud.
En el futuro ganarás mucho dinero.
En el futuro estarás contento/-a con tu trabajo.
La próxima semana te quedarás en tu ciudad.
La próxima semana saldrás con una buena amiga.

Repaso 1-3

1

Mónica / Meggy

2

(Mögliche Lösung): Este es Rafael Robles. Tiene 35 años y está casado con Ana. Son de Paraguay pero viven en Cádiz. Tienen dos hijos, Carmen y Lucas.

4

1. c; 2. e; 3. a; 4. g; 5. f; 6. b, 7. d

Repaso 4-5

1

tengo – soy – Vivo – estudio – está – Es – es – hay – gusta – gusta – gustan – prefiero

3

1. c; 2. e; 3. d; 4. b, 5. a

Repaso 6-7

1

1.a; 2.b; 3.d; 4.c

3

1. c; 2. a; 3. d; 4. e; 5. b

Repaso 8-10

1

(Mögliche Lösung): El lunes Marisol va a llevar el coche al taller. A las 2 va a comer con Pedro. A las 8 quiere ir al cine con Ana. El martes por la mañana va a ir al mercado. Por la tarde va a hacer deporte y por la noche piensa ver la tele. El miércoles va a ir al médico y por la tarde quiere jugar al tenis. El jueves por la noche va a cenar con Daniel. El viernes por la noche piensa ir a la clase de baile. El sábado va a ir a una fiesta y el domingo piensa hacer una excursión.

2

(Mögliche Lösung): El lunes pasado Marisol llevó el coche al taller, ... comió ..., ... fue ..., ... fue ..., ... hizo ..., ... vio ..., ... fue ..., ... jugó ..., ... cenó ..., ... fue ..., ... fue ..., ... hizo ...

3

grande – caro – rápido – buen tiempo – hace frío – fantástico / maravilloso – aburrido – aburrido / poco interesante – incómodo

4

1. a; 2. d; 3. b; 4. c

Test A1

1. a; 2. b; 3. a; 4. b; 5. a; 6. a; 7. b; 8. a

1 no / 2 sí / 3 no

Repaso 11-13

1

Ana; 31 años; abierta; hija / madre / hermana
José; 7 años; alegre; hijo / nieto / sobrino
Pablo; 65 años; divertido; padre / abuelo
Ramón; 36 años; tradicional; hijo / hermano / tío

1. d; 2. a; 3. c; 4. b; 5 e

Repaso 14-15

1

Cada lunes había un mercado en la plaza. Allí los campesinos vendían verduras, frutas, flores y mucho más. La plaza estaba siempre llena de gente, que miraba, hablaba y preguntaba cuánto cuesta esto o lo otro. Si el precio le parecía bien, compraba. Alrededor de la plaza había bares, donde la gente bebía y comía después de la compra. El mercado era un sitio importante para la vida social del pueblo.

1. d; 2. e; 3. a; 4. c; 5 b

Repaso 16-18

1

hemos vuelto – Hemos llegado – Han sido – Fuimos – Encontramos – Hizo – He puesto

3

1 e; 2 d; 3 b; 4 c; 5 a

Test A2

2

1. b; 2. b. 3. b; 4. c.

Quellenverzeichnis

2. und 3. Umschlagseite: Mathias Bleher, Ismaning
Seite 32: © José Manuel Pons, München
Seite 33: © MEV/MHV
Seite 38: www.cartomedia-karlsruhe.de
Seite 49: © ABC Blanco y negro, Nr. 29.459 von 7.7.1996, Madrid
Seite 56: unten mitte: © dpa Zentralbild, Berlin
Seite 60: © El País Semanal, Nr. 1.035 von 28.7.1996, Madrid
Seite 63: © Spanisches Fremdenverkehrsamt, München
Seite 69: © AVE Larga Distancia, Madrid
Seite 77: INE, Instituto Nacional de Estadística, Madrid
Seite 83: Zeichnung: © Rosa Bartel, Mühlheim-Ruhr
Seite 88: rechts oben: MHV-Archiv (© Thomas Schwarz), links unten: © Elisabetta Rizzo, Messina
Seite 93: © Beate Dorner, München
Seite 97: © Dieter Reichler, München
Seite 101: Zeichnung: © Leyla Beşer-Bartel, Mühlheim-Ruhr
Seite 111: oben: © Süddeutscher Verlag Bilderdienst, München
Seite 113: Text: zitiert nach El País Semanal, Nr. 1037, von 11.8.1996, Foto: oben: © dpa, Frankfurt (Andre Durand)
Seite 119: "Dónde jugarán los niños" M + T: José Fernando Emilio Oliera Sierra / Alejandro González Trujillo © Editora De Música WEA S.A. für Deutschland, Schweiz, GUS und osteuropäische Länder (ohne Baltikum), Türkei und Länder des ehem. Jugoslawien: NEUE WELT MUSIKVERLAG GMBH & CO. KG
© Claus Breitfeld, Madrid (Seite 14 rechts unten, 23 rechts oben und links unten, 26, 47, 52, 64, 88 unten mitte, 94 links, 112)
© Mechtild Lohmann, Essen (Seite 14, 16, 23 oben mitte, 28, 32, 37, 44, 49, 53, 71, 75, 76, 88 links oben und rechts unten, 103, 104, 111, 113 unten, 163)
© Lidia Santiso Saco, Bochum (Seite 23 links oben, 56, 81, 83, 94 rechts, 128)
© Trinidad Bonachera (Seite 14 mitte unten, 23 rechts unten, 32)
© Sophie Caesar, Madrid (Seite 25, 118)
© Jürgen Frank, München (Seite 37 links oben, 43, 104 rechts unten)
© Javier Salmerón Martínez, Madrid (Seite 50, 58)
© Erna Friedrich, Ismaning (Seite 104 rechts Mitte)
© Renzo Ucelli/Promperú (Seite 105 Mitte, Seite 106 unten)
© Wilfredo Loayza/Promperú (Seite 107 oben)

Wir haben uns bemüht, alle Inhaber von Text- und Bildrechten ausfindig zu machen. Sollten Rechteinhaber hier nicht aufgeführt sein, so wäre der Verlag für entsprechende Hinweise dankbar.